wagamama no.063

沖繩攻略完全制霸

2023~2024

contents

本書所提供的各項可能變動性資訊，如交通、時間、價格(含票價)、地址、電話、網址，係以2023年2月前所收集的為準；特別提醒的是，COVID-19疫情期間這類資訊的變動幅度較大，正確內容請以當地即時標示的資訊為主。

如果你在旅行中發現資訊已更新，或是有任何內文或地圖需要修正的地方，歡迎隨時指正和批評。你可以透過下列方式告訴我們：

寫信：台北市104中山區民生東路二段141號9樓MOOK編輯部收
傳真：02-25007796
E-mail：mook_service@hmg.com.tw
FB粉絲團：「MOOK墨刻出版」www.facebook.com/travelmook

實用攻略心法

沖繩情報完全掌握

wagamama
no.063

攻略

完全制覇

沖繩

2023～2024

MOOK

wagamama no.063

沖繩攻略完全制霸

2023~2024

contents

本書所提供的各項可能變動性資訊，如交通、時間、價格(含票價)、地址、電話、網址，係以2023年2月前所收集的為準；特別提醒的是，COVID-19疫情期間這類資訊的變動幅度較大，正確內容請以當地即時標示的資訊為主。

如果你在旅行中發現資訊已更動，或是有任何內文或地圖需要修正的地方，歡迎隨時指正和批評。你可以透過下列方式告訴我們：

寫信：台北市104中山區民生東路二段141號9樓MOOK編輯部收
傳真：02-25007796
E-mail：mook_service@hmg.com.tw
FB粉絲團：「MOOK墨刻出版」www.facebook.com/travelmook

本島離島一次串聯

玩遍沖繩三大區域

23個精華分區

趣味無窮的
海洋活動 P.A-54

wagamama no.063

沖繩攻略完全制霸

2023~2024

contents

本書所提供的各項可能變動性資訊，如交通、時間、價格(含票價)、地址、電話、網址，係以2023年2月前所收集的為準；特別提醒的是，COVID-19疫情期間這類資訊的變動幅度較大，正確內容請以當地即時標示的資訊為主。

如果你在旅行中發現資訊已更動，或是有任何內文或地圖需要修正的地方，歡迎隨時指正和批評。你可以透過下列方式告訴我們：
寫信：台北市104中山區民生東路二段141號9樓MOOK編輯部收
傳真：02-25007796
E-mail：mook_service@hmg.com.tw
FB粉絲團：「MOOK墨刻出版」www.facebook.com/travelmook

全面普查的完整精確資訊。

頁碼

分區名稱與英日文拼音。

看一眼就知道的符號說明

ℹ️ 琉球ぴらす

琉球PIRAS 浮島通り店

🅰️別冊P.4,D3 🚃單軌電車
約15分、県庁前駅徒步約1
市松尾2-2-14 ☎098-86

1-24 國際通·

浮島通·新天堂通

那霸市 浮島通·新天堂通 →沖繩本島沖繩離島

浮島通
うきしまどおり・ニュー
Ukishima-dori・Ne

隔著國際通向南北兩側展開的浮島通與新天堂通，不同於國際通上的繁華熱鬧，南側的浮島通隱藏了手做飾品、二手服飾等當地品牌；咖啡、老店則錯落於新天堂通，街道上飄散愜意氛圍，讓旅人可以自在地漫步街巷，欣賞設計師精心製作的工藝品，或是在咖啡店度過午後，享受度假的悠閒。

書中資訊ICONS使用說明

🅰️ **地圖**：與本書地圖別冊對位，快速尋找景點或店家。
🔔 **電話**：不小心東西忘在店裡面，可立刻去電詢問。
🏠 **地址**：若店家均位於同一棟大樓，僅列出大樓名稱與所在樓層。
⏰ **時間**：L.O.(Last Order指的是最後點餐時間)
🈺 **休日**：如果該店家無休假日就不出現。
💲 **價格**：日文料理菜名和中文翻譯，輕鬆手指點餐。
🚗 **交通**：在大區域範圍內詳細標明如何前往景點或店家的交通方式。
📶 **網址**：出發前可上網認識有興趣的店家或景點。
❗ **注意事項**：各種與店家或景點相關不可不知的訊息。
① **出口**：地圖上出現車站實際出口名稱。

地圖ICONS使用說明

◉ 景點　　　🍰 甜點
🏠 神社　　　🍸 酒吧
🏛️ 博物館　　🎭 劇院
🌳 公園　　　🏨 飯店
🛍️ 購物　　　卍 寺廟
🏬 百貨公司　♨️ 溫泉
📖 書店　　　🚏 公車站
🍜 麵食　　　🛣️ 國道
🍴 美食　　　🎤 現場演唱
☕ 咖啡茶館　✈️ 機場
💇 美容　　　🔲 MAPCODE
🍡 和菓子

交通路線&出站資訊

🚋 **電車**
県庁前・牧志駅❏單軌電車
出站便利通
●浮島通與新天堂通的路口大致位在國際通的中央，從県庁前駅還是牧志駅，徒步約需10分鐘左右。
●除了從國際通上轉進巷弄，也可以從市場通、壺屋一帶轉進浮島通，尤其浮島通一端其實位在壺屋範圍，從壺屋通入口附大風獅爺像(屋頂シーサー)徒步，沿著獅爺所在路口右轉就會來到浮島通。
●新天堂通距離美栄橋駅較近，從車站出來後沿著沖大通り前行，經過Times停車場後右轉就是新天堂通了

📎 **來一趟那霸文青之旅！**
那霸市中心內涵合藝文特質的店家大多聚集在浮島通、新天堂通上，尤其浮島通上個性小舖林立，要是對這類店家感興趣的話，其實可以到Naha Art Map網站找找，網站內提供那霸市區的藝文消息，還把這些藝術、工藝類店家集結起來，不僅有店家資訊，更製作了詳細地圖，只要按圖索驥，就可以來一趟文青風的那霸小旅行。
Naha Art Map
🌐 www.facebook.com/NahaArtMap/

清楚列出電車交通工具資訊。

列出車站各出口的周邊情報，找路完全不求人。

那霸市 浮島通 新天堂通 ◆沖繩本島◆沖繩離島

分別美食、購物、景點、住宿等機能，一眼就能夠找到旅遊需求。

右頁邊欄上標出索引名稱，翻閱更輕鬆。

· 新天堂通
パラダイスどおり
paradise-dori

琉球ぴらす
琉球PIRAS 浮島通り店

與在地藝術家合作展現的創意題與文化，讓琉球ぴらす成為沖繩品牌的代表。

◎別冊P.4 ◆單軌電車牧志駅徒步約15分 ◆香住区2-3-14 ◆098- 6050
●11:00～20:00 ◎不定休
●ryukyu-piras.com

細膩的紅型花紋、可愛的島香蕉、青藍色的美麗海洋……以「在生活中感覺OKINAWA」為概念的琉球ぴらす(宮古島方言中出發、出走之意)，是位於浮島通上的T恤雜貨店，和別處不同的是，**琉球PIRAS常與島上的插畫家與藝術家們合作**，T恤其他雜貨小物均此件件有著獨特的故事和藝術個性。

浮島ガーデン
ukishima garden

薦

◎別冊P.4,D3 ◆單軌電車牧志駅徒步約15分 ◆那霸市松尾2-12-3 ◆098- 943-2100 ●11:30～15:00、18:00～22:00(L.O.21:00) ◎週四 ●午餐¥1,680起 ●ukishima-garden.com ●20個(1小時內免費)

新鮮有機食材烹調構成美味料理，蔬食、健康飲食的愛好者不可或缺。

浮島ガーデン是一間擁有近60年歷史的兩層樓矮房，女主人兼料理設計者中曾根直子在大病過後，開始學習研究長壽飲食(Macrobiotic)，並在家中開了一間素食雜貨料理教室，也成為開店的契機。

店內所使用的蔬菜**全部都是來自沖繩本地所產的無農藥、無化學肥料的有機蔬菜**，每個月的頭個週日的早上11點到下午3點還有小農市集，讓人們能與農民直接對話，一起品嘗美食。午間菜單中最熱門的就是運用島豆腐、雜穀、蕃茄和大量蔬菜製成的墨西哥飯，不但吃完全身體毫無負擔，更忘了自己是在吃素。

讓人食慾大增的鮮豔色彩。

churaumi

◎別冊P.4,D3 ◆單軌電車牧志駅徒步約11分 ◆那霸市松尾2-3-11 ◆098-927-6415 ●11:00～18:00 ◎週三・不定休 ●www.facebook.com/churaumiukishimaaccessorylab

位於市場本通與浮島通交叉口附近的churaumi是**全手工製作的飾品店**，店內所有商品均由老闆娘設計、製作，尤其是全銀飾品系列，細膩的作工令人愛不手子，還有以沖繩及周邊島嶼的動物為主題的系列。**每樣商品都是獨一無二**，等待著與有緣人的一期一會。

南島製菓

◎別冊P.4,E3 ◆單軌電車牧志駅徒步約10分 ◆那霸市松尾2-1 ◆098-863-3717 ●9:00～18:00、週日10:00～17:00 ◎1/1～1/3 ●こんぺん(薰餅)¥146 ●www.nantou-seika.com/

こんぺんは琉球王朝時代就已經出現的和菓子。

位於浮島通後段的南島製菓擁有**超過87年的歷史**，店裡販售沖繩各種用於傳統祭典、與日本本島和菓子不盡相同的燒菓子，堅守傳統製法，嚐來有懷舊的甜蜜滋味。南島製菓的**招牌是曾在NHK日劇登場的こんぺん(漢字為薰餅)**，黑糖芝麻口味的內餡十分特別。

列出此店家或景點的特色。

標示出景點所在的地圖頁碼及座標值，可迅速找出想去的地方。

TOP 1 海洋活動 探索海島風情

沖繩的海水澄澈透明，且海底下有著珊瑚礁、熱帶魚、海龜等豐富的海洋生態，若來到沖繩沒有下水，就真的是太浪費了！在沖繩絕不能錯過的體驗之一就是海洋活動，不管你是旱鴨子、水中蛟龍，也不管你是男女老少，這邊都有適合你的海上或海中活動。就從眾多選項中挑一個喜歡的來玩看吧，令人驚艷的沖繩之美，絕對會讓你留下深刻印象。

徜徉在大海的沁涼懷抱中！

©OCVB

めんそーれ

沖繩TOP 8必體驗！

深入感受在地風情　藍天碧海中的完美記憶

沖繩沒有像日本其他地方的便捷交通、隨四季更迭的自然風景，或者是充滿傳統和風的景點，但她獨樹一格的魅力才是讓人深深愛上的原因：南國海島必備的沙灘、陽光、水上活動與美麗的海中世界，過往歷史遺留下的世界遺產、多元文化與傳統工藝，再加上富含沖繩熱情與活力的三線演奏、設計小物，讓沖繩成為一處世界獨一無二的美麗景勝地。

TOP 2 古民家 感受道地沖繩味

想要融入在地生活，感受沖繩人情味，那就要走訪一趟古民家餐廳或民宿。維護傳統文化不遺餘力的沖繩人，總是在尋找流行與傳統的平衡點，一幢幢古民家改建的餐廳、咖啡廳與民宿，就是他們和旅人溝通的媒介。置身其中，昏黃的燈光與空氣中飄散的榻榻米味，彷彿時光倒流到那個我們都曾經熟悉的時空。

咖啡裡的島嶼時光！

懷舊木造平房×紅屋瓦！

TOP 3 無敵海景餐廳&咖啡館

沉浸在慵懶的咖啡廳、海島餐廳步調中，耳畔傳來輕快悠揚的節奏，眼前則是一片開闊的碧海藍天……假日午後是如此地寫意而舒暢，讓人忘卻城市的塵囂煩憂。在沖繩，海景咖啡店與餐廳多得驚人，但大部分都徹底承繼了本地悠閒慢調的個性：一段段充滿氣氛的咖啡時光，正在島嶼的各個角落緩緩上演。

TOP 4 沖繩就要開車玩！

除了有單軌電車的那霸市外，在沖繩本島與離島的交通串聯都不太方便，如果一車在手，不但行程的彈性大增，也有機會延伸腳步，走訪許多大眾交通工具難以抵達的地方。除了方便、路況良好、省錢等種種理由之外，開車時還讓人享受的，還是沿途變換不停的景色。不論是通往離島的跨海大橋、濱海公路或是山間道路，開車，都讓旅客有機會更深入看見沖繩的各種風貌，並為她的美麗而醉心感動。

來趟暢快的駕車旅行吧！

琉球王國的歷史風華！

TOP 7 世界遺產巡禮

2000年12月，聯合國教科文組織將沖繩的琉球王國城跡、御嶽、王陵等9處歷史遺跡登錄為世界遺產「琉球王國城堡及關連遺產群」，包含：今歸仁城跡、座喜味城跡、勝連城跡、中城城跡、首里城跡、園比屋武御嶽石門、玉陵、識名園、齋場御嶽，其中以首里城跡最具名氣。走訪一趟見證琉球王國興衰的世界遺產，欣賞其融合當地特色、日本及中國風格的特殊文化。

TOP 5 民謠居酒屋 享受島唄×泡盛

來到沖繩，一定要到民謠居酒屋感受一下熱鬧的氣氛，民謠居酒屋顧名思義是有現場演唱沖繩民謠的居酒屋，可以融入當地居民生活，與沖繩人一起欣賞音樂、享受美食。但現場演唱並非持續整晚，通常是有場次的，每一場約20~30分鐘，場次數量視店家及平假日而異，進去之前記得先確認清楚。

就要正港沖繩味！

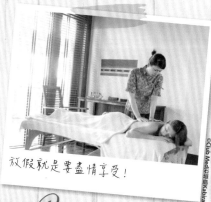

放假就是要盡情享受！

©Club Med沖繩島Kabira

TOP 6 跳島小旅行

沖繩由超過160座的島嶼所組成，最主要的沖繩本島周邊就有許多開車即可前往的小島，包含古宇利島、瀨底島、浜比嘉島等，也有從那霸市乘船1小時就可抵達的慶良間群島，而最知名的離島當屬需從本島搭乘飛機前往的石垣島及宮古島，尤其在台灣直飛石垣島的班機開航後，石垣島更是成為熱門的觀光景點，也相當適合與周邊的竹富島、小浜島及西表島安排跳島旅行，感受每一座島嶼不同的獨特魅力。

一次走訪多座南國小島！

©南十字星渡假村

TOP 8 度假飯店一日奢華

生活就像在度假，在沖繩絕對可以實現這個夢想。選擇最奢華的絕景旅宿或自己擁有一棟獨立別墅，打開窗戶就是蔚藍海岸線，走兩步就是沙灘，聽著海浪聲緩緩入睡；被蓊鬱森林包圍，一邊SPA，大口呼吸芬多精。從晨曦、日落到滿天星光，每一刻都美好得讓人捨不得閉上眼。

HOT 1 Okinawasun Smoothie

距離備瀬福木聚落不遠，Okinawasun Smoothie光是外牆就讓人忍不住拍照的衝動，粉紅牆面上寫著「OKINAWA LOVER」，根本就是沖繩打卡的最佳背板，另外店內裝潢及飲品也都很繽紛，從內到外都好好拍！

❗詳細資訊請見P.2-70

無處不在的繽紛色彩！

HOT 2 瀨長島 Umikaji Terrace

拍照專用網美店！

蔚為話題的瀨長島Umikaji Terrace是許多人的必訪景點，不只可以在這裡吃到各式美食、享受度假悠閒，階梯式的純白建築更是搶眼，而且還可以欣賞到大片海景，以蔚藍大海與純白建築為背景拍張照片吧。

❗詳細資訊請見P.2-6

♥99

沖繩10 HOT打卡景點

跟 上 日 本 網 美 腳 步　IG 美 照 必 備 風 景

2 017年「日本流行語年度大賞」頒給了「インスタ映え」，「インスタ」是「Instagram」的日文簡稱，「映え」則是指「照耀」，由這兩個字組成的「インスタ映え」一詞就是「在IG上打卡、PO美照」之意，其實IG打卡風潮不只日本，就連台灣也十分流行，來到沖繩當然不能不PO出美照，經典景點以外，還有近來在日本竄紅的IG景點，快列入行程，來一張IG美照吧。

HOT 3 Yes!!! PICNIC PARLOR

隱藏在那霸市中心外圍，Yes!!!PICNIC PARLOR靠著清爽風格吸引日本年輕人前來，以繽紛麥片妝點的霜淇淋是最受歡迎拍照道具，Tiffany藍、紅白雨篷、黃色椅子組成的爽朗店面更是最棒的取景地點。

❗詳細資訊請見P.1-64

©Yes!!!PICNIC PARLOR

不為人知的巷弄小店！

HOT 4 美々ビーチ

沖繩近來興起一股壁畫風潮，除了店家，就連沙灘也有壁畫。美々ビーチ裡有由那霸知名首飾店Ti-da Beach設計的壁畫，掛在樹上的盪鞦韆，以南國意象組成的鮮豔翅膀，亮眼畫作就只差旅人站在壁畫中間，組成一幅生動風景。

❗詳細資訊請見P.2-10

南洋風情壁畫！

HOT 5 心型礁岩

古宇利島最有名的景點就是北邊的心型礁岩了，經過海水沖刷，位在淺灘上的兩塊岩石形成了愛心的形狀，在戀之島上的心型礁岩本來就夠有趣了，更因為傑尼斯團體「嵐」的廣告而爆紅，沒到這裡打卡可不算到過古宇利島。
❶詳細資訊請見P.2-85

戀之島代表風景！

HOT 6 美國村

美國村除了是購物熱點以外，也是必拍景點，美式街道、風格強烈的咖啡店以外，還有童話般的建築，另外在Smoothie Boo旁跟Vessel Hotel對面更有亮眼的壁畫，只顧著購物、不拍張照片打卡的話就太可惜了。
❶詳細資訊請見P.2-26

最美國的沖繩街道！

HOT 7 港川外人住宅街

港川外人住宅街本來就是沖繩熱門景點，這一街區裡有許多利用美軍建築改建的店家，每一家小店鋪都有著獨到品味，或藍或綠的清爽裝潢，與轉角處寫著美國地名的路牌，想拍出風格清爽的照片就到這裡。
❶詳細資訊請見P.2-20

文青必訪風格街區！

HOT 8 Blue Seal Ice Park

從國道58號線經過，實在很難不注意到Blue Seal Ice Park，店鋪外觀有著冰淇淋般的粉嫩色彩，設施內裝也很可愛，還可以參觀品牌歷史展示或是參與冰淇淋體驗，就算不參加體驗，也很推薦在店外找個位置、拍張可愛照片。
❶詳細資訊請見P.2-17

少女系粉嫩色彩！

HOT 9 沖繩美麗海水族館

說到沖繩必拍，絕不能忘了大名鼎鼎的美麗海水族館。水族館最吸睛的當然就是世界最大的水槽──黑潮之海，不管是捕捉鯨鯊悠游的身影，或是以巨大水槽為背景拍張剪影照，都是沖繩旅遊必備的定番照。
❶詳細資訊請見P.2-64

不能少的經典畫面！

HOT 10 川平灣

來到沖繩，一定要在有著各種美麗漸層藍的大海、白色沙灘留下美照，石垣島上的川平灣，碧綠淺藍的海水、柔細潔白的沙灘，四周還浮著幾座綠林茂盛的小島，曾被選為日本八大名景，也是日劇和電影的取景地常客。
❶詳細資訊請見P.3-23

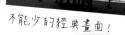
白沙大海交織的美！

沖繩全區介紹

沖繩的魅力在於它的混血基因與南國海島情調，琉球歷史傳統結合日本特色與美國文化飲食，再加上海島人民與南國的熱情洋溢，讓沖繩成為日本最與眾不同的一個縣。想感受最道地的沖繩，除了藍色海岸線之外，豐富的人文、多彩的工藝都是吸引人探訪這方島域的誘人因素。

❶ 那霸

位在沖繩本島南部，那霸市是沖繩縣的政治、經濟、文化中心，不僅是進出的玄關，更是大家花最多時間遊玩的地方。光是市區及周邊就可以玩上好幾天，且大部分的景點以單軌電車就可以串聯，其中尤以58號國道和國際通為中心，擴及旁邊的第一牧志公設市場、平和通以及壺屋通，所有娛樂、商品、傳統工藝、百貨公司都聚集在這裡，應有盡有。再加上琉球王朝的根據地——首里城近在咫尺，那霸無處不呈現出一股新舊融合的氣息。

代表景點：國際通、第一牧志公設市場、壺屋やちむん通り、首里城

❷ 沖繩本島

由160座島嶼組成的沖繩縣，面積最大的島就是沖繩本島，面積約1,207平方公里，南北直線距離則為106.6公里。除了最繁華的那霸市以外，因為沖繩過去在琉球王國成立之前，是小國各據一方的三山時代，當時分為北山、中山以及南山，也影響了現在的北部、中部及南部的地理劃分，各個分區都有其獨特的地貌風景與特色景點。本書中雖將本島劃作同一區塊介紹，以下仍簡單介紹沖繩北中南地區的特點，讓旅人更有概念。

代表景點：平和祈念公園、玉泉洞、齋場御嶽、美國村、外國人住宅、万座毛、美麗海水族館、海洋博公園

本島南部

本島南部石灰岩地形發達，擁有許多大自然鬼斧神鑿的鐘乳石洞，以自然景色聞名以外，這裡同時也是二次大戰時受創最慘重的地區，留下許多戰爭紀念物，另外也有許多海景餐廳，風貌多樣。

本島中部

二戰後進駐沖繩的美軍基地就位在中部地區，讓此區染上濃濃的美式風情，最著名的美國村、外人住宅街都在中部。另一方面，讀谷一帶則擁有傳統的陶器文化、人文景觀以外，中部也是海岸景致最密集之處，珊瑚礁岩岸居多，因此吸引浮潛、潛水好手到此一遊。

本島北部

少了商業氣氛，沖繩北部擁有最受歡迎的有海洋博公園、今歸仁城跡等景點，海岸沿線更是一個又一個各具特色的海灘，還有許多大型的景觀園區也都在此地。另外，最北部的地區被稱為「山原」(やんばる)，擁有豐富的山嶺與亞熱帶森林資源，還可以划獨木舟近距離欣賞本島最廣闊的紅樹林，體會融入大自然作息的美妙。

❸沖繩離島

　　要想體感沖繩的大海魅力,那麼絕對不可錯過沖繩離島,除了鄰近本島、開車可達的古宇利島與瀨底島等島嶼之外,本島西南方海面上的慶良間群島、宮古島、八重山群島等也是熱門的觀光島嶼。於2014年指定為日本第31處國家公園的慶良間群島,海洋透明度名列世界前五名,是潛水客憧憬的深潛天堂;而石垣島所在的八重山群島,從石垣島到鄰近的竹富島、小浜島到西表島,各自有迥異的風情面貌,從台灣直飛石垣島後再安排跳島旅行,感受異國小島度假的浪漫。

代表景點:川平灣、石垣民俗村、北浜海灘、Eef Beach、東平安名崎、終端之浜

沖繩交通完全攻略

如何前往沖繩

離台灣飛行時間大約90分鐘的沖繩，是近年來越來越熱門的旅遊勝地，不只是因為直飛本島那霸機場的航班越開越多，更方便的是，還有航空公司可直飛離台灣更近的石垣島，國際遊輪有時亦會有從台灣出發限期開航的短期旅行，或像是Club Med度假飯店的獨立包機，從台灣前往沖繩之旅等，各種旅遊串聯方式就由旅人們自行挑選。

➡ 台灣直飛沖繩

從台灣就有多家航空公司可直飛串聯沖繩，而且飛航時間僅需1~1.5小時，航程相對輕鬆。可以選擇飛往沖繩本島：那霸機場(OKA)，或是離台灣更近的石垣島：新石垣機場(ISG)。前者是規劃前往沖繩本島、慶良間群島旅遊的首選；後者則適合規劃石垣島與周邊竹富島、小浜島與西表島的跳島之旅。

而從台灣不論是從台北桃園國際機場(TPE)、高雄國際機場(KHH)都有航班前往，惟因疫情期間，本書截至2022年2月出刊前，各航空公司的航班及班表變動幅度較大，詳細而正確的航班資訊，請洽各大航空公司或上網進一步查詢確認。

➡ 飛航基本資訊

出發機場(台灣)	飛抵機場(沖繩)	飛行時間
桃園國際機場(TPE)	那霸機場(OKA)	約1小時30分
高雄國際機場(KHH)	那霸機場(OKA)	約1小時45分
桃園國際機場(TPE)	新石垣機場(ISG)	約55分

※新石垣機場的日文為「南ぬ島 石垣空港」
※以上僅為飛航基本參考資訊，確切可出發、可飛抵機場資訊，請至官網確認

機場資訊
・那霸機場
🌐www.naha-airport.co.jp/zh-hant/
・新石垣機場
🌐www.ishigaki-airport.co.jp/tcn
航空公司資訊
・中華航空(CI)
☎02-412-9000
🌐www.china-airlines.com/tw/zh
・長榮航空(BR)
☎02-2501-1999
🌐www.evaair.com/zh-tw/

・台灣虎航(IT)
☎02-5599-2555
🌐www.tigerairtw.com/zh-tw
・樂桃航空(MM)
☎02-8793-3209(客服中心)
🌐www.flypeach.com/tw
・星宇航空(JX)
☎02-2791-1199
🌐www.starlux-airlines.com/zh-TW

行李限重

每人行李托運的限制重量，頭等艙和商務艙是40公斤，經濟艙是30公斤，超過了要罰錢，大小能放進機上置物箱的非危險物品可帶上飛機。

禁止攜帶物品

自2007年3月1日開始，旅客上機的隨身行李內不能帶有超過100ml液態、膠狀及噴霧類物品，(例如：乳液、牙膏、髮膠、飲料等都在此限)，若有攜帶100ml以下的此類物品時，須放置在密封的透明塑膠袋內，並於通關時取出供檢查人員檢驗。肉類製品、泡麵(因內含肉類)、水果、動植物等禁止攜帶回國，酒類則以1公升為限。

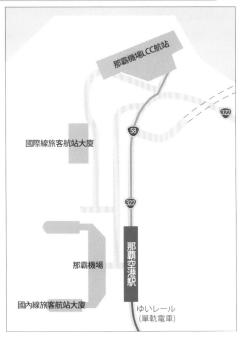

機場往市區

路線	交通方式	時間	價格
那霸機場→県厅前駅(國際通西端)、牧志駅(國際通東端)	單軌電車(ゆいレール)	至県厅前駅約12分、至牧志駅約16分	至県厅前駅大人￥270、小孩￥140;至牧志駅大人￥300、小孩￥150
那霸機場→泊港(とまりん)	單軌電車(ゆいレール)	至美栄橋駅約14分,再往北步行約10分	單軌電車大人￥300、小孩￥150
新石垣機場→石垣市中心→石垣港→巴士總站	巴士系統4、10等／東運輸	巴士約40分可達、「博物館前」、「石垣港離島ターミナル」站等市區車站,最後抵達巴士總站「バスターミナル」站	大人￥540、小孩￥270

➡ 那霸機場國內線～國際線航廈

國內線～國際線

　　單軌電車車站位在國內線航廈,所以從台灣飛抵那霸機場後,需要先前往國內線航廈,可以從1樓出航廈大樓直接前往,或是從2樓的連接步道前往國內線航廈,徒步約5分鐘。

國內線～LCC:航廈免費接駁巴士

　　若欲前往LCC航廈,在登機手續辦理前30分至出發30分後間,於國內線航廈1樓的4號巴士站牌乘車,約10分鐘一班車,接機與送機的人也可利用。

◎那霸機場國內線

1樓:到達大廳

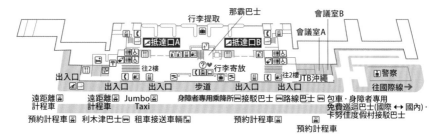

行李提取　那霸巴士　　會議室B

抵達口A　　抵達口B　　會議室A

JTB沖繩

往2樓　　行李寄放

出入口　　　　　　　　往2樓

警察

往國際線→

出入口　　出入口　　出入口　　步道　　出入口　　出入口

遠距離　　　　　遠距離　Jumbo　　　　身障者專用乘降所　接駁巴士　路線巴士　　包車・身障者專用

計程車　　　　　計程車　　Taxi　　　　　　　　　　　　　　　　　　免費巡迴巴士(國際 ↔ 國內)・

預約計程車　利木津巴士　租車接送車輛　　　　　　預約計程車　　卡努佳度假村接駁巴士

預約計程車

2樓:出發大廳

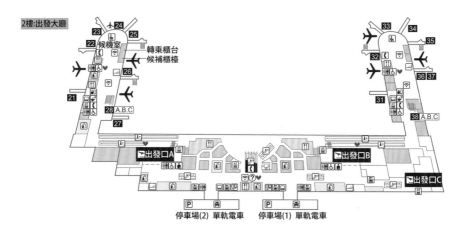

23　24

22　候機室　25

轉乘櫃台

候補櫃檯

26

33　34

35

32

36　37

31

21

28　A.B.C

27

38　A.B.C

出發口A

出發口B

出發口C

停車場(2)　單軌電車　　停車場(1)　單軌電車

3樓:旅客登機報到處

觀景台　　　　　　　　　　　　　　　　　　觀景台

售票櫃檯　　　　　　　　售票櫃檯

出入口　　出入口　　出入口　步道　出入口　　出入口　　　　出入口

4樓:餐廳

往3樓　　　　　往3樓

往3樓

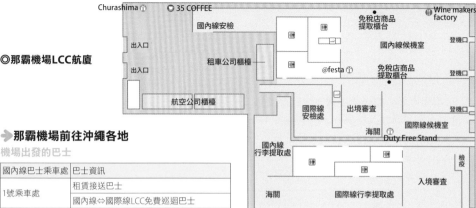

◎那霸機場LCC航廈

Churashima · ○ 35 COFFEE · ⊙ Wine makers factory
國內線安檢 · 免稅店商品提取櫃台 · 國內線候機室 · 登機口
出入口 · 租車公司櫃檯 · @festa · 免稅店商品提取櫃台 · 登機口
出入口 · 航空公司櫃檯 · 國際線安檢處 · 出境審查 · 國際線候機室 · 登機口
海關 · Duty Free Stand
國內線行李提取處 · 國際線行李提取處 · 入境審查 · 檢疫
海關 · 國際線行李提取處

➡️那霸機場前往沖繩各地

機場出發的巴士

國內線巴士乘車處	巴士資訊
1號乘車處	租賃接送巴士
	國內線⇔國際線LCC免費巡迴巴士
2號乘車處	[111]高速巴士：往那霸巴士總站(旭橋)、中城、沖繩南IC、宜野座IC、名護巴士總站等
	[117]高速巴士：直達美麗海水族館
3號乘車處	[23]具志川線：往那霸巴士總站(旭橋)、泊高橋、具志川巴士總站等
	[26]宜野灣空港線：往那霸巴士總站(旭橋)、泊高橋、宜野灣營業所等
	[99]天久新都心線：往那霸巴士總站(旭橋)、泊高橋、浦添総合病院西口、宜野灣營業所等
	[113]具志川空港線：往那霸巴士總站(旭橋)、中城、うるま市役所前、具志川巴士總站等
	[120]名護西空港線：往那霸巴士總站(旭橋)、縣廳北口、松尾、牧志、港川、琉球村、萬座海灘前、許田、名護城入口、名護巴士總站等處
	[123]石川空港線：往那霸巴士總站(旭橋)、中城、知花、東恩納等
	[125]普天間空港線：往那霸巴士總站(旭橋)、縣廳北口、普天間、イオンモール沖繩ライカム
	[152番]イオンモール沖繩ライカム線：往那霸巴士總站(旭橋)、中城、イオンモール沖繩ライカム
4號乘車處	[83]玉泉洞線：往那霸巴士總站(旭橋)、縣廳南口、玉泉洞前
	[95]空港あしびなー線：往Outlet Mall Ashibinaa
	[189]糸滿空港線：往糸滿市場入口、糸滿巴士總站
12號乘車處	機場利木津巴士：前往中北部各大度假飯店

那霸機場利木津巴士

可從機場直接前往度假飯店，車票可於那霸機場國內線航廈內1樓入境大廳的空港リムジンバス(空港利木津巴士)詢問處購買。由於班次和路線會依季節調整，請務必向入住飯店進行確認。

📞098-869-3301 ⊙okinawabus.com/wp/ls

❶主要停靠飯店也可至巴士公司官網確認(⊙okinawabus.com/wp/ls/ls_systemdiagram2/)

租車自駕

在沖繩，一離開那霸市區後大眾交通系統較為不便，自行駕車旅遊成為最為方便省時、也廣為接受的交通方式。租車及開車相關資訊詳見P.A-28。

電車、巴士資訊

◎沖繩都市單軌電車(ゆいレール)
📞098-859-6601(那霸空港站) ⊙www.yui-rail.co.jp

◎東陽巴士
📞098-947-1040 ⊙www.toyobus.jp

◎沖繩巴士
📞098-862-6737 ⊙okinawabus.com/wp/

◎那霸巴士・琉球巴士
⊙www.ryukyubuskotsu.jp

◎東運輸
📞0980-87-5423 ⊙www.azumabus.co.jp

◎カリー観光バス
📞098-856-8955 ⊙karrykanko.com

➡️2022年11月7日起，沖繩旅遊也能「嗶」台灣悠遊卡！

由悠遊卡公司與琉球銀行合作，現在起出發去琉球，在沖繩本島包含離島等多達2,000多個店家、交通工具等，都能拿出台灣的悠遊卡，直接機器感應支付小額消費，像是許多人最愛的國際通、美國村、美麗海水族館等，通通可以用。而在交通工具上，則琉球當地計程車、Yanbaru Express Bus山原高速巴士、伊江島觀光巴士等大眾交通運具也支援嗶卡。(適用範圍詳見悠遊卡公司官網：www.easycard.com.tw/use-range)

單次消費額限制：一般悠遊卡上限台幣1,500元，超級悠遊卡上限台幣1萬元

如何加值：需下載悠遊付EasyWallet App並註冊為會員，綁定本人悠遊卡後，就能開通自動加值功能

⊙www.easycard.com.tw/new?cls=1&id=1666775749

日本美妝
健康小物攻略
經典商品搶先關注！

日本大大小小的藥妝店實在太好逛，
推陳出新的新商品更是令人眼花撩亂，
不過有幾樣口碑持續發燒的美妝及
健康小物可千萬別錯過，
鎖定後快速下手準沒錯！

＊商品價格皆為含稅價

ロイヒ膏™ロキソプロフェン・
ロイヒ膏™ロキソプロフェン 大判
ROIHI - KO™LOXOPROFEN・
ROIHI - KO™LOXOPROFEN　Large

ニチバン株式会社　第2類医薬品

¥1,078 / 7片、¥1,738 / 7片

ROIHI系列推出了含氯
索洛芬成分的貼布！
貼布可直接貼於疼痛
的患部，消炎止痛成
分氯索洛芬鈉可持續
24小時發揮功效。
溫熱型的貼布好貼且不易起皺折，舒適而無臭味，
在辦公室或外出時皆可使用（藥品）。

強力わかもと
強力WAKAMOTO　指定医薬部外品
わかもと製薬株式会社
¥1,100 / 300錠、¥2,750 / 1000錠

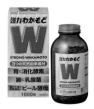

透過產生消化酵素的麴菌「米
麴菌 NK」、調整紊亂腸道的乳
酸菌（糞鏈球菌）「乳酸菌培
養末」及富含人體不可缺少的
維生素、礦物質和氨基酸的啤
酒酵母「乾酵母」這 3 種天然成分的功效，能讓消
化道的功能接近正常，促進身體健康。對胃功能虛
弱者、腸功能虛弱者、在意健康狀態者有益。

アバンビーズ
AVANTBISE　医薬部外品
わかもと製薬株式会社
¥1,100 / 80 g

添加了作為「清潔劑」的活乳
酸菌「WB2000」的藥用牙膏
「Avantbise」。牙垢是造成口
臭的細菌生長的地方；活乳酸菌WB2000能夠去除
這些牙垢，預防口臭與牙周病。這款牙膏更使用其
他4種藥用成分來預防蛀牙、牙齦發炎、牙結石堆
積，更能去除菸斑，讓口中清爽舒適。「Avant-
bise」是法文的「親吻前」的意思。

ピップエレキバン
MAX200　24粒
蓓福磁力貼　管理医療機器
MAX200　24顆
ピップ株式会社
¥1,580 / 24顆

蓓福磁力貼是一款貼在身體痠痛
部位的小型圓形磁力治療貼布。
磁力會在貼上的瞬間開始對體內成分發揮功效，改
善血液循環。透過排出體內「廢物」，緩解僵硬痠
痛的不適症狀。
貼布使用具伸縮性的不織布材料，無異味、不致敏、
不刺激肌膚、不寒不燥，建議持續貼約 2 至 5 天。
如果時常感到僵硬痠痛，推薦使用磁通密度
200mT 的 MAX200。

救心カプセルF
救心膠囊 F　第2類医薬品
救心製薬株式会社
¥1,650 / 10顆
¥4,510 / 30顆

「救心膠囊 F」是由天然生藥製成，
可有效舒緩心臟泵血功能減弱造
成的「心悸」、血液循環不暢因而
無法供給全身充足氧氣所導致的
「呼吸困難」，以及眩暈、站起來時暈眩、注意力無
法集中、「意識模糊」等症狀。救心膠囊 F 為小型
膠囊，不僅方便服用，也可以迅速吸收藥效成分。
製造工廠使用最新設備，並擁有嚴格品質管理規範。

ハミケア　グレープ風味

Hamikea Grape Flavor

丹平製薬株式会社
¥648 / 25 g

本產品可幫助小朋友開始長牙後，在刷牙後或睡覺前，隨時隨地做好口腔防護。噴霧型液狀食品的產品特色讓小小孩也可安心使用，只要在口中輕輕一噴即可，不需漱口；有小朋友喜歡的水果口味，還有草莓及水蜜桃口味。木糖醇的天然甜味會導致蛀牙，本產品中不含此種糖類。

龍角散ダイレクト®スティック ミント・ピーチ

龍角散®清喉直爽顆粒 　第3類医薬品

株式会社龍角散
顆粒型：¥770 / 16包
口含錠型：¥660 / 20錠

在日本熱銷超過200年的咽喉藥「龍角散」經過改良，設計成可直接服用的條狀包裝。有薄荷與水蜜桃口味的顆粒製劑，在口中會如薄雪般迅速融化。同系列產品中也有口含錠型，為芒果加薄荷的香醇清涼口味。本產品可改善因咳痰、咳嗽、喉嚨發炎引起的聲音沙啞、喉嚨痛及喉嚨不適等症狀。無需配水服用，細微粉末的生藥成分，直接作用於咽喉黏膜，發揮效果。

固形浅田飴クールS

固體淺田糖涼爽S 　第2類医薬品

株式会社浅田飴
¥957 / 50錠

自1926年起一直深受喜愛的「固體淺田糖」是由4種生藥調配而成，對難受的咳嗽及痰多、喉嚨痛等具有良好的效果。像糖果一樣含在嘴裡服用的止咳化痰藥，薄荷的清涼味道在喉嚨裡整個化散開來。無糖型讓在意糖分及卡路里的人也可以安心服用。

正露丸シリーズ

正露丸系列

大幸藥品株式会社
正露丸：¥1,100 / 100顆
正露丸糖衣錠A：¥990 / 36錠
正露丸Quick C：¥1,100 / 16顆

第2類医薬品　第2類医薬品　第2類医薬品

「正露丸」是擁有120年歷史、出外旅行等時都會準備一瓶的居家常備藥，在日本緩解腹瀉的藥品中不僅是市占率第一，針對「軟便」、「拉肚子」、「因食物或飲水引起的腹瀉」等症狀更是立刻見效。
「正露丸」系列除了「正露丸」以外，還有以糖衣覆蓋藥品氣味的「正露丸糖衣錠A」，以及「只有在日本才買得到」的膠囊型正露丸「正露丸Quick C」。來日本旅遊時，歡迎至藥妝店選購！

エキバン A

EKIBAN A 　第3類医薬品

タイヘイ薬品株式会社
¥968

與傳統OK繃不同，既不引人注目也不會有壓迫感，液體OK繃能不受阻礙地自由活動。將傷口清理好後適量塗上即可，全面阻隔細菌並保護傷口。塗上的瞬間雖會感到一點刺刺的，卻非常便利。具有防水效果，就算被水弄濕了也不用擔心。

推薦店鋪

藥妝店

松本清藥妝店
Sundrug藥妝店
大國藥妝店
驚安殿堂・唐吉訶德
鶴羽藥妝店
Welcia藥局
杉藥局
Cocokarafine藥妝店

沖繩本島交通實戰

沖繩的交通網以使用汽車為主,沖繩本島有高速道路貫穿,且有多條公車路線覆蓋,為了服務觀光客,也不乏觀光巴士的行程可供選擇,另外在那霸市內有沖繩唯一的鐵路運輸那霸市單軌電車,提供給旅客代步。

➤ 那霸市交通:
沖繩都市單軌電車「Yui Rail」
沖繩都市モノレール「ゆいレール」

2003年正式營運的沖繩都市單軌電車「Yui Rail」是沖繩唯一的鐵路交通系統,串連那霸市區內的那霸機場、國際通、牧志、新都心、首里至浦添前田等地點;由起站那霸機場到首里僅需27分。

🔵 每小時5~9班車,各站間行駛時間約2~3分鐘,首班車為早上6:00、末班車則是23:30發車,雙向皆同。

🔵 單程車依距離分為¥230、¥270、¥300、¥340、¥370,小孩為¥120、¥140、¥150、¥170、¥190。另有販售一日跟二日乘車券。

🌐 www.yui-rail.co.jp
❶ 路線圖可見別冊P.26

➤ 巴士

市內線巴士

連接那霸市區的巴士,號碼都在20號以下;反之市外線則是號碼在20號以上。市內線車資一律為大人¥240,小孩¥120。市內線和市外線在國際通上的停靠站不同,乘車時請務必注意。另外,市內線巴士一般為前門上車、後門下車。

市外線/路線巴士

包括琉球巴士/沖繩巴士、那霸巴士和東陽巴士等3家巴士公司,是連接那霸和沖繩南部、中北部的長途巴士。大部分巴士會由旭橋站附近的那霸巴士總站出發,按距離計費,上車時記得抽取「整理券」,下車時再對照價格表付車資。

◎實用路線巴士一覽表

高速巴士

除了一般路線巴士,也有高速巴士可利用。如果要從那霸巴士總站前往名護巴士總站,通往北部一帶的話,搭乘高速巴士前往較為方便。

- **111號高速巴士**:連接那霸市區(那霸空港、那霸巴士總站)到名護巴士總站,車程約2小時30分,車資¥1,940。

- **117號高速巴士**:除了可從那霸市區到名護巴士總站,還可以繼續搭乘至海洋博公園(記念公園前站),車程2小時13分左右,車資¥2,440。

實用巴士資訊網站

沖繩巴士的資訊頗多,因此有不少網站整合各家巴士的相關訊息,若有需要可至這些網站確認。

- **BusNavi Okinawa**:可查詢票價、路線、乘換等實用資訊。

🌐 www.busnavi-okinawa.com/top

- **Bus Map沖繩**:將巴士資訊以那霸市、中南部、空港・高速系統、北部等地區細分,可以看到詳細的巴士路線圖,還有各主要巴士站的乘車處地圖。

🌐 www.kotsu-okinawa.org

- **ちゅらバス@なび**:整合沖繩全島的路線巴士資訊,可以從「路線案內」一欄看到所有巴士系統,可看到停靠站、路線圖、車資,另外也可以搜尋巴士路線。

🌐 www.tyura-bus.sakura.ne.jp/bus

➤ 優惠票券

儲值卡OKICA

2014年推出的沖繩IC卡,可用於沖繩都市單軌電車與那霸巴士/琉球巴士、沖繩巴士、東陽巴士所有路線。目前單軌電車也可以接受Suica及與Suica可通用的其他像是Kitaca、PASMO等IC卡系統。

🔵 ¥1,000起,其中含¥500為押金 🔵 哪裡買:單軌電車售票機與車站窗口,各巴士公司的營業所與售票處 🌐 info.okica.jp ❶ 在單軌電車售票機與巴士車內都可儲值

一日・兩日乘車券
フリー乘車券

一日・兩日乘車券分別以24、48小時計算,從第一次通過剪票口開始起算,24或48小時內可以無限次搭乘單軌電車全線,跨日也沒有關係,市區內許多景點出示一日券可享門票優惠。

目的地	起站	迄站	班次	時間	單程車資
文化王國玉泉洞	那霸巴士總站	玉泉洞前	50、51、83	約1小時	¥580
美國村	那霸巴士總站	桑江	20、28、29	約1小時	¥690
	縣庁北口		28、29、120		
恩納海岸	那霸巴士總站	Hotel Moon Beach前等各站	20、120	80分以上	依目的地而異
海洋博公園、美麗海水族館	名護巴士總站	記念公園前	65、66、70	約1小時	¥900

🚌一日乘車券大人￥800、小孩￥400，兩日乘車券大人￥1,400、小孩￥700 🕐哪裡買：自動售票機(藍色機身，上頭標示有フリー乘車券)或車站窗口購買 ❗使用範圍：單軌電車全線

單軌電車＋巴士一日乘車券
バスモノパス

那霸市區的重要景點如：首里城、識名園、波上宮均離單軌電車站有一小段距離，若能搭配巴士移動既省時又省力，因此單軌電車與那霸巴士共同推出了「單軌電車＋巴士一日乘車券」。此張優惠券為紙卡，購買後於使用當天刮除紙卡上月份與日期的數字，即可生效。有效期限是以日為準，而非24小時，跨日無法使用。

🚌大人￥1,000、小孩￥500 🕐哪裡買：單軌電車各站、那霸巴士總站、新川、具志、石嶺、空港營業所 ❗使用範圍：單軌電車全線、那霸巴士那霸市區域內全線。

沖繩路線巴士周遊券-智慧周遊券
沖繩路線バス周遊パス

由沖繩本島各家路線巴士公司共同推出的周遊券，期限內可無限次搭乘路線巴士，對於非自駕的遊客而言實為划算，另外也有通用於單軌電車的聯合票券。可線上購買並下載於「OTOPa（オトパ）」App中即可使用，也有紙本販售，於使用當天刮除紙卡上的日期即可使用。

🚌路線巴士1日券大人￥2,500、3日券大人￥5,000；路線巴士＋單軌電車1日券大人￥3,000、3日券大人￥5,500。小孩半價 🕐哪裡買：可以在那霸機場的觀光案內所購買，或是那霸巴士總站的各家巴士營業所購買 ❗使用範圍：沖繩全島的路線巴士。利木津巴士、觀光巴士、[111]及[117]號高速巴士不在適用範圍 🌐www.okinawapass.com/tw

首里城超值智慧周遊券
美ら海とくとくスマートパス

此張為觀光優惠券，購買此票除了可以遊覽美麗海水族館，還能夠再從其他14個觀光設施中任選4個參觀，首次使用後5日內有效。也可用網路購入電子票券。

🚌大人￥5,500、高中生￥4,500、小孩￥51,500 🕐哪裡買：JTB網路，7-Eleven、LAWSON、FamilyMart等操作機台 ❗使用範圍：美麗海水族館＋DINO恐龍PARK山園亞熱帶之森、OKINWA水果樂園、體驗王國Murasaki Mura、文化王國玉泉洞、平和祈念堂、識名園、沖繩兒童王國、舊海軍司令部壕、大石山林、今歸仁城跡、古宇利海洋塔、琉球村、名護自然動植物公園、東南植物樂園(14選4)。🌐opt.jtb.co.jp/etkt/tokutokuticket/pass1.html

➡️ 觀光巴士

除了一般大眾運輸交通工具的巴士之外，參加觀光巴士的行程，是可以快速串連景點的交通方式之一。

沖繩觀光巴士

包括南部戰跡&玉泉洞、沖繩美麗海水族館&今歸仁城跡、東南植物樂園&連勝城跡等中部景點等行程，可在官網上填寫表格預約。

📍從那霸巴士總站徒步約5分 🏠那霸市泉崎1-10-16 (定期觀光巴士乘車處) ☎098-861-0083 ⏰8:00~17:00 🌐www.okinawabus.com ❶全程附日語解說，至少提前3天預約

◎推薦行程

	名稱	行程	班次	時間	價格	備註
A	文化王國玉泉洞‧南部戰跡巡遊	文化王國玉泉洞→沖繩平和祈念堂‧平和之礎→姬百合之塔‧優美堂→iias 沖繩豐崎購物中心	8:30／每天	約7小時30分	大人￥5,200、6~12歲小孩￥3,100	含午餐及文化王國門票；不含姬百合平和資料館、沖繩平和祈念資料館的入館費。
B	美麗海水族館‧今歸仁城跡之旅	萬座毛→Orion本部度假SPA飯店(午餐)→沖繩美麗海水族館(海洋博公園)→今歸仁城跡→名護鳳梨園	8:30／每天	約10小時	大人￥7,000、6~12歲小孩￥3,600	含午餐及今歸仁城跡門票，但不含海洋博公園內門票。
C	中部聖景巡禮	東南植物樂園→連勝城跡→海中道路(車窗)→海之驛站 彩橋館→AEON沖繩來客夢購物中心	8:45／4~9月出發	約7小時	大人￥5,000、6~12歲小孩￥4,500	含門票、不含午餐。

※A行程在那霸馬拉松舉行日(12月第1個週日)不運行。B行程在12月第1個週三、週四的海洋博公園休館日時，會變更行程。C行程在10~3月不營運。

那霸巴士‧琉球巴士

包括首里城、美麗海水族館、西海岸風景以及古宇利島的行程，附有多國語言的語音導覽筆。可在官網上填寫表格預約，至少須提前2天預約。

📍從那霸巴士總站徒步約1分 🏠那霸市泉崎1-21-1 ⏰7:00~18:00，週末及例假日~17:00 ☎098-868-3750 🌐daiichibus.co.jp/sightseeing-bus/

◎推薦行程

	名稱	行程	班次	時間	價格	備註
A	首里城‧文化王國玉泉洞之旅	首里城→文化王國玉泉洞→平和祈念公園‧平和之礎 →道之驛 糸滿 →經那霸機場回那霸市區	9:00	7小時	大人￥6,000、6~12歲小孩￥3,200	含午餐，不含首里城公園正殿門票。
B	古宇利島‧今歸仁城跡‧美麗海水族館之旅	古宇利島(海灘、ワルミ大橋(車窗))→今歸仁城跡→Orion本部度假SPA飯店(午餐)→海洋博公園‧美麗海水族館→回到那霸市區	8:30	10小時20分	大人￥7,000、6~12歲小孩￥3,500	含午餐、美麗海水族館門票。不含今歸仁城跡門票。

如何前往各離島

從沖繩本島前往離島，幾乎都是在那霸市的泊港搭乘渡輪，若是稍遠的離島則可以選擇搭乘飛機，以下分三區介紹各個離島的渡輪資訊。

➡️ 那霸泊港

距離沖繩本島最近的群島──慶良間群島，最快單程約40分即可抵達，是想要體驗離島旅行者的首選。如果想遊覽慶良間群島與久米島的話，那就要從沖繩本島那霸市的泊港為據點前往，其旅客總站大樓被暱稱為「とまりん」(tomarin)，購票櫃台就設置在裡頭。泊港的乘船位置劃分為南岸與北岸，位在旅客總站大樓前的南岸為渡輪搭乘處，順著道路步行約10分即可抵達高速船搭乘處的北岸，以下介紹泊港的船班搭乘位置：

📍那霸機場開車約20分，單軌電車美榮橋駅往北步行約10分，巴士「泊高橋」站步行約7~8分
🌐www.tomarin.com

泊港

北岸船客候船處

高速船Marine Liner渡嘉敷　　高速船Queen座間味

渡輪Ferry座間味

活動廣場

地下停車場

渡輪Ferry渡嘉敷

國道58號線

大東

New久米島・Ferry琉球

渡輪Ferry粟國

泊港碼頭大樓
(とまりんターミナルビル)

停車場大樓

泊高橋十字路口(泊十字路口)　↑往名護

往安里→

泊ふ頭入口十字路口

縣道43號線

↓往機場

N

位置	船班類型	船班名稱	運行路線	運行時間
北岸	高速船	Marine Liner渡嘉敷 (マリンライナーとかしき)	那霸～渡嘉敷島	35分
		Queen座間味 (クイーンざまみ)	那霸～阿嘉島～座間味島 ※部分船班不停阿嘉島	往阿嘉島50分、往座間味島約50分~1小時10分
南岸	渡輪	Ferry座間味 (フェリーざまみ)	那霸～阿嘉島～座間味島	往阿嘉島1小時30分、往座間味島2小時
		Ferry渡嘉敷 (フェリーとかしき)	那霸～渡嘉敷島	1小時10分
		Ferry粟國 (フェリー粟国)	那霸～粟國島	2小時
		New久米島・Ferry琉球 (ニューくめしま・フェリー琉球)	那霸～渡名喜島～久米島 ※下午的船班不停渡名喜島	往渡名喜島1小時45分、往久米島2小時50分~ 4小時
		大東 (だいとう)	那霸～南大東島 北大東島(夜行便)	14~15小時

沖繩離島交通

N

✈ ----- 飛機航線
🚢 ----- 渡輪航線

粟國島
約 35分
渡名喜島
久米島
兼城港
約 80分
約 15分
阿嘉島
慶留間島
約 180~210分

池間島 大神島
約 125分
伊良部島
約 15分
宮古島
約 25分
來間島
多良間島
約 55分
約 30分

約 30分
石垣島
與那國島
鳩間島
約 45分
石垣島機場
加屋真島
約 45分
約 30分
西表島
石垣港
約 40分
約 30分
約 15分
竹富島
約 4時
由部島 小浜島
黑島
新城島
波照間島
約 60~90分

沖繩本島

台灣出發前往沖繩
桃園國際機場→那霸機場：約1.5小時
桃園國際機場→石垣機場：約1小時

➤慶良間群島

那霸~渡嘉敷島

渡嘉敷島是距離沖繩本島最近的慶良間群島,搭乘Ferry渡嘉敷(フェリーとかしき)的話航程約1小時10分,高速船Marine Liner渡嘉敷約35分。

☎098-868-7541(渡嘉敷村船舶課 那霸連絡事務所)、098-987-2537(渡嘉敷村船舶課)

◎Ferry渡嘉敷

🕐一天1班。泊港10:00出發;渡嘉敷港3~9月16:00出發、10~2月15:30出發

💰單程大人￥1,690、小學生￥850,來回大人￥3,210、小學生￥1,610

◎Marine Liner渡嘉敷

🕐一天2班。泊港9:00、16:30出發,10~2月下午提前30分出發;渡嘉敷港10:00、17:30出發,10~2月下午提前30分出發。旺季7~8、9月週五六日,增班13:00泊港出發。

💰單程大人￥2,530、小學生￥1,270,來回大人￥4,810、小學生￥2,410

🌐www.vill.tokashiki.okinawa.jp

❶旺季時容易客滿,建議可事先預約,開放預約時段為發船日2個月前至前一天。另外,每天早上8點會決定當天船班是否運行,記得上網確認

❶以上票價一位大人可免費帶一名小學以下的幼兒搭乘;高中以上每人需另支付￥100的環境協力稅

那霸~阿嘉島~座間味島

從那霸泊港出發,經阿嘉島後抵達座間味島。Ferry座間味(フェリーざまみ)航程約1.5~2小時,高速船Queen座間味航程約50分~1小時10分。

☎098-868-4567(座間味村 那霸出張所)

◎每月時間表不定,建議至官網確認

💰Ferry座間味:單程大人￥2,150、小學生￥1,080,來回大人￥4,090、小學生￥2,060,座間味港~阿嘉港單程￥200。高速船Queen座間味:單程大人￥3,200、小學生￥1,600,來回大人￥6,080、小學生￥3,040,座間味港~阿嘉港單程￥310

🌐www.vill.zamami.okinawa.jp

❶旺季時容易客滿,建議可事前以電話預約,發船日2個月前即可預約,乘船券需至售票處索取

村內航線

◎座間味島~阿嘉島~渡嘉敷島

慶良間群島間1天有4班固定渡輪,一般只往來於座間味島~阿嘉島,有人預約前往渡嘉敷島(阿波連)的話,才會增開兩航班(2便、5便),並繼續航行到渡嘉敷島。

☎098-987-2614(座間味村役場產業振興課船舶係)

💰座間味港~阿嘉港:單程大人￥300、小孩￥150,座間味港~阿波連港:單程大人￥800。乘船至渡嘉敷島時,需支付￥100的環境協力稅

🌐www.vill.zamami.okinawa.jp/info/trans.html

❶到渡嘉敷島須事先預約,發船日2個月前即可預約。座間味島與阿嘉島皆於高速船「Queen座間味」的乘船處搭船

➤久米島

那霸～久米島

久米島距離沖繩本島較遠,從那霸搭乘渡輪需3~4個小時,若是從那霸機場搭飛機只需35分鐘即可抵達,但兩者價差頗大,想省錢的話建議搭乘渡輪。

☎098-868-2686(久米商船株式會社 那霸本社)、098-985-3057(久米商船株式會社久米島支店)

◐每天9:00、14:00各一班來回,下午船班不停靠渡名喜島(僅4~10月的週五下午航班會停靠)。每週一只有上午的船班

◉那霸～久米島:單程大人￥3,450、小孩￥1,730,來回大人￥6,560、小孩￥3,110。那霸～渡名喜:單程大人￥2,750、小孩￥1,380,來回大人￥5,230、小孩￥2,480。渡名喜～久米島:單程大人￥1,160、小孩￥580,來回大人￥2,210、小孩￥1,050

🌐www.kumeline.com

❶旅遊旺季時建議可一個月前預約船票。飛機1天約7班,單程價格約￥12,100

➤八重山群島

那霸～石垣島

石垣島為八重山群島的交通中樞,自2013年新石垣機場擴建,加上台灣到石垣島的定期直航開通後,石垣島與其周邊的竹富島、小浜島、西表島便成為熱門的跳島旅行地。一般都是先抵達石垣島再串連起周邊小島。前往石垣島可從台灣出發搭船或飛機抵達,若從沖繩本島飛的話約1小時,一天約20班。

石垣島～其他小島

八重山群島間每天有許多渡輪往來,主要由安榮觀光、八重山觀光渡輪、石垣島Dream Tours(石垣ドリーム観光)三家公司營運。

◎石垣島～竹富島

竹富島距離石垣島最近,航程約10~15分。

◉安榮觀光・八重山觀光渡輪:單程大人￥700、小孩￥360,來回大人￥1,340、小孩￥690

◎石垣島～小浜島

小浜島距離石垣島約17.7公里,航程約25~30分。

◉安榮觀光・八重山觀光渡輪:單程大人￥1,240、小孩￥630,來回大人￥2,380、小孩￥1,200

◎石垣島～西表島

石垣島到西表島間的航線分為兩條,一條是前往大原港,另一條則是開往上原港,前者約35~40分,後者則需40~45分。

◉石垣港～大原港:單程大人￥1,830、小孩￥930,來回大人￥3,500、小孩￥1,780。石垣港～上原港:單程大人￥2,390、小孩￥1,200,來回大人￥4,570、小孩

￥2,300

🌐www.aneikankou.co.jp(安榮觀光)、www.yaeyama.co.jp(八重山觀光渡輪)、ishigaki-dream.co.jp(石垣島 Dream Tours)

❶八重山觀光渡輪與安榮觀光的乘船券可互相通用;參加 石垣島Dream Tours的離島行程,包含專用巴士及船舶接送

小島間航路

除了上述從石垣島出發的航線外,還有各小島間的聯絡航線。建議先行預約。

◎安榮觀光・八重山觀光渡輪

西表島(大原港)～竹富港:單程大人￥1,690、小孩￥860

西表島(大原港)～小浜港:單程大人￥1,640、小孩￥830

西表島(大原港)～波照間島:單程大人￥1,800、小孩￥900

小浜島～竹富島:單程大人￥1,200、小孩￥610

自駕遊沖繩

沖繩境內除了那霸市區有單軌電車外，其他地區並沒有鐵路交通系統，雖然有定點停留的路線巴士及觀光巴士，但為了配合巴士的時間，旅遊的彈性不免受到影響，加上有些秘境海灘及絕景咖啡廳還是必須開車才能到達，因此，想充分享受悠閒的沖繩之旅，開車不僅讓行程的彈性增加，亦提昇了探索沖繩的旅遊深度。

租車流程

　　日本政府於2007年起開放台灣人在日本駕車，只要準備好駕照的日文譯本就可在日本開車上路。申請手序十分簡單，攜帶駕照與身份證正本至各公路監理機關窗口，填寫申請表格、繳交100元規費，不到10分鐘就可以拿到譯本囉。譯本有效期限為1年。

➡ 申請駕照日文譯本

STEP1	準備好身分證正本及駕照正本。
STEP2	帶著證件至各公路監理機關，到駕照相關窗口辦理台灣駕照的日文譯本申請手續。
STEP3	填寫申請表格，繳交100元規費。
STEP4	領取日文譯本，大功告成。申請書一份（可以現場填寫），至監理站櫃檯即可辦理。

在日本申請日文譯本

如果出國前來不及申請，到了沖繩當地亦可在臺北駐日經濟文化代表處那霸分處、JAF(日本自動車聯盟)辦理，不過申請時間依各窗口而異，當天到2週都有可能，不像在台灣那麼快速方便，故建議還是先在台灣申請，既便捷又安心。

◎台北駐日經濟文化代表處 那霸分處
🏠那霸市久茂地3-15-9，6樓（近單軌電車縣廳前站）
☎098-862-7008
🕐週一~五9:00~12:00、13:00~18:00
🚫日本例假日、台灣國慶日、農曆春節
◎JAF(社團法人日本自動車聯盟)
💲發行費￥4,000
🌐jaf.or.jp/
ℹ需事先下載外國駕照譯文發行申請書(詳見，網址：jaf.or.jp/common/visitor-procedures/about-dltas)

💡 記得攜帶駕照正本

　　許多人到沖繩都會選擇自駕，尤其擁有台灣駕照的話，只需要申請駕照的日文譯本即可，非常方便。但是千萬不要以為只要帶駕照譯本出國就好，在日本當地租借汽車時，租車公司除了檢查駕照譯本，也會要求出示駕照正本及護照，要是沒帶駕照正本可就無法租車了。

➡ 選擇租車公司

　　首先選定喜歡的租車公司，日本有多間知名的租車公司，以下就列出大家最熟悉的以供參考，其中部分網站有中文或英文介面，預約十分方便。

◎Budget百捷租車

　　Budget百捷租車在那霸機場、石垣機場、宮古機場都設有服務據點。作為世界級租車集團，不僅是由專人接送到營業據點，取車流程、保險等相關服務也很專業，中文導航系統更是車上基本裝備，讓人十分放心。現在在台灣只要直撥(02)6620-6660，或上台灣Budget百捷租車官網，即可以全中文的方式預定日本租車，而且還可加租AI雙向語言翻譯機，在台灣即可領取及歸還，讓旅途更便利。

☎+81-92-735-8886 (新那霸機場站、石垣機場站、宮古機場站) 🕐8:00~20:00 (新那霸機場站、宮古機場站)、8:00~19:00 (石垣機場站) 🌐budget.com.tw

◎OTS租車

　機場分店的服務人員大多會說中文,也因此是許多觀光客偏好的租車公司。

🌐www.otsinternational.jp/otsrentacar/cn/

◎Times租車

　Times租車除了在那霸機場、市區設有據點以外,於中部地區、石垣島、宮古島都有營業據點。也是觀光客常利用的租車公司。

🌐rental.timescar.jp

◎ORIX Rent a Car

　ORIX租車有許多據點,機場之外,那霸市區就有3家分店,通常價格最為便宜,但除了機場外並不一定有會中文的服務人員,部分車子也未裝載中文導航系統,需稍加注意。但網站全中文很方便查詢。

🌐car.orix.co.jp/tw

◎NISSAN Rent a Car/日産レンタカー

　NISSAN在那霸機場周邊就有3家分店,以NISSAN車型為主,因為有會員集點制,經常在日本租車的話相對划算。

🌐nissan-rentacar.com/tc/

◎TOYOTA Rent a Car/トヨタレンタカー

　TOYOTA是日本最大的租車公司,一樣有會員集點制,在機場及新都心設有服務據點。

🌐rent.toyota.co.jp/zh-tw/

▶如何選擇

　建議依照自己的行程安排,尋找出發地附近的租車公司後再開始比較與選擇,部分車站周邊租車公司的選擇較少,提早預約會比較安心。如果覺得租車公司太多,看得頭昏眼花的話,也可以到統整多家租車公司資訊的比價網站查詢。

◎租車比價網站(皆有中文頁面)

・**Tabirai** 🌐tc.tabirai.net/car/
・**ToCoo** 🌐www2.tocoo.jp/cn/

▶事先上網租車

　選定了租車公司之後,接下來就可以直接在網路上預約,不僅可享優惠也方便。現在各家租車公司不僅在當地會有中文的工作人員,大部分也設有中文網站,不過部分公司的日文網站優惠較多,若是不會日文的話,建議可在Tabirai等租車網以中文預約。

▶租車安心方案

　到國外租車雖然方便,但也要考慮到意外發生的可能。一般租車費用中已包含意外保險,但其中仍有部分金額需由顧客支付,也就是所謂的「免責額」,建議加購「免責賠償」,因為這樣包含免責額在內都是

由保險公司支付,另外還有「免除NOC(NOC:Non-Operation Charges,營業損失賠償)」的保險,可以免除意外後車子維修、無法出租的賠償問題。建議要加購包含這兩項的保險方案。

▶實地取車

　若是一到沖繩就要用車,可以在預約時選擇機場接送,並告知班機抵達時間,租車公司工作人員就會到機場接你至營業所辦理取車手續,若打算先進那霸市區後再租車,可以預約飯店接送或自行到市區內的營業所取車,不論哪一種方法都相當方便。

　抵達租車公司營業所後,辦理取車手續如下:

STEP1　提供駕照正本、駕照日文譯本,租車期間中會開車者都必須提供,必要時須出示旅遊證件或信用卡備查。

STEP2　仔細閱讀租車契約,包括租車條款、租金、保險範圍。

STEP3　簽訂租車合約,內含租車條款、租金、保險範圍。

STEP4　憑租車合約及收據至取車場所取車。

STEP5　由工作人員陪同檢查及確保車子沒有問題,並注意車身是否有刮痕,如果發現有刮痕,要請對方在合約內記載,釐清權責。

STEP6　檢查車子的基本操控以及詢問衛星導航的基本使用方式。

STEP7　取車時注意油箱是否加滿汽油。

STEP8　簽收所租汽車,記得帶走單據及地圖,完成手續,出發!

記得預留租車時間

自駕是沖繩最適合的遊玩方式,租車服務當然也很熱門,尤其是旅遊旺季時,更是會出現遊客排隊辦理租車手續的情況,記得預留時間辦理相關手續,或

者是選擇市區的營業所取車,才不會延誤行程喔。

▶還車

　在約定的時間前將車開到指定場所歸還,還車時必須加滿汽油,並附上加油收據做為證明,否則租車公司會收取比市價高的油費。在日本加油時請學會「滿タン(man-tan)」,也就是「加滿」的日語,並將貼在方向盤旁的油種標示貼紙指給服務人員看,一般為「レギュラー(regular)」,服務人員就會把油加滿。

實際上路

實際上路後，卻發現不知道該怎麼加油、該怎麼使用衛星導航、該注意什麼，或是該在何處補給糧食與休息嗎？現在就來一一解惑吧。

沖繩開車注意事項

注意前方路況

到沖繩自駕總是忍不住欣賞沿路景觀，但可別忘了注意路況，除了有前方駕駛臨停的狀況，右轉時也要注意。於十字路口右轉時，即使是綠燈，也要等對向轉為紅燈，或對向來車通過、停下後方可轉彎，市區道路也都設有右轉專用道，但沖繩因為道路較小，部分道路沒有右轉車道，有時會因待轉車輛造成堵塞，記得專心駕駛、保持適當車距，才能玩得安全又開心。

小心路滑

沖繩的一般道路大多含有珊瑚礁石灰岩，比起普通柏油路來得滑，加上太陽光照射及海鹽附著，柏油路容易劣化，雨天時要特別小心打滑，平常轉彎、停車或發動汽車時也要多加注意。

公車專用道規定

國道58號線、國際通等通勤要道，每天7:30～9:00及17:30～19:00（週末及例假日除外）為公車專用時段，一般車輛不得行駛；管制時段內單線道不得通行，多線道則內側車道可通行。除了從路面標記辨別，租車公司的地圖也有詳細說明，若有不懂建議直接問服務人員更安心。

中央線變更

為了確保公車專用時段的交通順暢，如縣道29號這類市區內的三線車道，中央線會隨時段改變通行方向。簡單來說，只要中央線上方標誌亮起X標誌即為禁止通行，開車時注意標誌就可以了。

注意野生動物

在沖繩開車時，要注意島上的野生動物們，尤其是北部的沖繩秧雞、陸龜，或是西表島上的山貓，這些瀕危動物都有可能在路旁出現，看到野生動物注意標示時記得放慢速度，保護動物也避免事故。

注意車牌

日本車牌都是以平假名開頭，但在沖繩路上還會看到Y、A、E開頭的車牌，這代表該車為美軍所屬，提醒大家注意是因為如果與他們發生擦撞，不只日本警察，美軍警察也會前來處理，兩方管轄下後續事宜自然較複雜，建議稍加注意。

右側駕駛，左側通行

日本駕駛座在右手邊，行走時是靠左行駛，轉彎時要特別小心，否則很容易一轉彎就開到對向車道上。另外，雨刷和方向燈的控制也和台灣相反。

遵守交通規則

國道和高速道路都有監視攝影，罰款金額相當可觀，如果被快速照相，有可能會被警察追截或直接將罰款單寄到租車公司，並於信用卡扣除款項。

「止まれ」標誌

只要在路上看到「止まれ」標誌，一定要停車、確認左右兩方無來車之後，才可以繼續行駛。這是很常被抓到的違規行為，千萬別忘記。

禮讓行人

日本有很多路口在綠燈的時候，同時容許車輛轉彎和行人穿越，所以原則上都必須禮讓行人先行。

按壓喇叭

在台灣按喇叭、閃車燈往往是駕駛者表達不悅、提醒的方式，在日本則多表示謝意及提醒，像是遇到對方讓車，便會以亮雙方向燈兩次或是輕按兩次喇叭感謝。

新手駕駛

日本考取第一類普通執照一年內須在車尾貼上新手標誌，形狀如箭的尾端，右側為綠色、左側為黃色；也有四色幸運草標誌，此為70歲以上的高齡駕駛者標誌，跟車在這些駕駛後方，要多點耐心與小心。另外，外國人開車也都會有貼紙。

汽車衛星導航/カーナビ

在日本租車大多會直接免費配備衛星導航,可選擇日文或英文介面,也有部份導航有中文介面。日文的導航系統中,日文漢字出現的機率很高,且導航系統介面操作容易,大多數的店家或景點只要輸入**電話號碼**或**地圖代碼**(マップコード／MAPCODE)便可鎖定,進而完整規劃路線,萬一不小心迷路還可以利用地圖確認自己所在位置。

重要景點的地圖代碼可以在租車時向租車公司索取,旅途中想去的店家也記得先抄下電話,如果擔心衛星導航查詢不到想前往的地方,也可先將景點名稱的日語平假名記下,依假名查詢。

➡ 查詢MAPCODE

有些景點無法用電話號碼搜尋,這時候MAPCODE就是方便又萬無一失的選擇,接下來就告訴你要怎麼查詢MAPCODE。 🌐 www.mapion.co.jp/

STEP1　點選地圖中欲前往的都道府縣,再一步步縮小範圍到要去的區域。

STEP2　出現了範圍地圖後,拖曳地圖讓想去的地方對準中心的紅色十字。當然也可以直接輸入地址。

STEP3　將滑鼠游標移到右上角的「便利ツール」,從出現的下拉選單中點擊「地図URL」,MAPCODE(マップコード)即會出現。

衛星導航日文

即將轉彎時,導航系統會以語音通知駕駛者,不過因為駕駛者對日文及導航系統較不熟悉,所以常常錯過轉彎時機,以下介紹幾句導航系統的語音提醒。

導航:前方約500公尺處右轉/左轉。(提醒前方需要轉彎)
凡そ500メートル先、右方向/左方向です。
o-yo-so go-hya-ku me-to-ru sa-ki mi-gi ho-ko / hi-da-ri ho-ko de-su

導航:即將右轉/左轉。(提醒已靠近轉彎處)
まもなく、右方向/左方向です。
ma-mo-na-ku mi-gi ho-ko / hi-da-ri ho-ko de-su

導航:右轉/左轉。(已抵達轉彎處)
右/左です。
mi-gi / hi-da-ri de-su

加油方式

日本常見到的加油站為ENEOS、ESSO、コスモ石油、出光等,在都市周邊或交通運量大的幹道旁皆可找到,不過若是到郊區或是車運量少的地方時,數量就會銳減,建議不要等到油快耗盡了才加油,以避免沒油可加的窘境。還有,還車前一定要把油加滿喔!

加油日語

92無鉛汽油 レギュラー re-gyu-ra	**付款方式** お支払いは? o-shi-ha-ra-i wa?
98無鉛汽油 ハイオク hai-o-ku	**只收現金** 現金のみ gen-kin no-mi
柴油 軽油 (ディーゼル) kei-yu	**信用卡付款** クレジットカードで ku-re-jit-to ka-do de
92無鉛汽油加滿 レギュラー満タン re-gyu-ra man-tan	**請給我收據** 領収書をください ryo-shu-sho wo ku-da-sai

高速公路

沖繩本島南北狹長，若是悠閒自駕，其實不大需要開上高速公路，但南北向大範圍移動時，還是利用高速公路最省時。沖繩目前有兩條高速公路（日文為「自動車道」），分別為沖繩自動車道與那霸空港自動車道。

▶沖繩自動車道

從那霸往北延伸至名護的許田，全長約57.3公里，雖然必須付費，但是對於時間寶貴的旅人而言，是為了節省移動時間，避免遇上國道58號尖峰時間塞車狀況的選擇。

▶那霸空港自動車道

連結那霸機場至中頭郡西原町，全長約20公里，其中那霸空港IC至豐見城‧名嘉地IC路段，2020年剛新建完成，也是可以利用的路線。

▶上交流道拿通行券，下交流道付費

日本的高速公路收費站是設在交流道口，租車公司雖然車上會配備ETC機器，但因為沒有插卡無法使

用，必須走人工收費車道，記得在上交流道時於入口處取票，下交流

道時將票卡交給工作人員，前方螢幕上會顯示必須繳交的費用，付款完成後閘門會開啟，就可以離開了。

▶時速限制

兩條高速公路的最高速限皆為80公里，為了避免被開罰單，建議乖乖遵從速限開車。

公路常見用字

IC：Interchange(インターチェンジ)，也就是交流道。
JCT：Junction(ジャンクション)，系統交流道，也就是兩條以上高速公路匯流的地方。
PA：Parking Area(パーキングエリア)，小型休息站，通常有廁所、自動販賣機，餐廳則不一定。
SA：Service Area(サービスエリア)，這是指大型休息站，廁所、商店、餐廳齊全以外，一般也設有加油站。

▶景點距離與車程

以下是沖繩知名景點間的距離與車程圖表，可以作為安排行程時的參考。

主要景點開車時間

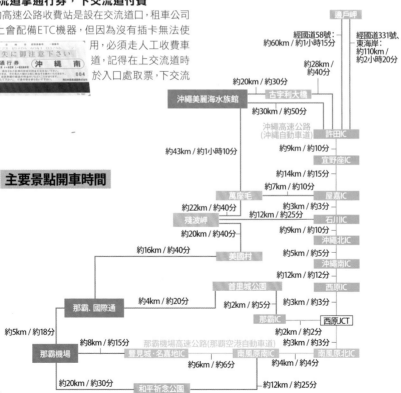

3大經典開車路線推薦

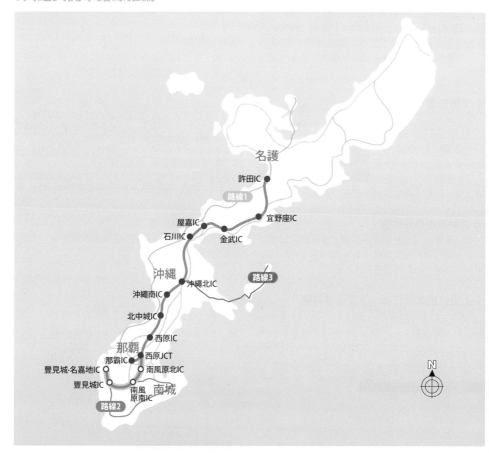

名護

許田IC

路線1

宜野座IC

屋嘉IC

石川IC

金武IC

沖繩

沖繩北IC

路線3

沖繩南IC

北中城IC

那霸

西原IC

那霸IC

西原JCT

豐見城·名嘉地IC

南風原北IC

豐見城IC

南風原南IC

南城

路線2

N

風作伴,還會經過美國村,是沖繩兜風的經典路線。

·古宇利大橋

沖繩最令人嚮往的開車兜風路線,驅車穿越碧藍海水的暢快感,是沖繩自駕不可錯過的體驗。

·古宇利島

古宇利島是沖繩神話中的人類起源之地,被尊為「神之島」。島嶼不大卻有許多美景,大橋下的古宇利海灘以外,北端的心形岩(ハートロック)更是近年的熱門景點。

1 經典兜風路線:國道58號→屋我地大橋→屋我地島→古宇利大橋→古宇利島

國道58號沿著海岸線而行,擁有絕美海景,到了屋我地大橋之後,可以連續穿過3座海中小島,尤其是通往古宇利島的古宇利大橋,更是全日本數一數二長的不收費橋。在跨海大橋和小島之間蜿蜒,欣賞錯落碧海中的島嶼風景,真讓人有種說不出的暢快!

路線景點介紹

·國道58號

國道58號沿著西海岸線延伸,一路上海灘、海景、海

順道去水族館玩吧
要前往沖繩美麗海水族館的話,可以從國道58號接449號前往,也可以利用ワルミ大橋串聯水族館與古宇利島喔。

2 悠遊南部風光：沖繩自動車道南風原IC→縣道86號→ニライカナイ橋→國道331號沿途景點

由縣道86號轉進國道331號時，穿過一段隧道之後，就會見到一片寬闊無際的湛藍大海在眼前直接展開，這段就是ニライカナイ橋，也是沖繩的開車絕景之一。國道331號則在山林和海邊交錯，不時經過安靜的沖繩小鎮，和國道58號有著截然不同的風情。

路線景點介紹

・ニライカナイ橋

沿著縣道86號行駛，會看到有著超大彎道、彷彿通往大海的ニライカナイ橋，開在橋上還可遠眺到久高島，是沖繩南部的兜風名所。

・齋場御嶽

齋場御嶽是琉球王國宗教中地位最高的御嶽，從前是神女祭祀與國王祭拜的地方，不僅是著名的能量景點，更被登錄為世界遺產。

・國道331號

國道331號穿梭山林與海岸間，描繪出沖繩南部的輪廓，還可以通往知念岬公園、新原海灘等景點。

3 開闊跨海路線：勝連半島→海中道路→平安座島→宮城島→伊計島

海中道路全長4.7公里，不僅視線開闊、風景絕佳，中間還設有休息站和一小段海灘，超乎一般對海上橋樑的想像。交錯的海上橋樑連結4個不同離島，除了伊計島的伊計海灘是可以開車抵達的迷人離島海灘之外，浜比嘉島寧靜的氣氛也令人玩味。

路線景點介紹

・勝連城跡

琉球王國統一前，勝連城是首里城最後的心頭大患，這座黃金城城現在遺留下珍貴的石牆及出土文物，還擁有登高遠望的遼闊景色。

・海中道路

海中道路其實是填海造成的4.7公里長橋，與其他幾座海上大橋串聯起鄰近的浜比嘉島、平安座島、伊計島等離島，駕車穿梭海上是很特別的體驗。

・伊計海灘

伊計海灘除了純白沙灘與青藍海水，水上活動的設施更是齊全，香蕉船、玻璃船、潛水、浮潛、烤肉，在這裡都可以玩得到。

到海景咖啡休息吧
國道331號可以連接許多景點，但可別只顧著前往目的地，沿路上還有許多海景咖啡，最適合途中停車、放空休息了。

享受小島的悠閒吧
海中道路串連起鄰近的離島，這些小島未經大規模開發，保有悠閒、純粹的景色，不論是美麗海景還是山林神話，都讓人深深著迷。

自駕的另一種風格

GRACE OKINAWA

　在沖繩租車自駕是許多人的第一選擇，但其實租車也可以不只是交通手段。2015年加入沖繩租車市場，GRACE OKINAWA打破了一般遊客想像中的租車服務，以「Graceful Rent A Car Enmoments」為宗旨，希望讓所有顧客都可以享受美好的租車時光，不論是從國內線航廈或是國際線航廈，都會有專人分組個別接送，貼心服務以外，最特別的是GRACE OKINAWA除了常見車型以外，還提供了多款進口車、跑車、敞篷車。

　來到GRACE OKINAWA的店面，會發現這裡的空間十分整潔，長沙發與開放式的擺設讓店內更像是高級車款的展示空間，説來也的確如此，因為光是在店內店外就可以看到不少亮眼的敞篷與跑車，包括日系經典超跑GT-R、Honda的輕型敞篷車S660、BENZ各式車款，除此之外也有MINI Cooper等輕量級車款可以選擇。

　這些讓人眼前一亮的車款不僅讓外國遊客心動，就連日本人也會特地到此租車，而且租車方案裡一樣有免責賠償及NOC安心方案，雖然價格比起一般車輛要高，卻能夠享受不同的自駕體驗，讓許多人就算只租一天，也要親自體驗一番。

GRACE OKINAWA

🏠 那覇市金城3-8-14　📞098-859-9014　🕐8:00~20:00，最終接送為18:00　🌐www.graceokinawa.com　🗺33 094 620*55　❗特殊車款都只有一台，建議事先確認日程。店內有會中英韓語言的服務人員，溝通更加放心。

沖繩最夯話題玩法！

決 定要到沖繩遊玩之後，一定會迫不及待地開始蒐集各種情報，除了必訪景點店家以外，享受沖繩還有其他熱門的玩法，不管是想慢慢感受海島的悠閒，來點刺激趣味的體驗，或者是家長正煩惱要帶孩子去哪裡才好，都能夠找到行程的重點，快來看看現在流行的玩法吧！

公園

出國玩公園？乍聽似乎很不可思議，但這可是許多家長帶孩子去沖繩的必備行程。繽紛新穎的設計、不同特色的外觀，加上巨大彈跳床、超長溜滑梯或是範圍廣大的攀爬網，亮點鮮明的公園們不僅吸引孩子目光，更能夠讓他們盡情玩耍，爸媽一定要帶小朋友前去朝聖、順便讓小孩放電的啊！

平和祈念公園
讓孩子在冒險裡玩耍

📖別冊P.11,B3 🚗那霸機場開車約19公里、豐見城・名嘉地IC開車約14公里；從那霸巴士總站搭乘巴士89號至「糸満バスターミナル」站下車，轉搭82號約21分至「平和祈念堂入口」站下車徒步5分 📍糸満市字摩文仁444番地 ☎098-997-2765(公園) 🕐8:00~22:00 🅿125個，免費 🗾232 341 416*37(可抵達公園旁的停車場) ❶有關平和祈念公園更多介紹請見P.2-10

平和祈念公園是為了紀念沖繩戰役而設，建在戰爭終焉之地「摩文仁之丘」上，光是陸上面積就廣達31平方公里，不僅設有和平之礎、資料館等具歷史意義的紀念設施，還有沖繩最新穎的大型遊具公園——子ども広場。

子ども広場在2016年及2017年陸續整修完成之後，成為讓人眼睛為之一亮的遊具公園，公園內可以分為「ツナグ」(tsunagu，繫絆)

以海浪為意象的拱橋設施，看起來容易，其實要通過拱橋可要花上不少體力，拱橋上還有通往下方繩網爬梯的通道。

分層的攀爬網可以從地面一路爬上空中通道。

以及「タマゴ」(tamago，生命之蛋)兩大區塊。「タマゴ」是巨大的遊具空間，以「命の卵」(生命之蛋)為概念，設計出蛋型、大海意象的遊樂器材，象徵生命起源，也隱含了和平的祈念。

這一個個巨大的蛋型遊具都是富有挑戰樂趣的設施，包括分層的攀爬網，小巧繽紛的攀岩牆，還有大小各異的溜滑梯，而「ツナグ」區裡則有著城堡造型的小型溜滑梯、網繩吊球、傳聲筒，以及兩處彈跳床，光是把所有設施玩過一輪，就要花上不少時間呢！

推薦理由 平和祈念公園是沖繩較新的大型遊具公園，不管是幼兒還是較大的兒童，都有適合遊玩的設施，而且每一樣設施都可以讓孩子們在冒險般的玩耍過程中，鍛鍊體力以及腦力。

Tips 相較之下，「ツナグ」比較適合0~3歲的幼兒，而「タマゴ」的設施需要較多體力，適合年紀較大的小孩玩耍。另外，公園腹地廣大、大大小小的設施也很豐富，讓小孩盡情玩耍就需要不少時間，而且周邊並沒有什麼店家，建議家長帶孩子前來時，可以準備一些輕食填飽肚子，也可以帶野餐墊來喔。

木板式的溜滑梯十分好滑，速度也很剛好，而且溜滑梯旁設有防護罩欄，不僅安全還可以擋太陽呢。

一旁還有適合小小孩的設施。

奧武山公園
單軌電車就能到

別冊P.6,C2　單軌電車「奧武山公園駅」下車，從北口徒步約5分可達　那霸市奧武山町52　098-858-2700　全天開放　第1停車場236個，第2停車場172個　33 096 697*72

奧武山公園是一座大型運動公園，包括讀賣巨人隊的春訓營地「奧武山野球場」，還設有武道館、田徑場、網球場、弓道場等設施，那霸市內的各項活動會場幾乎都在此地，園內最吸引親子遊客的就是遊具廣場。

進到遊具公園之內，就會看到色彩鮮艷的設施，以龍為造型的大型溜滑梯十分吸睛，昂揚的龍首下還有朵朵白雲，造型頗為可愛，爬上順著山坡建造的長長階梯，還可以看到以風獅爺為造型的遊具，原來這裡是一座組合式遊具，透過吊橋、繩橋連接龍與風獅爺兩座遊具。

公園內的亮點就是龍型的溜滑梯，溜滑梯其實就是龍的尾巴，想要輕鬆玩的話，爬上中間階梯就可以從空橋通往滑梯，從龍首下方的迴旋梯也可以登上通道，超長溜滑梯以外，也別忘了從吊橋前往後方的風獅爺遊具，鳥籠般的設施內部都是結實的爬網，努力爬上頂端之後，就可以玩另一座旋轉滑梯了。

中城公園
沖繩最大夢幻公園

📍別冊P.13,B3 🚗從那霸IC開車約15公里,從AEON mall Okinawa Rycom開車約6公里 📍中城村字荻道平田原370-2 ☎098-935-2666 🕐一般設施及停車場9:00~21:00,彈跳床9:30~17:30(夏季~18:00) 🅿西區停車場100個,北區停車場190個 🔢33 410 639*43(西區停車場)、33 410 845*25(北區停車場)

儘管有了新開放的平和祈念公園,中城公園還是穩居沖繩公園界第一的寶座,因為公園真的太大了,面積廣達98萬平方公尺,遊具區域雖然只佔了1/10左右,各項設施也幾乎佔了一整片山坡。

遊具廣場可以分為南區、中央、西區等區域,其中最吸引人也最有名的就是南區遊具廣場的超大彈跳床!彈跳床分為大小兩座,最大的彈跳床其實是由兩座彈跳床組合,而且旁邊還有多座溜滑梯相連,玩累了可以「咻~」地溜到地面。其實彈跳床可說是機關重重,正中央設有通道可以通往下方的攀爬繩網,再從網子下到地面,當然也可以試試從下往上爬到彈跳床上。

中央區域除了滾輪溜滑梯,還有極限運動類的滑輪溜索,約兩層樓的高度剛好,底下的軟質地板也是另一層防護,一旁的西區則是適合幼兒的區域,設有沙坑、吊床、小型彈跳床,小小孩也可以玩得很開心。

> 超大彈跳床就連家長都會驚呼,絕對會讓小朋友忍不住在上面盡情地蹦蹦跳跳!

> 想玩中央區域的滾輪溜滑梯,還得先想辦法穿越重重障礙,是腦力跟體力的雙重體驗。

推薦理由 中城公園是沖繩最大規模的遊具公園,光是超大彈跳床就足以吸引家長帶著孩子前來一遊,更別說還有適合幼兒的小型設施,或是需要手腳協調的大型遊樂道具,設施非常豐富,不論哪個年齡的小朋友都可以找到適合又有趣的器材。

Tips 中城公園範圍非常廣大,西區停車場距離遊具區比較近,開車到這裡可以省去一些路程,最為方便。周邊沒有賣店,建議準備一些點心讓小孩補充體力,另外因為公園位在中部地區,開車前往AEON mall Okinawa Rycom或美國村都不算遠,不妨一起串聯行程。

推薦理由 海軍壕公園的遊具相較之下較為簡單,但是超長溜滑梯還是非常吸引人,吊床式的盪鞦韆也很有趣,而且因為地勢較高,從這裡可以看到鄰近的高速道路,還可以遠望市區街景,將那霸市區、海邊盡收眼底。

Tips 公園位在沖繩南部的豐見城市,距離那霸市並不算遠,但如果從市區出發,很容易會遇上來往市區的大量車潮,建議預留一些時間以免塞車,另外,建議可以與同在豐見城市的Outlet Mall ASHIBINAA串聯為一天行程。

玩完溜滑梯後想再玩一次,就必須爬上長長的階梯,體力好的小朋友也可以挑戰黃色小屋頂下的通道,裡面有不少需要攀爬的繩網喔。

海軍壕公園
可一次玩兩座溜滑梯

別冊P.11,A1 從那霸市區開車約6公里 豐見城市豐見城236 098-850-4055 8:00~19:00 100個 33 036 723 目前部分設施修繕中,預計2023年4月開放

與其他公園相較,海軍壕公園的名聲或許沒那麼響亮,但這裡擁有高低兩座超長的溜滑梯。從停車場穿越馬路,就可以來到溜滑梯的起點,順著山坡而建的溜滑梯可分為藍色及黃色兩座,前者較長、坡度也較陡,還有個迴旋的彎道,後者則是經過彎道後大致呈現直線型,兩座溜花梯高度都頗高,但其實坡度沒有想像中陡,而且還會彎來彎去,有些時候還需要小朋友自己動屁股滑動。

除了超長溜滑梯以外,公園下方還有吊床式的盪鞦韆,也是很受小朋友歡迎的設施,另外也有適合小小孩的小型設施。其實海軍壕公園所在還有一處「舊海軍司令部壕」,這裡是二戰時沖繩海軍的指揮所,約300公尺的地下戰壕開放參觀,可以看到司令官室、暗號室等,也設有相關資料館,可以看到沖繩戰役的慘烈,雖然氣氛與公園的歡樂完全不同,但對比之下更能夠體會到和平的珍貴。

浦添大公園
超人氣長溜滑梯

🏯 別冊P.12,B2　🚗 那霸市區開車約8公里　🏠 浦添市伊祖115-1　📞098-873-0700　🕐9:00~21:00　🅿️遊樂廣場前約50個　🗺️33 312 045(遊樂廣場)、33 312 008(展望台)

推薦理由
一下左彎、一下右拐的長長溜滑梯十分刺激，光是這個設施就可以讓小朋友玩上許多次，還有宛如迷宮般的攀爬網可以挑戰，雖然設施不如中城公園、平和祈念公園豐富，但如果只是想玩溜滑梯，這裡可以說是最耐玩的一處公園。

浦添可不只有外人住宅區，距離不遠的丘陵上有一處吸引當地人及遊客造訪的公園，這裡就是早已成為熱門景點的浦添大公園。浦添大公園最吸睛的就是長達90公尺的溜滑梯，雖然長度不是沖繩第一，但與周遭林木相融的綠色滑梯就建在道路旁，彷彿要朝車道滑去一般，視覺效果十分驚人。

超長滾輪式的溜滑梯以外，公園內的木造遊具也很有人氣，這座遊具設有小型的攀岩木牆，還有錯綜複雜的網狀通道，左右爬來爬去以外，還有一個360度迴旋的關卡，小朋友除了需要體力，更勇氣及腦力才可以順利通過。

若是年紀較小的幼兒，也有平緩的小小溜滑梯可以玩，不熟悉滾輪式溜滑梯的話也可以先在這裡練習，另外還有一個寬敞的滑梯，旁邊設置PU地板，就算不小心滑出來也不用擔心，是所有小朋友都可以輕鬆享受滑梯樂趣的設施。

Tips　公園與那霸市區或美國村距離約15分鐘車程，可以考慮與之串聯；入口的管理處設有洗手間，還設有許多飲料販賣機，另外大門處約有20個停車位，客滿的話可以停在道路對面的停車場，那一區有約30個車位。

浦添大公園所在地從前曾經是琉球王府所在，因此除了遊樂設施，境內其實也有史蹟可以參觀，還有從前琉球國王前往普天滿宮參拜的參道遺跡。

滾輪式的溜滑梯速度其實頗快，也十分順暢，以正常坐姿玩就很有趣了。

推薦理由 設施不是最豐富,但主題式的造型十分可愛,不同溜滑梯也有不同樂趣,攀爬式的設施可以讓孩子盡情放電,而且公園就位在沙坑之上,小朋友也可以在這裡玩沙,園內設有洗腳旁邊就有洗手間,不怕沒地方清洗。

Tips 公園位在南部,若是從沖繩前往玉泉洞等南部景點的話,可以順路前往一遊,因為公園是沙地,小朋友喜歡玩沙的話,家長也可以幫孩子準備玩沙的道具,讓孩子玩得更開心。

組合式的多樣滑梯以外,還有可以鍛鍊體力的體能類器材,也很受小朋友喜愛。

本部公園
童趣的蔬菜主題公園

別冊P.11,B1　從那霸市區開車約6公里,距離玉泉洞約9公里　島尻郡南風原町本部352　098-889-2620　約20個　33 072 271*54

本部公園是位在南風原町內的一處公園,公園造型十分有趣,大型遊具設施中間是一顆大大的南瓜,原來南風原町盛產南瓜與絲瓜,所以特別以「野菜王國」(蔬菜王國)為主題,設計出了充滿蔬菜色彩的這處公園。

不只蔬菜主題造型頗為趣味,其實公園本身更是位在一整片沙地上,光是沙坑就可以讓喜歡玩沙的孩子開心許久,而正中間的大型遊具則與直線型及螺旋式的溜滑梯相連,要玩溜滑梯的話,可以從階梯爬上去,也可以挑戰拉繩爬坡;不只如此,從中間的吊橋還可以通往更上一層的爬網,中間的綠色南瓜裡也設有爬網,遊玩之餘,也保障了小朋友的安全。

公園後方還有一座較長的藍色木板式滑梯、以水泥製成的滑梯牆,俯衝速度更快也更刺激,前方則有不少體能類的設施,像是吊桿、蜘蛛網般的爬架、小型攀岩牆等等,也有適合幼兒的盪鞦韆喔。

名護城公園
親近自然的遊具廣場

當然不能少了長長的溜滑梯。

遊具廣場旁的「さくら橋」風景非常美麗。

📍別冊P.18,C4 🚗許田IC開車約10公里 🏠名護市名護5511 ☎0980-52-7434 🅿淘氣廣場約7個，公園南口約20個 🔢206 629 375(淘氣廣場)、206 629 062(公園南口) ℹ有關名護城公園更多介紹，請見P.2-78

名護城公園的面積非常廣大，公園的遊具廣場主要是「ウーマク広場」(淘氣廣場)，這裡除了幾乎是必備的長溜滑梯，還有可以讓孩子享受刺激感的溜索(泰山繩)，恰好的高度及底下的沙地都為安全做了考量，還有類似攀岩的攀爬設施，每一樣都可以讓孩子們挑戰看看。

推薦理由 雖然設施不算多，但這裡的遊具都是適合小朋友重複挑戰的設施，而且相對其他熱門公園，這裡人潮不多，可以悠閒地玩耍，還可以欣賞公園的大片自然，如果在櫻花季造訪，更能夠順便賞櫻呢。

Tips 名護城公園距離名護市區頗近，可以與名護市區店家或北部景點串聯，另外，因為名護城公園很大，記得確認好MAPCODE。

海洋博公園
海豚表演之外另一亮點

📍別冊P.20,C2 🚗那霸機場開車約2小時；許田IC開車約28公里 🏠國頭郡本部町石川424 ☎0980-48-2741 🕙10～2月8:00～18:00，3～9月8:00～19:30，依設施而異 🚫12月第一個週三、四 🅿公園內共有9處停車場，全部免費 🔢553 075 409*47

海洋博公園是造訪沖繩的必訪景點，公園內有許多設施，除了免費的海豚表演以外，還有一處小孩可以玩的超大型爬網設施，範圍廣大的爬網可依照適合年齡區分，包括適合3～6歲幼兒的爬網，以及6～12歲的大型爬網，年齡越大爬網的難度及高度就越高，可以讓小朋友在玩樂中鍛鍊手腳協調喔。

推薦理由 海洋博公園本來就是必訪景點，「ちびっことりで」(兒童樂園)更是沖繩最大規模的爬網設施，範圍非常大，小朋友在這裡可以開心地爬上爬下，玩完這一區之後，還可以欣賞海豚表演、到沙灘散步，或是到水族館裡認識各種海洋生物。

Tips 兒童樂園距離正門、北出入口較近，可以乾脆把車停在P7停車場，從停車場出來馬上就可以看到。

公園玩樂常見問題

近年越來越多遊客會到沖繩的公園遊玩，為了避免大家不懂遊具使用規則，主要幾座大型公園其實都有告示牌，說明使用須知，記得一定要遵守規則，當個優質旅人，也確保自己與小朋友的安全。

另外，各地公園資訊可從「沖繩公園情報」網站尋找。

🔗 www.goyah.net/okinawa_park

01年齡限制？

不論是超長溜滑梯、攀爬網、彈跳床，這些設施基本上都適用於3~12歲的小朋友，不在此年齡範圍都不適合，所以成人不可以使用這些設施。另外，超長溜滑梯適用年齡為6~12歲，因為家長不可以使用，6歲以下的小孩還是玩小型滑梯較妥當。

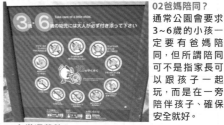

02爸媽陪同？

通常公園會要求3~6歲的小孩一定要有爸媽陪同，但所謂陪同可不是指家長可以跟孩子一起玩，而是在一旁陪伴孩子、確保安全就好。

03自備滑草墊？

到公園遊玩滑梯時，許多家長都會準備瓦楞紙板、滑草墊，想滑得更快、更順暢，也避免孩子臀部被摩擦，但其實公園禁止使用任何坐墊，滾輪式滑梯本身就是為了減速而設計，現在也有很多是木板式滑梯或新型滑梯，使用坐墊的話小朋友可能無法控制速度，為了安全，千萬別再使用坐墊了。

04滾輪式滑梯會受傷？

有不少小朋友來回玩很多趟滾輪式滑梯，之後才發現臀部破皮，這是因為滾輪式滑梯摩擦力較強，因為不能使用坐墊，加上夏天時滑梯可能會有點燙，建議穿長褲玩比較保險。

東浜きょうりゅう公園
跟恐龍一起玩耍

🏞 別冊P.11,C1　🚗 那霸市區開車約10公里　🏠 島尻郡
与那原町東浜15-5　☎ 098-945-2201　🅿 對面有免費
停車場　🗺 33 136 523

　　與其他設施豐富的公園不同，位在与那原町的東浜きょうりゅう公園(東浜恐龍公園)可以說是靠造型取勝，因為遊具本身就是一隻超大暴龍，遠遠的就可以看到紅色恐龍的身影，還可以從暴龍的屁股爬進牠的身體內探索，下方還有小小溜滑梯，另外一旁的小山丘上則有一座較高的溜滑梯，也可以享受滑梯的樂趣。

推薦理由　設施不多，但是三層樓高的暴龍真是太吸引人，如果家裡的孩子喜歡恐龍，那這裡一定可以討他的歡心，另外因為位在住宅區內，人潮不多，也可以享受另一種悠閒的氣氛。

Tips　恐龍設施下方是沙坑，也可以讓小朋友們玩沙。另外，約8分鐘車程的地方還有一座以絲瓜為主題的「宮城公園」，不妨排在一起。

©与那原町

美景至上 沖繩超人氣

海景咖啡

沖繩最令人稱道的旅遊資源，當然要屬無處不在的美麗海景。碧色、蔚藍、蒼青、藏青，彷彿油畫一般，清澈的沖繩大海堆疊出漸層的迷人色澤，加以不時出現的雪白浪花，爽朗的風光不知吸引多少人前來。近距離接觸大海的透涼以外，許多人都會選擇找一間景觀咖啡，不論距離多遠，也不管人潮有多少，都是為了在其中尋一處角落，細細品味沖繩海景那讓人心醉的美。

從咖啡店望向海洋，左側是以瀨底大橋相連的瀨底島，右側則能夠眺望到鄰近的海洋博公園，就連遠方的伊江島也清晰可見，碧藍大海與翠綠山林，再加上白雲變換的朗朗晴空，美麗景色讓等候的時間都變得詩意。

花人逢
海景咖啡第一名

花人逢(かじんほう)坐擁一片小山頭，眼前就是靛藍海景，鄰近的瀨底島、瀨底大橋、伊江島都成為海上點綴，這樣秀麗的風光實在也不需太多形容，只看一眼就足以讓人著迷。其實花人逢的建築也頗富趣味，古民家的紅白屋瓦之上，斑駁石獅靜靜守護，遮陽時的竹簾、支撐起老屋的陳舊柱子，處處都是傳統的沖繩風情。

從靠海的公路往山上行駛，除了幾輛來往行車，只有蜿蜒小路旁的綠葉草木作陪，超人氣店家花人逢就隱藏在這樣的靜謐山丘之上。坐擁一個小山頭並正對著大海，眼下所及是近處的蓊鬱山林，錯落其間的房屋增添了幾許人情，順著聚落往前就是靛藍的海洋，鄰近的瀨底島、瀨底大橋、伊江島都成為這片風景的點綴。

其實花人逢的建築本身也是迷人之處，陳舊卻又堅實的木柱支撐著這處古民家，晴朗天氣時打開門窗，讓自然的清爽空氣透入室內，坐在廊下位置，順著透過竹簾的午後陽光，看著太陽在食物、飲料、榻榻米上畫出一縷一縷白光，這樣微不足道的小事都化作這裡的特殊韻味，讓人深刻體會沖繩北部寧靜美好的氛圍。

店內只提供一種口味的披薩，剛出爐的披薩餅皮酥脆，熱呼氣息之中還有麵皮濃郁香味，鋪上滿滿起司，再撒上義式香腸、青椒、玉米點綴，光是這道簡單滋味就征服無數饕客的胃，更獲得了食べログ2017年的披薩大賞。

info ⓐ別冊P.18,A1 ⓟ許田IC開車約27公里，Motobu Resort前的紅綠燈右轉往山上 ⓠ国頭郡本部町山里1153-2 ☎0980-47-5537 ⓣ12:00~19:00 ⓧ週二、三 ⓢ披薩(中)¥2,600、本部産アセロラ生ジュース(西印度櫻桃汁)¥500、咖啡¥400 ⓤⓇ kajinhou.com ⓟ有專屬免費停車場 ⓜ206 888 669

浜辺の茶屋以輕食、甜點為主，點上一杯茶飲、一份自製司康，用香氣馥郁的茶飲置換海風的鹹氣，再以可康的酥脆口感喚醒慵懶的味蕾，佐以無邊際的悠悠大海，就是沖繩假期的最高享受。

浜辺の茶屋
徜徉南部悠哉情調

　　與西海岸、沖繩北部的海景不同，若是只用一句話形容沖繩南部的大海景觀，從浜辺の茶屋體會到的「悠閒寫意」或許最足以代表。浜辺の茶屋是沖繩南部景觀咖啡中的超級名店，進到茶屋之內，馬上就能明白茶屋如此有人氣的原因——都是為了店內那一整排正對大海、毫無障礙物的寬闊海景！

　　浜辺の茶屋其實就在海灘旁，眼前自然不是從高處展望的風景，而是近距離欣賞大海的風光，倚坐窗邊，不僅能夠清楚看到大海的顏色變幻，還可以聞到海洋的鹹鹹香氣，無邊際的自然景色加上輕拂海風，讓人只想在這片風景的陪伴之下度過一整天。

茶屋前就是海灘，不妨從茶屋下到海灘走走。這裡漲潮時可以看到遊人划著獨木舟的身影，欣賞一波又一波的和緩海浪，退潮時造訪則可以看到大片沙灘、濕地，各有風情。

info ⓐ別冊P.11,C2 ⓟ那霸機場開車約22公里、南風原南IC開車約11公里 ⓗ南城市玉城字玉城2-1 ☎098-948-2073 ◷10:00~18:00、週五~日8:00~18:00，L.O.關店前1小時 ⓢ手作りスコーン(手作司康)¥440 ⓤwww.hamabenochaya.com ⓟ20個 ⓜ232 469 491*06

使用大量蔬菜的羅勒冷麵，新鮮蔬菜與海葡萄豐富了口感，清爽又香濃的胡麻醬則增添滋味，最適合天氣炎熱食品嚐，尤其在悠悠海景前吃著冷麵，更多了一番愜意滋味。

階梯旁是濃密的草木，兩旁綻放的花朵吸引蝴蝶停留，這些「山之美」是抵達茶屋前的風景。不過階梯分為兩段，有些耗力，店家在入口貼心地放置了登山杖，腳力不好的話就果斷地拿一支吧。

Pizza
L.O 16:00

☕ 山の茶屋・楽水
山光水色最佳詮釋

　　從浜辺の茶屋沿著小路再繼續往前一段路，就會來到姊妹店「山の茶屋・楽水」。一如其名，山の茶屋隱藏在半山腰處，從路邊抬頭往上望，只能在茂密樹葉之中看到茶屋隱約的身影，爬上階梯，來到茶屋之內，會發現山の茶屋也有一整面正對大海的窗戶，因為地勢較高可以眺望到更遠的地方，無邊無際的太平洋都成為窗內風景。

　　浜辺の茶屋以輕食、甜點為主，山の茶屋則能夠吃到豐富料理，店家運用當地生產的食材做成料理，可以吃到海葡萄、ジーマーミ豆腐等沖繩味的さちばる定食，其實名稱「さちばる」還是取自當地住民對這片土地的愛稱，不論定食、沖繩麵，又或是現烤出爐的披薩，每一道都是令人讚嘆的蔬食餐點，清爽無負擔的滋味與眼前大海，讓人大呼滿足。

info 🅐別冊P.11,C2 🅟那霸機場開車約22公里、南風原南IC開車約10公里 🅐南城市玉城字玉城19-1 ☎098-948-1227 ⏰11:00~16:00(L.O.15:00) 🈳週三、四，每月第四個週日 🆂さちばるピザ(PIZZA)￥1,100、バジル冷麵(羅勒冷麵)￥1,045 🆄sachibaru.jp/yamacha/ 🅟30個 🗺232 469 638*12

咖啡館兼具藝廊的空間，滿滿置放著玉田先生引以為傲的陶藝作品，除了沖繩經典的燒陶器皿之外，還有來自其故鄉風景的大型陶甕，淡雅的漸層色彩是寫意山水，繪上細膩小樹，就是一幅美麗的風景。

搭配祕境美景的午茶是土花土花手工披薩，受到美軍影響，沖繩隨處可見披薩蹤影。香氣濃郁的起司，與義大利臘腸與青紅椒、洋蔥、羅勒組成鹹香經典，雖是基本款卻讓人吮指回味。

cafe土花土花
一眼望盡西海岸風光

説到沖繩海景，許多人腦海裡先浮現的想必是西海岸的無邊大海，位在恩納村的土花土花正是以這片景色與閒適情調吸引訪客。這棟山丘上的紅磚屋裡，一樓為燒陶工作室，二樓則是咖啡屋，其實這裡是陶藝家玉田彰與其妻子玉田妙子的小天地。出身栃木縣的玉田彰移居沖繩已有40多年，第一次發現這片動人美景時，他就決定要在此設立工作室，於山與海包圍的自然中創作。

從進門開始，偌大挑高的原木空間讓人心情已經放鬆一大半，迫不及待往那絕美的海景露臺走去。彷彿可以展翅飛翔般的開闊開放感，眼前是漂亮湛藍的 U 型海灣，屋簷下是一排木製長桌，近處綠意滿載，再過去是灰色海堤，更遠處則是半島與海平面交界處，像是一條龍的形狀，白色浪花則是龍的鬍鬚，景色隨著時間變幻，是連主人都看不膩的風景。

info ⊙別冊P.13,B1 ⊙石川IC開車約4公里 ⊙恩納村前兼久243-1 ☎098-965-1666 ⊙Cafe 8:00~18:00、五六~20:00，(L.O.閉店前1小時)。Garlly11:00~19:00 ㊡週日 ⊛手作りピザ 土花土花(手作披薩 土花土花)¥1,450 ⊕dokadoka.jp/ ℗15個 ⊞206 097 033*82

Transit Café
美式的平價奢華

距離美國村不過10分鐘車程，北谷町的宮城海岸線旁，有許多隱藏其中的美式風格店家，而Transit Café則是其中最具代表的景觀咖啡。就位在宮城海岸旁，透過Transit Café的大片玻璃窗就可以看到堤岸後的無邊海色，若是想更近距離欣賞，那陽台區的位置最為適合，可以毫無遮蔽地看到湛藍海洋，在舒爽的自然風吹拂中品嚐美食。

Transit Café的菜單選擇非常豐富，用餐時間有炙燒牛排、義大利麵，店家特製的歐姆蛋等餐點，因為料理份量與美味兼具，午餐時間就會有許多顧客前來，午茶時間造訪，則可以點上一份蛋糕、一杯咖啡，欣賞午後陽光灑落海上的粼粼波光。其實不同時段，Transit Café都有不同的景色，日落時分的夕陽景色最是浪漫，入夜後雖然看不到大海景色，卻能夠在聲聲浪潮中慢慢啜飲調酒，又是截然不同的風情。

info | ⊕別冊P.14,A3　⊖沖繩南IC開車約5公里　⊙中頭郡北谷町宮城2-220 2F　098-936-5076　⊘1Lunch11:00~16:00、Cafe16:00~17:00、Dinner17:00~24:00　⊗不定休　⊜牛ロースのサイコロステーキ(骰子牛肋)¥1,980、今週のパスタランチ(本週義大利麵午餐)¥1,380　⊜www.transitcafe-okinawa.com　⊕店舖前海岸線旁可縱列停車　33 584 075*53

純白的建築是Transit Café的一大特徵，店內也以白色為基調，裝潢是美式的簡約清爽，散發在地的舒適生活氛圍，讓人十分放鬆。

不僅有午茶甜點，Transit Café提供的餐點也很有水準，牛排煎得恰到好處，一口咬下迸發出香甜肉汁，搭配上大量蔬菜，再佐以酥脆的蒜香麵包，分量與美味兼具的料理，讓這裡從午餐開始就十分熱門。

CaféLodge其實離浜辺の茶屋不遠，但卻擁有不同視角不同氛圍的絕佳海景，從二樓的座位眺望，綠意與蔚藍彼此襯托，為眼前的風光增加了一絲趣味，深邃的藍更在陽光照耀下顯得柔和許多，與室內愜意空間堪稱絕配。

CaféLodge
山中秘境咖啡

藏身在沖繩南部的山林之中，山中咖啡廳CaféLodge (舊名Café風樹)是帶點西式風格的木屋建築，進入店內，感覺彷彿來到了店主人的家；原木構築的挑高空間令人心平氣和，窗外是濃密的林木，彷彿與樹木共生的綠意空間讓人忘卻日常煩惱，順著寬大光滑的木階梯步上2樓，視線更可以越過茂密森林，遠遠望見南部海岸線的湛藍海洋，大自然濃重的綠與藍讓人為之傾倒。

以這樣的廣闊美景相伴，在CaféLodge度過午茶時光，感受假期的悠閒就已足夠美好，但這裡可不只供應甜點與飲品，獨特創意的沖繩料理更十分美味；細心調味的漢堡排以綠色蔬菜裝飾，有著誘人蜜色的香烤沖繩地雞則是淋上醬汁，再以綠花椰、紅椒妝點，光是漂亮的擺盤就令人食慾大開。

info ⓜ別冊P.11,C2 ⓐ南城市玉城垣花8-1 ⓣ098-948-1800 ⓗ11:30~16:00 ⓗ週一、二、五 ⓢチキンのてりてり焼き(照燒雞肉)￥1,600/每日10份、ケーキセット(蛋糕+飲料套餐)￥900 ⓦcafefuju.com ⓟ15個 232 530 224*52

從露臺座位可以欣賞無邊無際的太平洋美景，天氣晴朗的話，更能夠清楚看到沖繩大海最迷人的漸層，從遠方捲來的白浪點綴其上，是一幅讓人怎麼也看不膩的風景。

Cafe Kurukuma
以海景佐上道地泰國味

由泰國廚師烹調的道地泰式咖哩，有著濃郁的辛香，更是獲得泰國政府「Thai Select」(泰精選)認證的美食。

　　位於知念城跡附近，Cafe Kurukuma(カフェくるくま)是藥草・香草園「くるくまの森」內的附設餐廳，可別因為是附設餐廳就小看它，從Cafe Kurukuma的露臺座位也能夠一望美麗的太平洋。

　　這裡還有一點與普通景觀餐廳有著最大的不同，那就是店內提供的竟然是道地的泰國料理。一進到餐廳，便會聞到飄散的咖哩香氣，由泰國廚師烹調的咖哩是最道地的滋味，除了有又辣又香的正統泰式咖哩，店家也有獨創口味，能夠一次品嚐雞、牛及豬肉3種口味的Kurukuma特製咖哩最受歡迎，以大海的風光搭配咖哩，更是讓人從味蕾到心情都暢快了起來。

info ◎別冊P.11,C2　●那霸機場開車約24公里、南風原南IC開車約13公里　⊙南城市知念字知念1190　☎098-949-1189　◷11:00~17:00、週末及國定假日10:00~18:00　⑤くるくまスペシャル(Kurukuma特製咖哩)¥1,899　☷curcuma.cafe/　Ⓟ50個　▦232 562 891*82

cafe CAHAYA BULAN
備瀨的南洋風情

info ⓐ別冊P.19,D2 ⓑ許田IC開車約29公里 ⓒ本部町備瀨429-1 ☎0980-51-7272 ⓥ午餐12:00～16:30、Bar18:00～22:00 ⓚ週三～四(7～9月只休週三) ⓤwww.cahayabulan.com Ⓟ10個 🗾553 105 714*03

備瀨並木入口處附近的CHAHAYA BULAN是一家隱密的古民家咖啡，店面雖然有著古民家的外表，但內部裝潢的家具、擺設的小物其實都是老闆從東南亞及中國帶回來的物品，而且老闆還把房子面海的一側改成可以完全打開的落地窗，讓人可以輕鬆享受窗外得天獨厚的海景。坐在藤椅上，拋開日常的煩惱，在飄散南洋風情的店內盡情享受海景、海風的環繞吧。

Cafe t&c とうらく
飽覽透澈古宇利藍

Cafe t&cとうらく是古宇利島上的名店，由大阪的陶藝家石井女士所開設，有著藍白色的外觀、簡約的店內裝潢、美味的甜點與飲料，還可以欣賞展示的陶器作品。最重要的是從店內的陽台和落地窗，就可以望見古宇利大橋和大海的美景，可以恣意飽覽美景的陽台座位可是很搶手的喔。

info ⓐ別冊P.17,A4 ⓑ古宇利島大橋旁停車場開車約1.5公里 ⓒ今歸仁村古宇利1882-10 ☎0980-51-5445 ⓥ10:30～18:00(L.O.17:30) ⓚ週三 Ⓟ8個 🗾485 691 556*11

趣味無窮的海洋活動

水中體驗

沖繩在日本素有「東方夏威夷」之稱，這片湛藍的大海可以從事各種水上活動，香蕉船、獨木舟、水上摩托車、浮潛⋯⋯還能乘坐觀光船去餵熱帶魚，不論年齡大小或擅不擅長游泳，都有適合的活動可以嘗試，尤其大部分海灘旁就有專門店家，欣賞沖繩美景之外，不妨換種方式感受沖繩大海生動的美吧。

©PANZA Okinawa

MegaZIP

info
適合年齡：約12~50歲(未成年者需家長同意書) ⓞ国頭郡恩納村字冨着66-1 Sheraton Okinawa Sunmarina Resort內 ⓤpanza.co.jp

要說沖繩的水上活動，不得不提近期的最新話題——「MegaZIP」。MegaZIP其實是溜索，讓人眼前為之一亮的原因，是因為玩家會從空中飛越大海！全長250公尺的溜索橫越淺灘、連接兩側平台，穿好裝備、隨著教練的指令從跳台出發，迎面而來的除了刺激的速度感，還有沖繩無敵的藍天蔚海，位於海上的那一段美景不僅可以欣賞到下方透徹的大海，還可以張開雙手擁抱天空，漲潮或夕陽時分的景色更讓人驚嘆，想從不同角度欣賞沖繩之美，絕不能錯過這項體驗。

浮潛
シュノーケリング

浮潛是沖繩最熱門的海上活動，對不敢下海的人來說是能欣賞到海底世界最棒的方式，且價格比起深潛等海中活動也便宜許多。乘船出海後教練會讓大家一一下船，會游泳的人可以自己四處遊覽，甚至可以潛到水底下近距離欣賞珊瑚礁與小魚，不會游泳的話也不用擔心，穿上救生衣就可以自然浮起，不敢到處遊的話就抓著教練的游泳圈，讓教練帶著你，毫不費力地飽覽水中風光。

info 適合年齡：約6歲以上(依各店家而異)

拖曳傘
パラセーリング

想要俯瞰沖繩的湛藍大海，看著美麗而閃耀著光芒的海洋在腳下無限延伸，那就一定要體驗拖曳傘！依自己的喜好可以選擇繩長50公尺、100公尺、150公尺或200公尺，同時可以有2~3人一起飛上高空，無論情侶、親子或朋友都相當適合，享受在天空中漫步翱翔的舒暢體驗，即使不會游泳也可安心搭乘。

info 適合年齡：4歲以上(未滿12歲需家長陪同)

水上飛板
フライボード

2012年新創的水上活動「水上飛板」由來自法國的Franky Zapata所發明，在這幾年間迅速竄紅，也成為沖繩及台灣海上活動的新寵兒。這個看起來就像鋼鐵人的體驗活動相當酷炫，在淺海處會先在腳上固定噴射裝置，後頭接著巨大水管抽取海水後從腳下噴射出高壓水柱，讓體驗者可以飛翔於空中，最高甚至可以達到10公尺。

不過這個活動並非這麼好上手，體驗過程中會先在躺在水面上測試直行(雙膝打直)、左彎右彎，在水中翻身後屈膝利用水柱站起，出水面後如果還沒站穩的話只要膝蓋一彎就容易失敗，另外望向遠方也是成功的秘訣。雖然過程中成功的次數屈指可數，但當成功浮出水面的時候會有莫大的成就感，其獨特的魅力讓人一玩就上癮。

info 適合年齡：約12~60歲(未成年者需有家長的同意書)

獨木舟・透明獨木舟
カヤック・クリアカヤック

info 適合年齡：約2歲以上(6歲以下需由家長陪同)

看似枯燥、只需機械式擺動划槳的獨木舟，其實是個會讓人上癮的有趣活動，首先教練會先在岸上教導正確的握槳、操控及上下船方式，正式出海體驗外，一邊划船一邊欣賞水上風光也是樂趣之一。另外也有許多飯店海灘推出透明獨木舟，不需離岸太遠即可透過獨木舟看到底下的美麗海底世界，感受與大海合而為一的療癒體驗。

風帆
ウィンドサーフィン

風帆是屬於較為進階的海上活動，比較不容易上手且有些難度，適合喜歡自我挑戰的玩家。教練會先在岸上指導基本的操作技巧，像是如何保持平衡、起帆、控帆等，起帆是最困難的環節之一，需要善用全身的力量才可保持平衡，雖然體驗的過程中可能會有許多挫折，不過一旦成功便會有極大的成就感與破風徜徉於海面之上的快感。

info 適合年齡：建議為12歲以上諳水性者

水中觀光船・玻璃船
水中観光船・グラスボート

如果不諳水性、不敢下水的話，那也可以坐著玻璃船或水中觀光船出遊，玻璃船是船艙底下有一塊透明玻璃觀望室的船隻，而水中觀光船則是半潛式的，可看到的魚類與活珊瑚更多、更直接，運氣好的話，還可看到大海龜晃過身旁呢！

info 適合年齡：不限年齡

衝浪
サーフィン

　沖繩海岸的海水淺、近海處也有相當多珊瑚礁，所以對沖繩不熟悉的人一般不建議自己衝浪，雖然沖繩的衝浪沒有比浮潛或潛水來得有名，但還是有許多地點與店家提供完善的衝浪體驗，不管是喜歡衝浪或是想體驗看看衝浪的人，來到沖繩都可以參加適合自己程度的體驗課程。

info 適合年齡：10歲以上

水上腳踏車
アクアサイクル

　水上腳踏車相當適合親子同遊，這輛大型的腳踏車一次可供兩人同時搭乘，踩著踏板在水面上自由前進、轉彎，不時還可停下來看看海面下游動的繽紛魚兒，在車上身體完全不會濕，且坐起來相當穩定，可安心遊玩。

info 適合年齡：4歲以上(小學以下需家長陪同)

深潛
ダイビング

　由於沖繩的海水潔淨、透明度極高，海底可看到豐富的珊瑚與魚類，所以無論你是否曾潛水過，到了沖繩相當推薦來場深潛體驗，不管是初學者還是有經驗的潛水者都有適合的課程可以選擇。坐船出海到定點後就準備入海，全身在大海的溫柔懷抱中，各色鮮艷的熱帶魚則在身旁緩慢悠游，船長還會讓你帶著魚食潛水，讓你感受被成千上萬魚兒親吻的酥麻感。

info 適合年齡：約10歲以上(未成年者需要有家長同意書)

©南十字星度假村

SUP

info 適合年齡：約5~80歲

SUP立槳衝浪由於入門容易，多數初學者在第一個小時就能學會自由操控SUP的技巧。從岸上的暖身講解開始，介紹器材、規則與乘坐方式，接著練習在板上站立、找到重心，最後就是穿上救生衣準備下水。

熟悉水面浮力後，接著就是依照教練講解，試著在水面站立並拿起划槳向前划行，一開始的緊張感在成功划行、迎來海面微風後放鬆不少。以站立姿態向無盡湛藍划去，或在平靜海面仰望藍天、沉澱心情，甚至挑戰在浪上衝刺，享受與大海親密接觸的美好時光。

水上摩托車·甜甜圈
ジェットスキー・スキービスケット

想追求速度感與刺激的話，那麼水上摩托車及甜甜圈會是最佳選擇！這兩個幾乎在各大海灘都會出現的水上活動相當受到歡迎，無論是讓教練載著你在海上奔馳，感受衝破海風、海水濺起的清涼快感，或是乘上甜甜圈，讓水上摩托車拉著你快速疾行，都讓人大呼過癮！

info 適合年齡：5歲以上(未滿12歲需家長陪同)

海底漫步
シーウォーク

除了深潛以外，想深入海底、親近珊瑚礁與魚群還有許多方法，海底漫步就是其一。教練會先教幾個在水中溝通的手勢，包含可以、不行、前進，抵達定點後便可戴上重達幾十公斤的頭盔，順著樓梯慢慢深入海底，因為頭盔內會灌入空氣，內部水位只會淹到大約下巴的位置，可以維持一般的呼吸方式，甚至還可以一路保持臉上妝容、配戴眼鏡。到海底後順著教練的手勢漫步、欣賞景色，教練會指引你到最美的地方，並灑上魚餌讓魚群們聚集，讓人醉心於海中豐富的生態。

info 適合年齡：約8~60歲

沖繩限定零食
♥
POCKY、PRETZ、ぷっちょ、嗨啾、KitKat都有出沖繩限定口味,比較常見的像是紅芋、黑糖,以及酸酸甜甜的鳳梨、香檬等水果口味,部分零食甚至還會推出像泡盛、海葡萄、石垣牛等較難想像到的風味。

沖繩陶器
實用與個性兼具的沖繩陶器有500年左右的歷史,常見紋樣如魚紋、唐草、水玉等,依師承不同各有特色。

紅芋塔
紅芋タルト

紅芋塔是老少咸宜的沖繩名產,100%選用沖繩當地紅芋,外型是艷麗的紫色,可嚐到紫芋本身特有的風味,來到沖繩買這個絕不會錯!

沖繩定番
伴手禮

來 沖繩時你會發現原來沖繩有那麼多好買的商品,從傳統工藝的紅型、琉球玻璃、陶器等,到結合當地南國情調與島民創意的T恤、夾腳拖,或是限定的零食、特產,每一個都各具特色,這裡特別把推薦的沖繩商品列出來,讓你一次買個夠!

石垣辣油
♥
在日本紅上半邊天的石垣辣油由島辣椒作成,現在也有數十種品牌可供挑選,其中最知名的當然就是元祖──辺銀食堂的石垣辣油。

風獅爺
シーサー

說到沖繩的代表物,許多人可能會先聯想到佇立在民家屋頂上的風獅爺,來到沖繩,除了可以欣賞各神情、姿態各異的風獅爺外,也可以在特產店購買各種風格的風獅爺商品,甚至還可以到體驗村彩繪或親自做一隻世上獨一無二的風獅爺。

沖繩的鹽
雪鹽、抹茶鹽、柚子鹽等琳瑯滿目的品牌與種類,還有用雪鹽製成的糖果、汽水,挑一個自己喜歡的帶回家吧。

美麗海水族館限定商品

在水中優美游動的鯨鯊、鬼蝠魟、海牛等美麗海水族館的動物們，化身為卡通版及擬真版兩種風格圖案，製做成玩偶、資料夾、毛巾、小方巾等各色商品，甚至還有水族館的獨創護唇膏、化妝水呢。

創意T恤

沖繩藝術家的創意無窮無盡，不論KUSO、可愛或藝術風都找得到。在國際通上聚集了許多販售創意T恤的店舖，除了有可愛沖繩代表性圖案的衣服之外，也有寫上斗大日文字的特色T恤，上頭寫的「胖子有什麼不對」（デブで何が悪い）、「我只是還沒拿出實力」（俺はまだ本気出してないだけ）等文字，讓人會心一笑。

石垣島ROYCE生巧克力‧巧克力洋芋片

ROYCE生巧克力與巧克力洋芋片在日本相當知名，來到沖繩還可以買到ROYCE結合沖繩特色的各式商品，包含泡盛、芒果、黑糖、百香果＋香檸等口味的生巧克力，以及石垣島鹽的巧克力洋芋片，都很值得一試。

沖繩黑糖

沖繩因為種植甘蔗，所以以甘蔗製成的黑糖也相當有名，據當地人說挑選時顆粒大的較純正。

三線

和本島的三味線不同，為傳自中國的古樂器。它曾是琉球士族教養的一環，沖繩民謠也由此誕生。

沖繩麵泡麵

雖然依規定不能帶回國，但很具特色的沖繩風味，可以買回飯店慢慢品味。

Lululun面膜

在日本熱銷的Lululun面膜於沖繩推出了兩款限定版：苦瓜及香檸，紅色及黃色的鮮艷包裝融入沖繩元素，設計得相當可愛，1包裡面有7片，無添加色素及香料，相當適合買來自用或送給女性朋友。

明信片

日本郵局從2009年開始依47都道府縣各地的特色設計了一系列的明信片，之後約1~2年再推出新款，目前已推出超過第10彈。沖繩的當地名信片有風獅爺、苦瓜、琉球舞踊、三線、エイサー(Eisa)、竹富島、首里城等，可挑張寄給自己或親友。

金楚糕
ちんすこう

起源自從琉球王朝時代、擁有300年歷史的沖繩傳統點心，除了傳統的原味外，還有雪鹽、巧克力、水果等創新口味。

Silk Salt
♥

超細微粉末的鹽可以用來按摩身體與臉部，加水的瞬間還會發熱，讓人直呼太神奇了！

沖繩玻璃
♥

因戰後資源再利用而發展起來的沖繩玻璃工藝，因製作限制產生的氣泡與不規則形狀反而成為特色之一。

© 琉球ガラス村

雪塩ふわわ

有著可愛名稱的雪塩ふわわ(fuwawa)，是擠花狀外型的小巧點心，推出了椰子、黑糖及紅芋3種口味，可嚐到淡淡的鹽的鹹味及蛋的香氣。

© 宮古島の雪塩

沖繩夾腳拖

顏色、圖案都可以依照自己喜歡的樣式訂做的夾腳拖，把沖繩的悠閒舒適帶回家吧。

城市杯

用色鮮豔的沖繩城市杯，上頭彩繪的圖案為沖繩代表性的木槿等植物，可愛的風師爺就乘著浪，感覺像是在玩耍一般，喜歡收集星巴克城市杯的人可不要錯過。

調味料・調理包

沖繩的特色料理與特產食材，不僅可以在沖繩當地享用到，也可以買以石垣牛、島豚製做的味噌、咖哩，以及Taco Rice等美食的調理包，但因含肉不能帶回台灣，若是帶有廚房的住宿，不妨買來品嚐看看。

琉球美肌面膜

用泡盛「琉球美人」做的面膜，或是飄著甜甜黑糖味道的面膜，自用或送禮都很適合。

仙貝餅乾

包裝設計得很有個性的餅乾，鹹香的滋味讓人忍不住一口接一口，綠色的為海葡萄、紅色的是Taco Rice、黑色的則是Agu豬肉，其他還有辣油、島辣椒、石垣牛牛排等口味。

紅型商品

紅型顧名思義便是「有顏色的圖案」，是沖繩自己獨特的印染方式，除了傳統的花卉、自然等圖案外，現在還有許多紅型職人們會創作出可愛動物等圖案的紅型，並製成包包、杯墊、扇子等各種商品。

八島黑糖

一盒內有8處離島製作的黑糖，每處製做的黑糖色澤、顆粒、香氣、口感都不太一樣，而每個小包裝上都是該島的特色圖案，是相當特別的伴手禮。

A&W

在沖繩落地生根的美式速食連鎖店，最招牌的就是The A&W Burger，自家製的麵包中夾入牛肉、番茄、洋蔥圈、奶油起司、黑胡椒豬肉等，大份量相當滿足。另外，也別忘了喝杯冰透的麥根沙士(Root Beer)唷！

沖繩麵

沖繩才有的麵，由100%的小麥粉製成，含有豐富蛋白質，如果用手工打製則咬勁十足，其柴魚湯頭、扁麵條加上滷排骨或三層肉的組合，清爽不油膩，真是美味滿點的主食。

沖繩
經典美食

沖繩的歷史及風土直接影響了她的飲食文化，海外貿易、美國的佔領等由外流入的食文化也增添了本土的風味，再加上地處亞熱帶，豐富的天然資源，造就了現在沖繩多元的飲食。當然，最精華的還是沖繩的傳統食物，因為這些食材來自大自然的精華，加上燉煮的調理方式，使沖繩人攝取均衡的營養，而有充足的體力勞動工作，造就了一個長壽之邦！

Orion啤酒
♥

以沖繩為據點的大型啤酒製造廠，口味清爽、泡沫細緻的沖繩地啤酒，離開沖繩就不容易喝到囉。

サーダー アンターキー
♥

名稱來自首里方言的砂糖(サーダー)加上炸物(アンターキー)，是類似甜甜圈的沖繩傳統點心，口味香甜、簡單而口感紮實，嚐來相當有飽足感。

花生豆腐
ジーマーミ豆腐

花生作成的豆腐，口感類似麻糬，淋上黑糖蜜做成甜點，除了在食堂、居酒屋可以品嚐到，在市場或伴手禮店也可以買到，甚至還有推出黑糖、紅芋口味的花生豆腐。

沖繩蜜豆冰
沖繩ぜんざい

ぜんざい的漢字為「善哉」，是一種將砂糖煮過的蜜紅豆加入白玉糰子、麻糬等食材的甜點。而在沖繩的「善哉」則是一種特殊的冰品，以黑糖煮過的蜜紅豆配上白玉，上頭則是如小山丘般高聳的刨冰。嚐來滋味甜蜜，清涼消暑。

Blue Seal
♥
來自美國的Blue Seal冰淇淋連鎖店，除了在到處都有的小攤來球香濃冰淇淋外，別忘了到Big Dip等大型店挑戰這種豪華型的冰淇淋哦！

泡盛

「發酵時泡多的話就是好酒」——而被稱為泡盛的沖繩米酒。一般濃度較高，種類與酒造眾多，各有支持者。怕太濃也可以點加入汽水或果汁的泡盛調酒。

苦瓜料理
ゴーヤー
♥
沖繩的苦瓜和台灣的不太一樣，台灣的苦瓜又大又白，通常是煮到軟爛或塞肉食用，沖繩的苦瓜比較小，顏色深綠，通常用炒的，吃起來脆脆的，有一種香香的苦味，不怎麼苦，尤其和島豆腐、火腿和蛋一起炒的炒苦瓜一定要嚐嚐。

Tacos
タコス

沖繩版異國料理的經典，是源自墨西哥的傳統食物，呈U字型的墨西哥薄餅(tortilla)中夾入蔬菜、肉等內餡，再搭配上酸辣開胃的莎莎醬、酪梨醬，嚐來相當對味。來到沖繩別忘了試試KING TACOS、多幸壽、tacos-ya等名店！

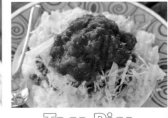

Taco Rice
タコライス
♥
衍生自墨西哥料理Tacos是誕生自沖繩的當地美食，白飯上盛上Tacos的絞肉、起司、萵苣、番茄等餡料，最上面再大量的淋上開胃的莎莎醬，不只看來顏色鮮艷、引人食慾，是大人小孩都會喜歡的美味。

海葡萄
海ぶどう

口感類似鮭魚卵的奇妙海生植物，入口後有著濃濃的大海香氣與鹹味，除了在餐廳有海葡萄丼外，也有單盒販售，可以直接沾醬油吃。

扁實香檬
シークヮーサー

介於葡萄柚和檸檬之間的水果，酸酸甜甜的滋味，不論作成新鮮果汁、調味醋或是罐裝飲料都很適合。

🛒 飲料到處都有，調味料等可以在牧志市場附近找到

豬耳朵
ミミガー

將豬耳及豬臉抹上一層薄鹽醃一下，切成細絲涼拌，加入小黃瓜及香濃的麻醬和醋一同拌勻，吃起來喀喀脆脆很有口感，是沖繩居酒屋中的必備小菜。

🛒 沖繩各家常食堂、居酒屋

滷三層肉
ラフテー

角煮是沖繩食用豬肉的基本料理法，連皮的三層肉切成一塊塊地去煮。加入柴魚原汁、醬油、黑砂糖、燒酒、味淋等調味料。滑膩膩的口感，入口即化，在琉球王朝時代就是宮廷料理之一。

🛒 沖繩各家常食堂、居酒屋

石垣牛

神戶牛排名聞遐邇，但原產地實際是在石垣島。由於該地環境得天獨厚，有非常純淨的水質與清新的空氣，牛隻吃了新鮮草食加上適當運動，自然健康優良。來到沖繩隨時都可嚐到正統且價格平實的石垣牛牛排，除了牛排外，燒肉也是品嚐牛肉原味的好選擇。

泡泡茶
ぶくぶく茶
♥

來自沖繩茶道,將煮過煎米的水與沖繩的茉莉花茶倒入茶鉢中,再以茶筅打出細緻的泡泡,不只外型可愛,口感更是有趣,另外也有泡泡咖啡、泡泡泡盛等其他種飲料。

沖繩風炒青菜
チャンプル
♥

是以柴魚高湯調味,加入沖繩當地的蔬菜、島豆腐拌炒的沖繩料理,在食堂與居酒屋點餐時可看到「チャンプル」前冠上苦瓜(ゴーヤー)等的料理名稱,如果不敢吃苦瓜也可點個お麩チャンプル(麵麩炒青菜)。

島豚料理
♥

肉質香甜、油花不膩的沖繩豬依產地有20多種,其中又以アグー(Agu黑豬肉)最高級。想品嚐豬肉可以選擇燒烤或涮涮鍋,另外也有沖繩式的豬肉家常料理。

香片茶
さんぴん茶
♥

源自中國的香片茶,只帶有微微香氣,喝起來像無糖的茉莉花茶,是沖繩人最常喝的飲料,不只是在餐廳可點到,到了便利商店也可以買到保特瓶裝或紙盒裝的さんぴん茶。

藍魚豆腐
スクガラス豆腐
♥

藍魚是一種營養可口的魚類,沖繩人很早就知道其美味和營養,在藍魚盛產的夏季,通常是5月,會相約好一天,大家一同出海捕撈。小小的藍魚多半被拿來醃漬保儲,再配上豆腐食用。

炸烏尾鮗
グルクンの唐揚
♥

烏尾鮗是沖繩縣的縣魚,住在珊瑚礁海域,是沖繩唯一大量捕獲的魚類,肉質色白,通常拿來鹽烤或是酥炸,酥炸時,頭和骨頭都可食用。

那霸
なは

那霸怎麼玩

那霸是沖繩最熱鬧的都市，同時也是旅人們造訪沖繩的重要景點，國際通熱鬧的氣氛是所有遊客都想感受的沖繩情調，能夠認識沖繩飲食的牧志公設市場也是必訪景點，除了國際通與牧志市場以外，往鄰近的巷弄裡走走，還會發現許多隱藏其中的趣味巷弄，不同區域擁有不同情調，加上便利交通，最適合自由感受沖繩的魅力。

1 國際通

因在二戰後迅速發展而有「奇蹟一公里」之稱，國際通長度約1.6公里，是那霸觀光購物的一級戰區。道路兩旁，當地名產、服飾小物、百貨、餐廳、三線live house等店家緊緊相連，人行道上常能見到有趣的地攤。每到週日下午12:00~18:00，國際通會成為「步行者天國」（行人徒步區），無車的大路上滿是街頭小販、表演者、玩耍的小朋友和觀光客，氣氛悠閒。

2 浮島通·新天堂通

想要感受那霸的文藝氣息，浮島通與新天堂通就是最好的去處。沖繩許多品牌都是從浮島通發跡，小巷弄裡聚集了獨立品牌、古著店、選物店，被譽為是引領沖繩流行文化之地，也是年輕人喜愛的逛街地點。新天堂通則有著另一種風情，幾間舒服的咖啡店、茶店和個性商店錯落在民家、老式美容院和雜貨店之間，慵懶的氣息很適合在午後來到這裡逛逛。

3 第一牧志公設市場周邊

第一牧志公設市場周邊有許多保留舊日風情的商店街，與之垂直的市場本通裡聚集了土產品和傳統市場裡會有的菓子老舖、熟食店、蔬菜攤，鄰近的平和通則是以日用雜貨和衣服為主的商店街，這週遭的商店街幾乎每一條都有著在地的生活風貌，仔細探索的話，還可以在巷弄中發現不少雜貨、咖啡和特色小店呢。

❼ 那霸市區

市中心的小祿、波上宮一帶也是交通便利的觀光區，前者有大型購物中心、藥妝、各式店家聚集，後者則是沖繩總鎮守波上宮所在地區，其實這兩區都是國際通以外，近年越來越多遊客會造訪的區域，另外還有名聲漸長的泊港魚市，以及世界遺產識名園，都分散在那霸市之內，就等著遊客踏出鬧區，前去一訪。

❻ 新都心

在那霸市區想要逛街的話，新都心一定是不能錯過的地點。位在那霸市北部地區，新都心相較首里一帶，是經過近代都市規劃開發的土地，也因此幾乎所有大型商場都聚集在這裡，自然也有許多品牌進駐這一區，想要尋找沖繩時尚的一面，到新都心來就對了。

❹ 壺屋通

在平和通商店街上循著「壺屋燒物博物館」的指標，就能找到壺屋やちむん通的入口。やちむん（yachimun）是沖繩方言的「陶器」之意，大約350年前琉球王國時代，這裡成為窯元和製陶的集中地。壺屋通幸運地逃過戰火，使得街上除了歷史悠久的陶器店家外，更滿溢古老街坊的獨特魅力。

❺ 首里城公園周邊

距離那霸市稍有一段距離，首里城是琉球王國遺產中最具代表的景點，光是看到首里城朱紅色的城門，就讓人不由得遙想起昔日琉球王國的興盛。華麗的國王宮殿以外，首里一帶承襲了琉球王國的歷史氣息，擁有百年點心鋪、傳統的沖繩麵，以及歷史悠久的景點，處處都能夠感受到獨屬於沖繩的韻味。

國際通
こくさいどおり

那霸是旅人來到沖繩的第一站，也是島上最熱鬧的都市，國際通更是所有觀光客必定造訪的地方；從單軌電車縣廳前站到牧志站之間，兩旁各式連鎖特產店林立，泡盛、古酒、玻璃飾品、沖繩限定的零食、吊飾……，各種來沖繩必買的產品琳瑯滿目、應有盡有，周邊還有庶民市場、觀光名產、當地美食，以及許多可愛的特色小店隱藏巷弄間。

交通路線&出站資訊

電車
県庁前駅、美栄橋駅、牧志駅→單軌電車

出站便利通
◎國際通雖然只是一條街，但街道其實頗長，從分立兩頭的県庁前駅走到牧志駅需要20分鐘左右，建議先確認好店家位置，從較近的車站出發。
◎欲前往RYUBO百貨的話，從県庁前駅的1號出口最近。
◎國際通屋台村鄰近牧志駅，專程來體驗屋台情調的話，可不要走錯站了。

觀光旅遊攻略
◎市區停車問題
國際通一帶的店家幾乎都沒有專屬停車場，若是從機場直接租車到市區，最好住在有停車場的飯店，才不用煩惱停車問題。另外也可以事先確認收費停車場的位置與費用，不過除了幾處大型停車場外，一般停車場車位都不多，價錢標準也不一。以下介紹車位較多的幾處停車場：

・**アップルパーク牧志**
◎別冊P.4,E2
◎那霸市牧志2-5-5
◎24小時停車場
⑤2小時內每30分￥100，之後每小時加￥100；20:00~翌日8:00最多￥500。
◎21個
◎33 158 540*78
❶牧志駅周邊有多個アップルパーク停車場，但位置都不多

・**NPC24H那霸市役所本庁舎駐車場**
◎別冊P.5,B4
◎那霸市泉崎1-1-1
◎24小時停車場
⑤平日8:00~18:00間1小時內￥100，之後每30分加￥300，平日18:00~8:00每20分￥100，夜間最多￥500。週末及例假日每20分￥100，當日最多￥1,000，夜間最多￥500。
◎214個
◎33 126 893*35

・**県民広場地下駐車場**
◎別冊P.5,B3
◎那霸市泉崎1丁目(由県道42号線開進地下車場入口)
◎6:00~24:00，23:00~翌日7:00為1泊
⑤1小時內￥300，之後每30分加￥150，當日最多￥1,500；1晚￥1,050。
◎202個
◎33 126 838*15

・**みどり立体駐車場**
◎那霸市牧志2-17-9(沖映通り上，Orix租車旁)
◎7:00~24:00
⑤1小時內￥350，之後每20分加￥100，當日最多￥1,000。
◎300個
◎33 157 709*74
◎路線巴士
如果要利用路線巴士連接那霸市中心與沖繩各地，乘車巴士站多集中

在沖繩縣廳及RYUBO百貨旁，這周邊有「県庁北口」、「県庁前」、「パレットくもじ前」、「沖銀本店前」、「琉銀本店前」等站牌，其中「県庁北口」是許多巴士都會經過的一站，要轉乘巴士的話可事先到此確認站牌。
◎觀光巴士站
整合了路線巴士、觀光巴士、機場的利木津巴士搭乘站，那霸市府於2018年秋天，全新整合建蓋完成、結合商場的那霸巴士總站(那霸バスターミナル)，並與單軌電車-旭橋站直結串聯，對旅客來說相當便利。
◎那霸市觀光案內所
那霸市觀光案內所提供中英韓三國語言服務，備有觀光情報誌《NAHA NAVI》、最新版國際通地圖及各種店家折價券，另外也可寄放行李(1日1個￥500)、購買單軌電車一日券及文化王國玉泉洞等設施門票，甚至也可兌換日幣，不妨先去蒐集情報。
◎那霸市牧志3-2-10 (てんぷす那霸1樓)
◎098-868-4887
◎9:00~19:00
◎www.naha-navi.or.jp
◎那霸國際通商店街官網
由國際通商店街振興組合經營的網站，網站除了店家、餐廳的介紹，還有置物櫃、ATM、日幣兌換機的位置等實用資訊，另外也會有活動資訊，想知道國際通的大小事，記得先看看網站。
◎naha-kokusaidori.okinawa

ゆうなんぎい

定食外還有豐富的單點料理，且價錢多落在￥650~810之間，就算單點也可以吃飽飽。

📖別冊P.5,C3 🚈單軌電車県庁前駅徒步約5分 🏠那霸市久茂地3-3-3 ☎098-867-3765 🕐12:00~15:00、17:30~22:30 🚫週日及例假日 💰ゆうなんぎいA定食￥3,220、ゆうなんぎいB定食￥2,420 🌐www.kp-group.co.jp/yunangi/(名古屋店)

從1970年美軍統治時期就開始經營，廣受在地喜愛外，更榮登日本-食べログ美食網站、票選為2021年居酒屋百名店，提供的菜色約有50幾種，不知道該如何抉擇的話**推薦可點A定食或B定食，這兩個套餐包含滷三層肉、豬耳朵、蛋炒麵麩等沖繩料理**，每道菜的份量雖少，但嚐來還是相當有飽足感。美味餐點加上親切服務與快速的出菜速度，吸引顧客一再光顧。

御菓子御殿 国際通り松尾店

沖繩代表銘菓子店，還有各式吸引人的複合設施。

📖別冊P.5,C3 🚈單軌電車県庁前駅徒步約3分 🏠那霸市松尾1-2-5 ☎098-862-0334 🕐賣店9:00~22:00，餐廳11:00~18:00(L.O.17:30) 💰紅いもタルド(紅芋塔)￥700/6入 🌐www.okashigoten.co.jp

紅芋塔是沖繩必買經典伴手禮。

來自沖繩縣讀谷村的御菓子御殿，以複合型式店鋪光在沖繩就有10家。**人氣商品是連續7年獲得菓子金賞的紅芋塔**，可說是伴手禮經典。以琉球王朝建築外觀為設計概念，一樓有賣店及和菓子製造工廠，2樓則是甜點與餐飲休憩空間，一次滿足購物及美食。

宮古島の雪塩 国際通り店

📖別冊P.5,B3 🚈單軌電車県庁前駅徒步約5分 🏠那霸市久茂地3-1-1 ☎098-860-8585 🕐11:00~19:00 🌐www.yukishio.com/ ❗因疫情縮短營時，未來也可能修改

店內除了可以買到宮古島產的各式雪鹽商品外，還有雪鹽製作出的各式甜點、美妝保養清潔用品等。甜點中推薦**招牌的「雪鹽Rusk」(雪塩ラスク，烤得酥脆的蜂蜜蛋糕)甜中帶著一點點鹹味**，加上酥脆的口感，讓人一吃上癮。入口即化的ふわわ、冰淇淋、雪鹽年輪蛋糕也都是人氣商品。

那霸市 國際通 ◆沖繩本島◆沖繩離島

🛍 RYUBO

薦 おすすめ

🅐別冊P.5,B3 🚃單軌電車縣庁前駅徒步約1分(與車站2樓直結) 🅐那霸市久茂地1-1-1 ☎098-867-1171 ⏰10:00~20:00(2F樂園CAFÉ 8:00~20:00),依店鋪而異 🌐ryubo.jp 🅿館內消費可抵部分停車時間。百貨本身停車場外,周邊亦有數個契約停車場。

沖繩最大百貨公司,聚集各大品牌,資生堂パーラー、福砂屋等知名日本菓子也都有。

沖繩最大百貨RYUBO位於國際通縣廳前站的一側,所在建築是包括歷史博物館、劇場、電影院等的複合設施。RYUBO共計有12個樓層,這裡的商品風格較為年輕,各種品牌十分齊全,還多了佔地不小的無印良品、Francfranc以及書店,全館還有多間餐飲、及來自日本各地的銘菓可以選擇。

🧁 資生堂パーラー

🅐RYUBO 1F ☎098-867-1171 ⏰10:00~20:00 💲花椿餅乾￥1,998/24入 🌐parlour.shiseido.co.jp

創業超過百年的資生堂Parlour,本店設在東京的銀座,是頂級點心的經典與品味,沖繩RYUBO百貨的專櫃**可以買到最具代表的花椿餅乾**。印著資生堂花椿(山茶花)圖案的法式酥餅,口感紮實,甜度適中,讓人很容易一片接著一片吃不停。另外還有起司蛋糕,經典復古的包裝裡是口感鬆軟綿密的蛋糕,而且不時會有季節口味,像是草莓、櫻花等,都是伴手禮的最佳之選。

AUNT STELLA

> 單片餅乾以外，當然也有禮盒可以挑選，裡頭有不同口味。

🧁 **AUNT STELLA**

🏠 RYUBO 1F 📞 098-869-4733 🕐 10:00~20:00
www.auntstella.co.jp

　台灣也有的AUNT STELLA其實是來自日本的手作餅乾，其**遵循傳統製作而流傳下來的配方與技術，讓餅乾展現出獨特的酥脆口感與風味**，每片餅乾大小都是獨一無二。在這裡有開放式的餅乾櫃，及迷你的吧台，挑完自己喜愛的餅乾後，就可以馬上坐下來享用，配上一杯咖啡或紅茶，就是一個簡單卻又悠閒的下午茶了。

🎁 **無印良品**

🏠 RYUBO 8F 📞 098-867-8151 🕐 10:00~20:00
www.muji.com/jp

　無印良品一向深受許多人喜愛，極簡風格也是最能代表日本的品牌之一，這間在Ryubo百貨8樓佔地一半以上的分店，**衣料服飾、文具用品、日常雜貨的品項都有，種類相當**

齊全，雖然台灣也有無印良品，但與日本還是有著價格上的差別，而且若能到達購物的退稅門檻，就會更加便宜，加上還有日本限定商品，都是讓人特別花時間選購的理由。

> 可找到聯名的可愛家居商品。

🎁 **Francfranc**

🏠 RYUBO 8F 📞 03-4216-4021 🕐
10:00~20:00 www.francfranc.com

　家居雜貨品牌Francfranc在廚房用品、浴室用品種類上相當齊全，就算只是一個小碟子，設計也都讓人覺得很療癒，店內**每一件單品都極富質感，價格卻很平易近人**，可以用色彩繽紛且充滿創意的雜貨，打造出夢想中的舒適生活空間，為日常生活增添不少情趣。非常值得花時間在這裡好好挑選，讓生活中多點時尚與設計感。

> 薦 おすすめ
> 除了一般的設計雜貨，也會與品牌合作，別忘了找找這些聯名商品喔。

購物以外還可以欣賞店內的大螢幕或水族箱喔！

不只可愛玩偶，還有護唇膏跟香水的限定商品。

わしたショップ

需要觀光諮詢的話也可以到這裡來。

Washita Shop

🔺別冊P.5,C3 🚃県庁前駅徒步約3分 🏠那霸市久茂地3-2-22 (JAドリーム館 1F) ☎098-864-0555 ⏰9:00~20:00 🌐www.washita.co.jp

　　由沖繩縣物產公社直營的沖繩土特產店，店名的「わした」為沖繩方言的「我們」之意，店內從食材、健康食品、泡盛、化妝品到工藝品、書籍賣的全都是**道地的沖繩縣產品**，其中最受好評的就屬天然化妝品和各種沖繩食材，此外並提供外幣兌換和觀光諮詢的服務。

沖繩美麗海水族館直營店「Umichurara」

薦 おすすめ

沖繩美ら海水族館アンテナショップ「うみちゅらら」

🔺別冊P.5,C3 🚃單軌電車県庁前駅徒步約3分 🏠那霸市久茂地3-2-22 (JAドリーム館2F) ☎098-917-1500 ⏰10:00~19:00 🌐umichurara.com ❗因疫情縮短營時，未來也可能修改

沒辦法到美麗海水族館一遊的話，只要到這家直營店就能買到各項水族館原創商品。

　　沖繩美麗海水族館直營商店「Umichurara」就位在わしたショップ2樓，店內有著**滿滿的水族館元素**，期間限定包含豢養著小丑魚、不時從砂子探出頭的花園鰻等水生動物的小型水族箱，還有播放著水底世界的200吋巨大螢幕，而最受歡迎的當然還是那些可愛到不行的商品囉。想稍事歇息的話，還可在附設的Cafe買個飲料後，到大螢幕前的座位邊品嚐邊欣賞海中的景色。

血拚前先看這！

國際通上的店好像都一樣？
因為國際通太長了，光是同個品牌內就會在街上接連設許多分店，像是熱門的創意T恤、雪鹽、甜點店，在國際通上就有好幾家分店，店面較大自然商品較齊全，若是沒有特殊要求，不妨就近選擇分店逛逛。
①

善用折價券
在國際通記得利用折價券，除了可以到那霸市觀光案內所取得折價券，其實國際通上也設有優惠手冊的發放點，另外像是日本的Rikka Dokka（リッカドッカ沖繩ナビ）、国際通りガイド網站都有優惠券，只要事先下載或是存好優惠券介面，就可以在合作店家使用。
②
◎Rikka Dokka 🌐www.okinawatraveler.net/ja
◎国際通りガイド 🌐www.kokusaidori.net

🎁 唐吉訶德

ドン キホーテ 国際通り店

🚩別冊P.4,E2 🚆單軌電車牧志駅徒步約10分 🏠那霸市松尾2-8-19 ☎078-335-8885 🕐24小時 🌐www.donki.com 🅿有合作停車場(收費)

喜歡在日本購物的人對唐吉訶德一定不會陌生,這間以「驚安の殿堂」自稱的購物商場(「安」為日文的便宜之意),從早到晚都被世界各地的遊客擠得水洩不通、館內食品、家電、藥妝、雜貨、沖繩土特產等豐富的商品一應俱全。

近6萬件的品項絕對能買得過癮。

☕ 35 coffee 国際通り店 薦 おすすめ

🏠唐吉軻德 2F ☎0120-70-8930 🕐11:00~19:00 🛒濾掛式咖啡10入 ¥1,080 🌐35coffee.com

35 coffee不僅咖啡好喝,因為獨特的烘培方法、環保意識,更是成為沖繩必訪的咖啡名店。

位在唐吉軻德2樓的35 coffee,是**沖繩特有的在地品牌**,最大的特色**是以沖繩當地才有的風化珊瑚來烘培咖啡**,同時為了保育珊瑚,每賣出一杯咖啡,就撥出3.5%的金額作為珊瑚復育之用,而以風化珊瑚低溫烘焙出的咖啡豆,比一般咖啡少了酸澀味,更增添了咖啡的濃醇香氣,特別適合在早上來上一杯。店名「35」不僅與撥款金額「3.5%」一樣,其實發音更與日文的「珊瑚(さんご)」相同。

特別推薦伴手禮「沖繩薄荷糖罐」

沖繩縣產的「沖繩薄荷糖罐」是款新穎又受歡迎的伴手禮之一,自2022年4月起才開始銷售。價格實惠、體積小巧可愛,盒子上印有首里城、58號公路、海浪等沖繩代表圖案。便利商店、那霸機場和國際通的許多商店、唐吉訶德也都可以買到。

新發售的OKINAWA薄荷糖罐,是受歡迎的話題伴手禮。

那霸市 國際通

➡沖繩本島➡沖繩離島

琉球民芸ギャラリー鍵石 久茂地店

📍別冊P.5,C3 🚃單軌電車縣庁前駅徒步約5分 🏠那霸市久茂地3-2-18 ☎098-863-5348 🕐9:00~22:30 ⓤ

www.keystone.okinawa.jp

琉球民藝Gallery鍵石收集了**來自沖繩各個玻璃工房及設計師的作品**，還有陶器、手繪明信片、原創T恤、布包等充滿沖繩風和藝術感的小物，重新開幕的新店面更增加了手工肥皂及金屬飾品等商品，是尋找特別紀念品的好地方。

> 不論想要沖繩風還是設計感的小物，這裡都找得到。

> 演奏尾聲還會邀請觀眾們一起站起來同歡。

🍴 波照間

📍別冊P.4,D3 🚃單軌電車縣庁前駅徒步約10分 🏠那霸市牧志1-2-30 ☎098-863-8859 🕐11:00~24:00(L.O.食物23:00、飲料23:30) 🅢あぐー餃子(AGU豬肉煎餃)￥660，另外每人需支付小菜費(お通し代)。現場演奏大人￥1,100、小學生￥550 ⓤhateruma.jcc-okinawa.net 🕐現場演奏18:30~、20:00~、21:00~

進入波照間彷彿像來到離島的古民家一般，石道、低矮的石牆與樹木造景相當有情調，**座位除了一般的吧台區、桌椅座位外，也有如民家走廊(緣側)的座位區**，光是身處其中就覺得新鮮。提供的餐點為選擇多樣的沖繩當地料理，晚上造訪時如果想要欣賞完整的現場演奏，那麼就一定要到2樓的用餐區用餐，好好感受熱烈氣氛。

🏠 Splash okinawa 2号店

📍別冊P.4,B3 🏠那霸市松尾1-3-1 ☎098-988-1238 🕐10:00~21:00 ⓤ

splashokinawa.com/

清新又帶點夢幻的Splash okinawa顯得獨樹一格，光在國際通上就有4家店。**純白裝潢，以清新海洋元素及各式貝殼、白砂所製作的裝飾品**，讓人彷彿來到海邊，除了挑選一個充滿海洋風的飾品讓自己更融入這個美麗的海島外，喜歡寫明信片的朋友，亦可以挑選一張可愛的手繪風獅爺明信片，寄給自己做為旅行的紀念。

> 有各式海洋風格小物。

民謠居酒屋3大特色

民謠居酒屋可說是最具沖繩味的地方，而且都會有以下幾個特色：

1.民謠現場演唱

通常是兩位歌手(一男一女)以三線、鼓、三板等自彈自唱，接受點歌、與觀眾互動也是表演中的重要一環，出發前不妨記下一些沖繩民謠，到時候就可以請歌手現場演唱。

2.沖繩傳統舞蹈

民謠演唱後半段氣氛high起來後，歌手會邀請觀眾以沖繩的傳統舞蹈「カチャーシー」(ka-cha-shi)一起同樂，如果看到身旁的日本人開始舉起手、或直接站起來了，記得一起加入，才不虛此行。

◎「カチャーシー」的跳法：將雙手舉高，手掌張開超過頭頂。男生握拳，女生手掌攤開。像在開關拉門一般，雙手手掌與手肘同時向右擺動、向左擺動。隨著音樂，雙手持續左右擺動，雙腳也隨節奏左右踏步。

3.道地沖繩料理

居酒屋提供道地料理，菜單大多會有圖片，部分也有提供中英菜單等，但不妨事先認識幾道經典料理，點菜時才能更得心應手。

◎蔬菜及豆類料理

チャンプル：沖繩風炒青菜，特徵是以柴魚高湯調味，加入沖繩當地的島豆腐。

ゴーヤー：苦瓜，ゴーヤーチャンプル是沖繩招牌料理。

パパイヤ：青木瓜。

ナーベーラー：絲瓜。

お麩：麵麩，不敢吃苦瓜又想嘗試沖繩風炒青菜，可以選擇お麩チャンプル。

島豆腐：沖繩特有水分較少、口感偏硬的豆腐。

ゆし豆腐：比嫩豆腐再軟一點的豆腐，通常加高湯一起食用。

ジーマーミー豆腐：花生作成的豆腐，口感類似麻糬，淋上黑糖蜜做成甜點。

◎豬肉料理

ラフテー：滷三層肉。

ソーキ：滷排骨(帶軟骨的部份)。

足ティビチ：滷豬腳。

ミミガー：豬耳朵。

阿古豬

阿古豬(アグー，Agu)源於600多年前從中國引進的「島豚」，在沖繩島內長年飼養後演化成特有種，受到二戰及引進西洋豬隻改良品種的影響，體型較小、成長較慢的阿古豬一度只剩下30隻，後來經名護的北部農林高校努力，才成功復育。阿古豬肉質柔軟，脂肪含量比一般豬隻更高，但膽固醇卻只有1/4，入口即化的鮮甜口感是當地人熱愛的美味。另外，食用阿古豬都是混血種，寫作「あぐー」，與品種的「アグー」作區別。

okinawa-agu.com

薦 泡盛專門店 古酒家 松尾店

別冊P.5,C3　單軌電車縣庁前駅徒步約5分　那霸市久茂地3-4-18　098-862-6930　9:00~22:30　koosya.jp

提供沖繩各地的酒,到這裡絕對可以找到最對味的沖繩風味。

門口醒目地寫著「縣內最大級古酒泡盛專門店」的古酒家,**販賣的商品來自沖繩各地47家酒藏、600種以上的沖繩泡盛和古酒,也提供免費試飲**,如果不知道那種泡盛適合自己的話,也可以請店裡的泡盛專家推薦,試著尋找自己最喜歡的口味。

碩大的烤製器具,可以看到現場製作年輪蛋糕的過程。

也有果醋、調味料等沖繩當地農產品可以選擇。

ふくぎや 国際通り店

別冊P.5,C3　單軌電車縣庁前駅徒步約7分　那霸市久茂地3-29-67　098-863-8006　10:00~22:00(10:00~20:00)　新年　ふくぎ(小)¥1,260　www.fukugiya.com

以沖繩常見的福木為名,是一家主打年輪蛋糕的店舖,**店內商品也堅持使用沖繩當地的食材作為原料**,原味的「ふくぎ」使用沖繩的雞蛋與蜂蜜;「カジュマル」則加入了沖繩黑糖,形成外層稍脆、內層溼潤的口感;紫色的「紅の木」使用代表的紅芋,現場可看到年輪蛋糕的製作過程,烘烤的甜甜香味也讓人忍不住駐足。

バッカスの胃袋

別冊P.4,D3　單軌電車縣庁前駅徒步約5分　那霸市牧志1-2-24(琉球セントラルビル 3F)　098-863-7227　15:00~23:00(五六~24:00)、六日12:30~24:00(日至23:00)　Pizza¥1,100~1,400　www.helios-bacchus.com/

由沖繩的Helios啤酒公司直營,打造出**數量有限、以地方風格的精釀啤酒(craft beer)著稱**,其中pale ale一款曾奪下2003年日本全國啤酒大賞的銀賞,使用苦瓜汁的goya DRY更在2011年獲得日本最大年度啤酒競賽IBC的金賞。店內結合Pizza、沙拉、沖繩料理等美食及6種啤酒選擇,讓美食與啤酒提供味蕾饗宴好去處。

啤酒公司直營的精釀啤酒餐廳。

🎁 長七屋 國際通久茂地店 ^{おすすめ}薦

📖 別冊P.5,C3　🚃 單軌電車縣庁前駅徒步9分　🏠 那霸市久茂地3-29-65　☎ 098-943-3554　🕐 11:00~20:00　🚫 年末年初　💰 項鍊￥2,860起、耳環￥2,640起、夾式耳環￥3,520、手環￥3,080起　🌐 www.chouhichi.com/

> 可以買到知名「螢火蟲玻璃」做成的各種飾品。

來到沖繩，大家一定會對乾淨又美麗的沖繩大海顏色念念不忘，拍照留念外，你也可以將這樣的海藍美景配戴在身上。

以特殊技法，將銀箔與玻璃結合，打造出如星光閃耀般的玻璃製品，就稱為「螢火蟲玻璃」。沖繩縣產的**螢火蟲玻璃飾品，有九成都是由長七屋包辦了**，可說是最知名的大品牌，位在國際通上這家直營店，就能買到各式系列設計款，尤其更能買到不少稀有款，遊逛國際通時，一定要進來逛一逛。

在沖繩縣產品認定工房製造，每一款商品都是由熟練的職人熔接玻璃細心打造而成，所有系列商品中，**推薦「把沖繩的大海帶回家」作為設計主題，並重現了沖繩各地海洋的「七海系列」**，這個系列除了以「慶良間藍」重現既是潛水者聖地又擁有美麗珊瑚礁的慶良間群島大海色彩外，還打造出今歸仁村海色的「今歸仁藍」、青之洞窟神祕海色的「恩納藍」、重現宮古島高透明度藍色大海的「宮古藍」等，共有**7 款呈現沖繩知名海域藍色景致的海洋色彩，絕對是入手的首選**。

另外將沖繩自然與文化等元素納入設計之中的「Cotona」系列，以及對寶石進行切割加工，打造璀璨光彩的飾品也都不可錯過。店內飾品樣式多元外，還有位在北谷地區、石垣島、久米島等分店，都能為自己在沖繩的旅行，找到一款**別致又充滿沖繩海洋色彩記憶的美麗飾物**。

> 沖繩大海的「藍色」會因地域差異呈現不一樣的個性，「七海系列」則忠實重現了這些顏色變化。

> 將寶石切割加工，展現不同光彩的設計系列。

> 把沖繩的大海顏色帶回家吧！

> 也有販售獨家香氛精品「海之香」，當作伴手禮也很適合。

🍴 A&W 国際通り松尾店

薦 おすすめ

🏠別冊P.5,B3 🚃單軌電車縣庁前駅徒步約3分 ⌂那霸市松尾1-1-1(2F．3F) ☎098-917-5502 ⏰9:00~22:00(早餐~11:00) 💲A&Wバーガー(漢堡)單點¥690、套餐¥840~ 🌐www.awok.co.jp

來自美國老字號速食店，台灣找不到以外，日本也只有沖繩才有，千萬不要錯過。

　　A&W是**老牌美式速食店**，1963年就在沖繩開了一號店，在沖繩本島及離島地區共有20多家分店，**最大的特色是提供root beer(麥根沙士)**，而且A&W的漢堡也很美味，口味與台灣常見的速食店完全不同，吃得到紮實的用料，薯條也有肉醬起士與辣醬起士口味可以選擇，另外還提供炸雞與三明治等餐點。

加上厚厚一片奶油乳酪的漢堡超級美味。

🍴 鐵板燒牛排餐廳 碧

鉄板 ステーキレストラン 碧

🏠別冊P.5,C3 🚃單軌電車縣庁前駅徒步約5分 ⌂那霸市松尾1-2-9 ☎098-941-1129 ⏰11:00~22:00(L.O.20:00)，週日~21:00(L.O.19:30) 💲午餐¥3,000~、特上黑毛和牛サーロインステーキ(特上黑毛和牛沙朗牛排餐)¥10,450 🌐www.heki.co.jp 🅿有特約停車場(收費)

　　走進店內，馬上被沉靜的氣息所感染，加上均為女性的服務生與廚師親切又不造作的服務，讓人忍不住放鬆心情準備迎接美味的鐵板燒饗宴，來到沖繩絕對不能錯過肉質軟嫩、油脂帶有甜味的沖繩和牛，在主廚的悉心調理下，**不僅牛肉多汁鮮美，沖繩縣產的洋蔥、青椒等蔬菜清甜的程度也令人驚豔**，旅途中安排一餐美味的鐵板燒不僅能夠洗去舟車勞頓的疲累，也為味蕾留下美好的記憶。

🏠 首里石鹼

SuiSavon 国際通り松尾店

不知道該挑什麼香味的話，可以看看人氣排行榜。

🏠別冊P.4,D2 🚃單軌電車牧志駅徒步約8分 ⌂那霸市松尾2-8-16 ☎0800-000-3777 ⏰10:00~20:00 💲手工肥皂¥2,310 🌐www.suisavon.jp

　　首里石鹼是近年來迅速竄起的當地品牌，標榜**用有機草本植物製作的天然手工肥皂**，一推出就大受歡迎，光當地就多達16家店。其中大多是由沖繩當地素材萃取出的美容成份，且不添加人工香料，強調**用天然的精油調和而成的香味**，就算是敏感肌或乾燥肌都適用，而每一顆香皂都帶有沖繩的特色，讓人在使用時的那瞬間，一聞到香味就回想起在沖繩度過的美好記憶。

除了手工皂，各式保養品也都很齊全。

🍴 Calbee+ 国際通り店

📍別冊P.4,E2 🚃單軌電車牧志駅徒步約5分 🏠那霸市牧志3-2-2 ▼ 10:00~21:00(現炸熱食到20:30) 💲ポテリこ サラダ(現炸薯條 沙拉口味) ￥310 🌐www.calbee.co.jp/calbeestore/sp/

國際通上的Calbee+是日本知名洋芋片公司Calbee(也就是薯條三兄弟的製造商)的直營商店,店內不僅能夠一次買齊日本各地限定口味的薯條餅乾(Jagalico),還有吉祥物長頸鹿手機吊飾、娃娃等限定商品,**最特別的是有現炸薯條、洋芋片、冰淇淋等只有Calbee+才吃得到的美食**,喜愛薯條三兄弟的朋友不要錯過囉。

又香又酥的薯條是現炸才有的美味。

🏬 Shop Naha

ショップなは

📍別冊P.4,E2 🚃單軌電車牧志駅徒步約5分 🏠那霸市牧志3-2-10 (てんぶす那霸1F) ☎098-868-4887(那霸市觀光案內所) ⏰10:00~19:00 ❌12/31~1/2

那霸市觀光案內所於2014年遷移到「てんぶす那霸」內,並開設了這間那霸土產店Shop Naha,除了**展售以那霸為中心的沖繩雜貨、土特產品、T恤等**商品外,因Naha音同日文的78,所以在這裡**也有推出「78」的原創商品**,包含手提袋、餅乾、記事本等,相當值得來此一逛。

👁 那霸市傳統工藝館

那霸市伝統工芸館

📍別冊P.4,E2 🚃單軌電車牧志駅徒步約5分 🏠那霸市牧志3-2-10 (てんぶす那霸2F) ☎098-868-7866 ⏰9:00~18:00,工藝品販賣處9:00~20:00 ❌12/31~1/2。紅型工房週日休,玻璃工房週四休 💲特別展示室大人￥300、高中生￥200、小學生￥100。陶燒體驗￥3,000 🌐kogeikan.jp 🅿81個。1小時內￥300 ❗各種體驗需透過網路或電話預約。大部分的體驗作品均可在當日或隔日拿取,但壺屋燒在一個月後才能領回

位於國際通上的那霸市傳統工藝館,**收藏琉球王國時代至今的珍貴工藝品**,包括首里織、壺屋燒、紅型、琉球漆器等,讓參觀者對沖繩工藝能有概略的領

會。這裡的**體驗工房也很受歡迎**;只需1~2個小時,就能挑戰琉球玻璃、紅型等傳統工藝製作,並將成品帶回家!

那霸市　國際通　➡沖繩本島➡沖繩離島

🍴 steak house 88

おすすめ 薦

ステーキハウス88 国際通り店

🅐別冊P.4,E2 🚃單軌電車牧志駅徒步約5分 🏠那霸市牧志3-1-6(勉強堂大樓2F) ☎098-866-3760 🕐11:00~23:00(L.O.22:00) 💲各式牛排約¥1,800起 🌐www.s88.co.jp 🅿有合作停車場(收費)

老字號牛排館不僅餐點品質有保證，選擇也很豐富，可以花少少預算吃到沖繩和牛的美味。

　　國際通上的**老字號牛排館steak house 88**是可以就近一嚐沖繩和牛與石垣牛等夢幻牛排的地方，熟度適中、肉香四溢的牛排，在復古的牛頭造型鐵板上滋滋作響，看了就令人垂涎不已。除了頂級牛排外也有多種平價排餐可以選擇。

🍜 暖暮 那霸牧志店

🅐別冊P.4,E2 🚃單軌電車美栄橋駅徒步約3分 🏠那霸市牧志2-16-10 ☎098-863-8331 🕐11:00~14:00、18:00~翌日2:00 💲¥780起 🌐ramendanbo.okinawa/

暖暮的麵條偏細，喜歡麵條分量感的人記得點粗麵。

　　暖暮拉麵源於九州福岡筑紫野市，曾在九州拉麵總選拔中獲得第一名的殊榮，也因此吸引人潮前來朝聖。暖暮的湯頭是九州一派的豚骨風味，以大火熬煮出豚骨中的精華，有著濃郁醇厚的滋味，麵條則比一般拉麵更細，細緻麵體呈現不同的口感，喜歡豚骨拉麵的話可以試試。不過，**座位不多，時常需要排隊，不想等太久的話建議選擇非用餐時間前往**，不然就只能耐心等待了。

🎁 沖繩の風

Okinawa Wind

🅐別冊P.4,E2 🚃單軌電車牧志駅徒步約5分 🏠那霸市牧志2-5-2 ☎098-948-0244 🕐11:00~20:00 🈺1/1 🌐www.okinawa-wind.com

　　純白牆面、木色地板和暖調燈光中，可以找到**沖繩各地手作藝術家們所創作的各種雜貨**，以沖繩帆布、設計雜貨等為主軸，從帆布包、陶製食器、毛線球娃娃、山城紅茶、紅型商品……各種原創小物都充滿了創作者的獨特藝術感，可以在這兒找到另一種可愛、悠閒、浪漫與質樸兼具的沖繩印象。

熱門商品的FUSIGI SCRUB和FRAGRANCE PEARL，連包裝都可愛又夢幻。

FUSIGI SCRUB可以無限延展的洗浴新觸感，在店內都可以直接體驗。

只有在FUSIGI BLUE才能買到的卡通人物周邊受到大人小孩的歡迎。

宛如被大海包圍的店內設計，可以輕鬆體驗各式商品。

ふしぎブルー

おすすめ 薦

FSGB FUSIGI BLUE

🏠 別冊P.4,E2　🚃 單軌電車牧志駅徒步約5分、美榮橋徒步約6分。巴士站「てんぶす前」下車即達　🏠 那霸市牧志2-3-1（K2大樓，麥當勞旁）　🕚 11:00~22:00　🚫 不定休　💲 FUSIGI SCRUB(美容磨砂膏洗浴球)(一組3個)¥1,628、FRAGRANCE PEARL (水上花園香氛美容液)¥2,530※FUSIGI SCRUB 3個可以使用12次(1個4次)。　🌐 www.fusigi.blue/

國際通最夯熱門購物店，讓洗浴、保養都變得超有趣。

　　2023年3月熱騰騰於最熱鬧的國際通中間位置開幕的FUSIGI BLUE，可說是**從日本最尖端的文化及藝術中誕生的化妝品牌**，而且甫一開幕，立即造成電視節目與社群網站爭相報導，不只沖繩，可說是受到全日本注目的新熱點。

　　以大海水藍的意象打造的店內，擺放的各式洗浴、保養用品，都呈現可愛又令人驚豔的實用性。其中**最超人氣商品要屬有著令人吃驚的「彈力感觸泡泡」的「FUSIGI SCRUB」**，長的像球狀的洗浴美容磨砂膏，只要撥下適量在手中溶水戳出泡泡，濃密且宛如鮮奶油一般的質地可以無限地延展開來，讓每個來試用的顧客都驚訝又驚喜，不但視覺超具話題性，洗後還能讓皮膚光滑又柔順，連肌膚都白嫩的讓人驚豔，具有5種不同的香氣選擇，買來送給女生或小孩絕對大受歡迎。

　　另外一個美得宛如夢幻珍珠的品項，便是美容液「FRAGRANCE PEARL」，在膠囊之中添加了沖繩產的美容成分，除了外觀十分可愛外，還能讓肌膚表面產生珍珠般的光芒。除了對於曬後皮膚能幫助鎮定回復外，優雅的香氣也是能當作香水使用的全身美容液。

到沖繩就是要換上簡單清爽的T恤。

海人 牧志店

別冊P.4,D2 ⬤單軌電車牧志駅徒步約5分 ⬤那霸市牧志1-3-67 ⬤098-863-0321 ⬤10:00~22:00
uminchu-okinawa.com

店名「海人」(沖繩方言發音Umichun)指的是「愛海人、玩海人、跑海人,或是擁有大海之心的人」,**創作T恤**以這樣的心情為出發點,不論在色調或意象上,**都洋溢著濃濃的沖繩海洋風**。店內的沖繩小物也由店家親自設計,米子燒的風獅爺色彩明艷,相當討喜。

Live&Bar Chakura
ライブ&バー チャクラ

別冊P.4,D3 ⬤單軌電車県庁前駅徒步約5分 ⬤那霸市牧志1-2-1(花ビル 5F) ⬤098-867-8743 ⬤19:00~23:00 ⬤週日~四(未來可能回復只休週三) ⬤現場演奏觀賞¥1,000起,喜納昌吉演出日¥3,000
www.facebook.com/moashibi.chakra ❶演出場次及喜納昌吉演出時間,請先上網查詢

喊出「すべての武器を楽器に」(讓所有武器化為樂器)這樣帥氣話語的喜納昌吉,是周華健「花心」一曲的原作者,也是沖繩知名的民謠樂手,而**Chakura是喜納昌吉和他的樂團Blues Band表演的live house**,演出內容結合沖繩傳統表演與民謠,氣氛宛如祭典般華麗熱鬧。

OKINAWA文化屋雜貨店 久茂地店

別冊P.5,B3 ⬤單軌電車県庁前駅徒步約3分 ⬤那霸市久茂地3-2-24 ⬤098-863-3901 ⬤9:00~21:00
koosya.co.jp/store/

國際通上的這間「OKINAWA文化屋雜貨店」,店前的等身大公仔非常吸睛,引人佇足,而在這間店裡,不管是想買什麼都可以找得到,這裡**不只有動漫公仔玩具,沖繩縣內的限定伴手禮及各式雜貨品項也都非常齊全**。店裡裝飾也非常有趣,露出尖齒的鯊魚、揮著拳頭的綠巨人浩克、筆直而立的鋼彈模型,牆上掛著的美式海報,讓整間店洋溢著歡樂的氣氛,令人不禁被吸引而走進去。

各式各樣的公仔讓整間店超熱鬧歡樂。

 コスミック 波猿店

COSMIC波猿店

📍別冊P.4,F2 🚃單軌電車牧志駅徒步約4分 🏠那霸市牧志3-12-5 ☎098-863-4150 🕐9:00～22:00 🌐www.cosmic-world.net

在國際通上有9家分店的コスミックT恤實在令人很難錯過,寫滿各種文字的亮色T恤,從「完全失業,給我工作～」、「胖子有什麼錯」到「貧乏人」(貧戶)、「無責任」之類莫名其妙的kuso文字,讓人會心一笑。**店內T恤可以現場訂作,還有狗狗的衣服可以選擇。**

🧁 Blue Seal 国際通り店

📍別冊P.4,D3 🚃單軌電車県庁前駅徒步約9分 🏠那霸市牧志1-2-32 ☎098-867-1450 🕐10:00～22:30 💲冰淇淋￥330/球 🌐www.blueseal.co.jp

美國冰淇淋大廠福樂在沖繩落地生根,分店眾多,成為來沖繩不能錯過的甜品。除香草、草莓、巧克力等基本盤外,Blue Seal也發展出許多**當地才有的新口味,如紅芋、香檬、甘蔗、芒果、鳳梨、金楚糕**等,除了香濃冰淇淋外,也有霜淇淋、聖代等不同種類的冰品可以選擇。

> 到沖繩當然要吃當地限定口味。

🏠 塩屋 松尾店

📍別冊P.4,C3 🚃單軌電車県庁前駅徒步約8分 🏠那霸市松尾2-1-3 ☎0120-408-385 🕐9:30～21:00 💲雪塩ソフトクリーム(雪鹽霜淇淋)￥380 🌐www.ma-suya.net

> 鹹中帶甜的霜淇淋,甜中多了層次感。

鹽可以有多少種?在鹽專門店鹽屋裡,有世界各地超過500種以上的鹽,其中光來自沖繩的就有150種以上,每種都清楚標明鹹度、特色及適合搭配的料理。店門口還販售雪鹽霜淇淋,吃法是在**香濃的雪鹽牛奶霜淇淋上,灑上鹽屋的柚子鹽、七味鹽、紅芋鹽等不同口味的鹽來調味**,非常特別。

店內可愛的裝潢也成為打卡熱點。

RENEMIA

📖別冊P.4,F2 🚃單軌電車牧志駅徒步約2分 🏠那霸市牧志2-7-15 ☎098-866-2501 🕐13:00~18:00 ❌週日~三,展期間無休 🌐www.renemia.com

牧志公園旁的小巷弄瀰漫靜謐氛圍,帶有濃濃藝術氣息的RENEMIA就落腳於此。寬敞空間擺放著幾張大桌,再放上生活器具、服飾,光看店面擺設,真的會以為RENEMIA是一間藝廊,這裡的確會不時舉辦活動,但其實是結合藝廊的選物店。帶有沖繩意象的T恤、窯元創作的碗盤道具等,**每一樣都是老闆夫婦用心挑選的在地作家作品**,就是要讓顧客可以輕鬆接觸沖繩好物,要是想找些特別的紀念品,不妨來這裡尋寶。

We love it!!

充滿海島風情的飾品。

Ti-da Beach Parlour

📖別冊P.4.F2 🚃單軌電車牧志駅徒步約2分 🏠那霸市牧志2-7-18 ☎098-984-8828 🕐12:00~20:00,酒吧20:00~翌日3:00 💰耳環約￥1,200起 🌐www.instagram.com/tidabeach_parlour

與RENEMIA同在一條巷弄,Ti-da Beach Parlour有著顯眼的粉紅色外觀,店內不僅一樣是粉紅色系,**販賣的女裝、首飾,無一不是可愛或夢幻的風格**,其實這裡是浮島通上的首飾店「Ti-da Beach」的2號店,所有首飾都是手工製作,貝類飾品更全都是沖繩天然的貝殼。來到Parlour店,除了能夠逛逛飾品,更可以喝到新鮮水果做成的果汁、奶昔,對手作有興趣的話,還有飾品手作體驗能參加喔。

店內還有簡單座位,可以享受一杯咖啡。

店名隱藏的小秘密
你知道其實光看店名就能知道店家種類嗎?常到日本遊玩的人或許早就發現,許多店名都有「Parlour(パーラー)」這個字,這是因為它的原意就是接待室,日文用來指提供洋菓子、飲料的喫茶店,鼎鼎大名的「資生堂パーラー」就是最好的例子,而在沖繩更帶有「路邊常見的簡單店舖」之意,因此沖繩可以看到許多Parlour,想吃點什麼、喝些什麼,找一家就對了。

🍴 アメリカ食堂

美國食堂

📍別冊P.4,F2 🚃單軌電車牧志駅徒步約1分 🏠那霸市安里1-1-60 ☎098-861-8136 🕐11:00~21:00(L.O.20:00) 💰沖繩バーガー(沖繩漢堡)￥1,188 🌐www.sands-diner.com/america

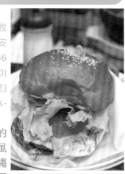

稍微遠離國際通鬧區的美國食堂帶點美式酒吧風格，店裡提供的也是沖繩特色的美式餐點，例如**選用沖繩苦瓜和美味島豚(沖繩豬肉)作成的招牌漢堡、韓式石鍋拌飯的taco rice等**，另外也有各種調酒、泡盛調酒和沖繩啤酒。

© Hotel Palm Royal Naha

© Hotel Palm Royal Naha

© Hotel Palm Royal Naha

Ⓗ Hotel Palm Royal Naha

那霸棕櫚皇家飯店

📍別冊P.4,E2 🚃單軌電車牧志駅步行約4分 🏠那霸市牧志3-9-10 ☎098-865-5551 🕐Check-in 15:00~、Check-out ~10:00 💰附早餐方案，雙人房約￥15,400起 🌐palmroyal.co.jp 🅿共有2處可停車的地方，1晚￥1,100

位在國際通的Hotel Palm Royal Naha，距離單軌電車車站、HAPINAHA、牧志公設市場等處步行不到5分鐘就可抵達，購物、飲食與娛樂一應俱全，**光是便利的地理位置就相當吸引人**。飯店1樓也設有圖書室以及充滿東南亞風情的藝品店，其他設施中還有投幣式洗衣機、烘衣機可以使用。

高良レコード店

高良唱片店

別冊P.4,E2　單軌電車牧志駅徒步約5分　那霸市牧志3-11-2　098-861-6394　10:00~20:00　takara-rg.com/shop/

　高良唱片是家60多年老店，分成兩部分的店裡有各種CD以及三線、吉他、琉球樂器等。**唱片部是找沖繩島歌的好地方，樂器部則有三線的試彈和簡易教學。**如果擔心傳統蛇皮三線的價格高昂負擔不起，也有簡單版的鐵罐三線(カンカラ三線)可以買回家過癮。

充滿童趣的牆面畫都是孩子們的無限想像。

打開房門，又是一趟與藝術的想像之旅。

各式免費飲品，適合在一天行程之後到這裡來歇歇。

©WBF HOTE沖繩株式会社

HOTEL WBF ART STAY NAHA

別冊P.4,D2　單軌電車美栄橋駅南口徒步約5分　那霸市牧志1-3-43　098-861-7070　Check in 15:00~、Check out~11:00　www.hotelwbf.com/artstaynaha　附近有合作停車場，停車後可到飯店櫃台索取折扣卡

　飯店距離單軌電車美栄橋駅只需5分鐘，徒步1分就可以來到熱鬧的國際通上，交通非常便利，卻又擁有寧靜的悠閒享受。飯店內大片木頭加上巧妙燈光營造出的公共空間裡，**Lounge裡維持著WBF集團的**貼心，全天候提供免費飲料、湯品讓住客享用，就連泡盛也有提供。

　進到房間裡面，則裝置令人注目的童趣畫作，這些其實都是泰國清邁的愛滋孤兒們的畫作，飯店與孤兒機構ban rom sai合作，不僅利用孩子們的可愛畫作裝飾客房，還可以買到他們的商品，援助機構運作，除了這些童趣作品，**部分房間則是選用了藝術家的作品，寫實的相片、風格強烈的作品都成為了房內的裝潢，**不僅讓停留在那霸的時間多了一些藝術感，更是旅途中的另一個趣味。

◉ 國際通屋台村

⬥別冊P.4,E2　⬥單軌電車牧志駅徒步約5分　⬥那霸市牧志3-11-16, 17　⬥11:00~24:00，依店鋪而異

2015年6月中盛大開幕的國際通屋台村，從單軌電車牧志駅徒步約5分鐘可達，**腹地內齊聚了約20間餐飲店，包含串燒、泡盛Bar、串炸、沖繩麵、烤肉等各式飲食**，想得到的料理應有盡有，還有舞台不時會舉辦活動，演出沖繩歌謠或舞蹈，入夜後不妨來此用餐、小酌一番，感受當地觥籌交錯的熱烈氣氛。

🍴 島酒と肴 しまぁとあて

⬥屋台村13號店　☎080-4319-0013　⬥12:00~23:30　⬥海ぶとう¥390、軟骨ソーキ¥460、あぐーソーセージ(阿古豬香腸)¥580　⬥週二　⬥www.facebook.com/shimatoate

作為泡盛居酒屋，**店內不僅提供上百種泡盛、酒水任君選擇，還可以吃到最道地的沖繩料理**。點上沖繩必吃的海葡萄當作開胃菜，再品嚐燉煮到入口即化的排骨肉，以及用特產阿古豬肉製成的香腸，多汁的煙燻美味與軟嫩燉肉都十分下酒，讓人忍不住一口沖繩地產啤酒、一口在地食物，沉浸在屋台村的熱鬧氣氛。

> 各式口味串燒，讓人忍不住都想各來一份。

🍴 串燒き鷆(フィッシュバード)

⬥屋台村11號店　☎080-2728-2917　⬥11:00~24:00(L.O.23:30)　⬥燒き鳥(5串)¥800、豬肉捲(5串)¥1,350

小小店面總是坐滿客人，是屋台村內的人氣店家，走進店內就可以看到桌子中間放著的食材，包著厚實蔬菜的豬肉捲、搭配蔥段的雞肉串、飽滿大顆的蛤蠣，各種串燒豪邁地堆成小山一般，光看就令人情緒高昂起來，當然味道也十分美妙，恰到好處的火候讓雞肉串有著熱燙肉汁，豬肉也在蔬菜加乘下更為甘甜，加上醬汁燒烤後的迷人香氣，讓人不怕燙地大口吃下！

💡 離島觀光資訊站

屋台村外的「離島マルシェ」同時也是提供離島觀光資訊的情報站，有提供離島的觀光行程，要是打算到離島一遊，或是想找相關資訊做功課，都可以到這裡來看看。

浮島通・新天堂通
うきしまどおり・ニューパラダイスどおり
Ukishima-dori・New-Paradise-dori

隔著國際通向南北兩側展開的浮島通與新天堂通，不同於國際通上的繁華熱鬧，南側的浮島通隱藏了手做飾品、二手服飾等當地品牌；咖啡、老店則錯落於新天堂通，街道上飄散愜意氛圍，讓旅人可以自在地漫步街巷，欣賞設計師精心製作的工藝品，或是在咖啡店度過午後，享受度假的悠閒。

薦 おすすめ

琉球ぴらす

琉球PIRAS 浮島通り店

📍別冊P.4,D3　🚃單軌電車牧志駅徒步約15分、県庁前駅徒步約10分　📍那霸市松尾2-2-14　☎098-863-6050　🕐11:00~20:00　🚫不定休　🌐www.ryukyu-piras.com

與在地藝術家合作展現的創意與文化，讓琉球ぴらす成為沖繩品牌的代表。

細膩的紅型花紋、可愛的島香蕉、青藍色的美麗海洋……以「在生活中感覺OKINAWA」為概念的琉球ぴらす(宮古島方言中出發、出走之意)，是位於浮島通上的T恤雜貨店，和別處不同的是，**琉球PIRAS常與島上的插畫家與藝術家們合作**，T恤和其他雜貨小物因此件件有著獨特的故事和藝術個性。

交通路線＆出站資訊

電車
県庁前、牧志駅►單軌電車
出站便利通
◎浮島通與新天堂通的路口大致位在國際通中央，不論是從県庁前駅還是牧志駅，徒步都需10分鐘左右。
◎除了從國際通上轉進巷弄，也可以從市場通、壺屋通一帶轉進浮島通，尤其浮島通一端其實位在壺屋範圍，從壺屋通入口朝大風獅爺像(壺屋大シーサー)徒步，於風獅爺所在路口右轉就會來到浮島通。
◎新天堂通距離美榮橋駅較近，從車站出來後沿著沖映大通り前行，經過Times停車場後右轉就是新天堂通了。

來一趟那霸文青之旅！

那霸市中心內揉合藝文特質的店家大多聚集在浮島通、新天堂通上，尤其浮島通上個性小舖林立，要是對這類店家感興趣的話，其實可以到Naha Art Map網站找找，網站內提供那霸市區的藝文消息，還把這些藝術、工藝類商店集結起來，不僅有店家資訊，更製作了詳細地圖，只要按圖索驥，就可以來一趟文青風的那霸小旅行。

Naha Art Map
🌐www.facebook.com/NahaArtMap/

浮島ガーデン

ukishima garden

🚇別冊P.4,D3 🚈單軌電車牧志駅徒步約15分 🏠那霸市松尾2-12-3 ☎098-943-2100 🕐11:30～15:00、18:00～22:00(L.O.21:00) 🈲週四 💲午餐￥1,680起 🌐ukishima-garden.com 🅿20個(1小時內免費)

> 新鮮有機食材烹調成美味料理，蔬食、健康飲食的愛好者不可錯過。

　　浮島ガーデン是一間擁有近60年歷史的兩層樓矮房，女主人兼料理設計者中曾根直子在大病過後，開始學習研究長壽飲食(Macrobiotic)，並在家中開了一間素食雜糧料理教室，也成為開店的契機。

　　店內所使用的蔬菜**全部都是來自沖繩本地所產的無農藥、無化學肥料的有機蔬菜**，每個月第3個週日的早上11點到下午3點還有小農市集，讓人們能與農民直接對話，一起品嚐美食。午間菜單中最熱門的就是運用島豆腐、雜糧、蕃茄和大量蔬菜製成的墨西哥飯，不但吃完後身體毫無負擔，更忘了自己是在吃素。

> 讓人食慾大增的鮮豔色彩。

churaumi

🚇別冊P.4,D3 🚈單軌電車牧志駅徒步約11分 🏠那霸市松尾2-3-11 ☎098-927-6415 🕐11:00～18:00 🈲週三、不定休 🌐www.facebook.com/churaumiukishimaaccessorylab

　　位於市場本通與浮島通交叉口附近的churaumi是**全手工製作的飾品店**，店內所有商品均由老闆娘設計、製作，尤其是全銀飾品系列，細膩的作工令人愛不釋手，還有以沖繩及周邊島嶼的動物為主題的系列。**每樣商品都是獨一無二**，等待著與有緣人的一期一會。

南島製菓

🚇別冊P.4,E3 🚈單軌電車牧志駅徒步約10分 🏠那霸市松尾2-11-28 ☎098-863-3717 🕐9:00~18:00，週日10:00~17:00 🈲1/1~1/3 💲こんぺん(薰餅)￥146 🌐www.nantou-seika.com/

> こんぺんは琉球王朝時代就已經出現的和菓子。

　　位於浮島通後段的南島製菓擁有**超過87年的歷史**，店裡販賣沖繩各種用於傳統祭典、與日本本島和菓子不盡相同的燒菓子，堅守傳統製法，嚐來有懷舊的甜蜜滋味。南島製菓的**招牌是曾在NHK日劇登場的こんぺん(漢字為薰餅)**，黑糖芝麻口味的內館十分特別。

那霸市　浮島通・新天堂通　◆沖繩本島◆沖繩離島

miyagiya

別冊P.4,D3　單軌電車縣庁前駅、牧志駅徒步約12分　那霸市松尾2-12-22　☎098-869-1426　⏱12:00~19:00　週三　🌐magasin-miyagiya.com

miyagiya是嚴選沖繩陶器、服飾、日常用具的選物店家，每樣商品都是店長到各地方仔細尋找而來，著眼於沖繩概念品牌，致力於推廣這塊土地上的創意，企劃店內不定期**可以看到少見的沖繩作家作品**，除了希望這些商品能成為訪客日常的調劑，也期許可以藉此讓人見到不同的沖繩。

MIMURI

別冊P.4,D3　單軌電車牧志駅徒步約13分、縣庁前駅徒步約10分　那霸市松尾2-7-8　☎050-1122-4516　⏱10:00~18:00、週五六10:00~19:00　🌐mimuri.com

色彩粉嫩舒服的可愛小店是MIMURIさん的工作室，主要的作品是**色彩繽紛的原創布料，縫製出衣服、包包、皮夾等各種布製物品**。MIMURIさん以帶著圖畫一起散步作為創作出發點，在純白布面上以獨特技法畫出她眼中的沖繩風景：山原山雞、九重葛、海星、熱帶魚等圖案，充滿了童趣和對自然的喜愛，而且每一件都是手工限量作品。

> 每樣商品都是獨一無二的限量作品。

食堂faidama

ファイダマ

🏅おすすめ 薦

別冊P.4,D3　單軌電車縣庁前駅、牧志駅徒步約12分　那霸市松尾2-12-14　☎098-953-2616　⏱11:00~15:00(定食售光為止)　週一~三　💰faidama定食¥1,595~　🌐faidama.com/　正對面有付費停車場，1小時¥300

> 融合蔬食、法式料理概念，現代裝潢中保留在地老食堂般氛圍，感受舒適自在。

如果有人問起你的家鄉，你會怎麼介紹呢？出身石垣島的老闆娘曾在東京的沖繩餐廳工作，當時常常被顧客問及沖繩食材與料理的問題，以此為契機，才開始認真學習相關知識，而食堂faidama就是老闆夫婦向遊客、甚至是當地人介紹沖繩的方式。**食堂每天提供魚類、肉類主食搭配豐富蔬菜的定食，而且都會附上精緻的三種蔬食前菜**，還有蔬菜與湯品的定食組合，每一種都吃得到大量的沖繩地產蔬菜，簡單的烹調手法更能夠吃出食材的純粹，讓人就像取自八重

> 也有販賣老闆娘嚴選的石垣島商品。

> 店內採用老闆父親栽種的當令蔬菜。

山方言「ふぁいだま(faidama)」的店名般，忍不住化身「貪吃鬼」，大呼滿足地吃下沖繩的節令滋味。

🎁 BRATHESS

プラス

🅐別冊P.4,D3　🚃單軌電車縣庁前駅徒步約10分　🏠那霸市松尾2-5-33　☎098-869-1448(anshare)　🕐10:30~20:00　🈺週三　🔗anshareproject.com　❗繼續往浮島通內徒步，就可以找到anshare的店鋪

　仿古油燈上掛著破舊的牛仔圍裙，BRATHESS藉此昭告來往遊人：這裡是一家手作工房。BRATHESS其實是由同樣位在浮島通的anshare所設，是店長作品的專門店，每一件手作商品都出自店長之手。店名「BRATHESS」是由「Brass(銅)」與「Leather(皮革)」組成，店鋪內想當然都是**皮革製品、黃銅飾品**，或**精巧或樸實地展現其獨到之美**，而且時常會推出新作品，讓每次到訪都充滿驚喜。

店內擺飾、商品架都是店長親自設計製作。

出身北海道的店長還有販售超熱門的北海道薄荷油。

🎁 じーさーかす

Jisakasu

🅐別冊P.4,E3　🚃單軌電車牧志駅徒步約10分　🏠那霸市牧志3-4-6　☎098-943-1154　🕐11:00~19:00　🔗www.instagram.com/yoneki.tatsuya/

薦 おすすめ

古民家的外觀吸引人之外，還有各式各樣的雜貨等著旅人發現。

　雜貨店じーさーかす老舊的屋瓦下，是店主從**世界各地蒐羅來的雜貨**，最吸引目光的要屬懸掛於頂上的Orion燈籠，但在地代表當然不只燈籠，也有當地限定的Orion周邊商品，或是印上沖繩方言的濾掛式咖啡，能夠感受到濃濃沖繩風情，同時還有昭和感滿滿的吊飾、玩具、人偶，以及花樣多多的歐風鈕扣、串珠，這些**不同風格的小物聚集在這處古民家之內**，匯聚成店家獨特的舊時情懷，吸引人駐足。

🎁 GARB DOMINGO

📖 別冊P.4,E3 🚋 單軌電車牧志駅徒步約12分 🏠 那霸市壺屋1-6-3 ☎098-988-0244 ◗9:30～13:00、14:30～17:00 休週三、四 🌐 www.garbdomingo.com

漆成紫色的店面外牆非常好認。

與一般伴手禮店相較，GARB DOMINGO就像是精品店，大片玻璃透出室內簡約裝潢，商品雖一樣大多是陶藝、紅型、玻璃等傳統藝品，**風格卻十分現代**，這是因為**店主特意挑選適合日常生活的作品**，將分散各地的文化結晶集中於此，展現出沖繩的現代樣貌，因此不僅可以在這裡找到大嶺工房、金城有美子、眞喜屋修等陶藝大師，還有許多值得注意的年輕作家作品，每一樣都是質感佳又實用的商品。

🎁 anshare

あんしぇや

📖 別冊P.4,D3 🚋 單軌電車縣庁前駅徒步約10分 🏠 那霸市松尾2-12-8 ☎098-869-1448 ◗10:30～20:00 休週三 🌐 anshareproject.com

以深色木頭打造的店面充滿歐風雅緻，**anshare是專門販售沖繩職人手作首飾、皮件的雜貨鋪**，店內商品全都是由在地作家耗費心力完成的手工作品，仔細端詳每一件商品，流暢的線條、細膩的剪裁，其中都展現了作者個性，挑選好物以外，更能感覺到手作的溫度。其實anshare的店長不僅只負責挑選，本身也是一名職人，正是因為對工藝的喜愛才開設了這家店，店內還有工房，原創的作品就是從這裡誕生。

在地職人的手工作品。

從食材採買到親自料理的特殊沖繩美食體驗。

© Taste of Okinawa

© Taste of Okinawa

🍴 👁 Taste of Okinawa

📖 別冊P.4,E3 🚋 單軌電車牧志駅徒步約10分 🏠 那霸市壺屋1-6-21 ◗料理課程10:30～13:30、15:30～18:30，餐廳17:00～19:00(限飲料及輕食)、19:00～23:00(不限餐點類別) 休週一 💲料理課程¥6,500 🌐 tasteof.okinawa ❗料理課程以英文進行

想要深入了解當地文化，飲食自然是不能漏掉的一環，Taste of Okinawa提供**沖繩料理的體驗課程**，學員們到店家會合之後，會由講師帶隊到牧志市場買菜，海產、蔬菜、肉品，從挑選開始認識這些在地食材，接著以分組方式進行課程，不僅可以學會道地沖繩味、品嚐彼此的手藝，更重要的了解隱藏其中的飲食文化。要是無法上課，也可選擇晚上造訪，**入夜後這裡就會變成餐酒館**，提供沖繩在內的10多種日本啤酒，還有運用當地食材的德國豬腳、本部牛漢堡等餐點，而且主廚Zoey還是台灣人，或許可以在料理中吃到熟悉的台灣味喔。

琉球王國的傳統銘菓

橘餅與冬瓜漬都是大約300年前由中國福州傳入沖繩，當時砂糖十分珍貴，這兩樣用糖漬成的菓子，就成為王室或冊封使來訪時品嘗的點心，明治以後一般人才有機會吃到。雖然來自中國，但沖繩北部山原地區(やんばる)特產的柑橘香氣清爽鮮明，飽滿有光澤的冬瓜也都是當地物產，製作原料不同、風味自然不同，而且冬瓜漬還有抹茶、黑豆等不同口味，對傳統味感興趣的話可別錯過。

RC宇座商店

△別冊P.4,E3 ●單軌電車牧志駅徒步約10分 ○那霸市壺屋1-6-18 ●090-3194-0035 ●13:00~19:00 ⑥不定休 ⑩uzashoten.73rdfloor.com/

深入小巷，會發現座落在轉角的這家小店，RC宇座商店是一家唱片行，**店內不僅有最新CD，還有橫跨不同年代的黑膠唱片**，依照年代、音樂風格仔細分類，從50年代揉合鄉村、藍調音樂的洛卡比里(Rockabilly)，到搖滾樂最初面貌的車庫搖滾(Garage Punk)、80年代的龐克搖滾，不僅能夠透過唱片看到不同世代的記憶，還可以發現店主的音樂品味，別有一番趣味。

謝花きっぱん店

謝花橘餅店

△別冊P.4,D3 ●單軌電車縣庁前駅徒步約8分 ○那霸市松尾1-5-14(松尾消防署通り) ●098-867-3687 ●10:00~17:00 ⑥週日(遇假日營業) ⑤橘餅¥420/個、冬瓜漬¥500(小袋)、冬瓜蜜¥700 ⑩www.jahanakippan.com

説到沖繩傳統點心，最先想到的一定是金楚糕，其實**琉球王國時還有橘餅(きっぱん)、冬瓜漬等傳統銘菓**，但因為手工繁複，現在只有國際通巷弄內的「謝花きっぱん店」才找得到。進到店內，老闆娘會將各種點心都切上一小塊，搭配茶水讓客人試吃，以砂糖醃漬的冬瓜漬有著濃郁香甜，而橘餅因為含有橘子皮，酸甜中略帶一些苦味，不僅吃得到紮實的原料，甜而不膩的滋味更是技藝的傳承。

那霸市 浮島通・新天堂通 →沖繩本島→沖繩離島

© tuitree

tuitree

⏺別冊P.4,D2 🚃單軌電車牧志駅徒步約13分、美榮橋駅徒步約7分
🏠那霸市牧志1-3-21 ☎098-868-5882 🕐
12:00~19:00 ❌週三、四 🌐www.tuitree.com Ⓟ無

純白木造的民家已有50年歷史，這裡是名叫tuitree的雜貨店，「tui(トゥイ)在沖繩方言中指「鳥」，所以店名其實是「鳥之木」的意思，裝潢也如店名一般，以許多木頭營造出獨到風格。**店內商品選自沖繩的手作雜貨、工藝品與有機食品，以及歐洲與亞洲進口的特色雜貨**，從色彩繽紛的包包、手作果醬、細膩銀飾到花布髮圈等，走進店內，就彷彿掉進了一個迷你而繽紛的色彩世界。

Ball Donut Park 那霸本店

 薦

⏺別冊P.4,D3 🚃單軌電車県庁前駅徒步約8分 🏠那霸市牧志1-1-39 ☎098-988-9249 🕐11:00~19:00 🈹LEMON SUGAR(檸檬砂糖口味)¥410/8顆 🌐www.balldonutpark.com

圓球狀的甜甜圈不僅可愛，現炸口感更是恰好的酥軟。

Ball Donut Park是由沖繩製粉直營的美味甜甜圈店，**雖說是甜甜圈卻是球狀的造型，看起來相當可愛**，店內裝潢充滿都市氣息，不管是牆上的插畫，或是地上的磁磚都非常有特色，怎麼拍照都好看，而熱騰騰的現炸甜甜圈球口味豐富，想吃清爽一點的檸檬砂糖口味，或是香濃的香蕉巧克力口味都隨你點，即使是最基本的砂糖口味，也有著現點現做的外酥內軟，讓人一吃就停不下來。

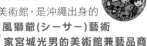

MITSUOシーサー美術館

⏺別冊P.4,E3 🚃單軌電車牧志駅徒步約9分 🏠那霸市牧志1-7-13 ☎098-862-7800 🕐10:00~22:00
🌐www.miyagi-mitsuo.com/

MITSUOシーサー美術館，是沖繩出身的**風獅爺(シーサー)藝術家宮城光男的美術館兼藝品商店**。宮城光男所製作的風獅爺們的材質以灰泥(漆喰)為主，表情可愛逗趣、色彩繽紛絢爛、樸拙的筆觸充滿童趣，也是充滿原創的獨特紀念品。

元祖大東ソバ おすすめ薦

元祖大東沖繩麵

別冊P.4,D3　單軌電車縣庁前駅徒步約12分　那霸市松尾2-3-11　098-867-3889　11:00~15:00(賣完為止)　大東そばセット(大東壽司+中碗沖繩麵)¥1,000　www.daitousoba.com/

不僅獨一無二的大東soba不能錯過，壽司也是一絕喔。

元祖大東ソバ(soba)來自沖繩本島東方300公里處的南大東島，是**唯一能夠吃到大東ソバ的店家**，因此用餐時間總是擠滿前來尋訪道地滋味的饕客。大東ソバ的麵條是由店家利用小麥粉及南大東島的海洋深層水自製而成，因為還加了島上亞熱帶作物製成的鹹水，麵條更有彈性，與清爽高湯十分搭配，還有以特製醬汁調味的大東壽司，醃漬過的生魚片滿是鹹香滋味，也是值得一試的絕妙美味。

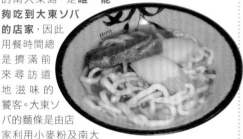

什麼是沖繩麵？

不論網誌、旅遊書，都會看到各種「沖繩麵」，沖繩麵的日文是「沖繩そば」，説到「そば(soba)」通常會想到蕎麥麵，但略呈淺黃色的沖繩麵並不含蕎麥，而是以小麥粉加鹹水製成，故又與使用小麥與大量鹽巴製作的烏龍麵不同。其實光是沖繩麵就有差異，簡單來説，本島多為略扁的粗麵，八重山的與之相較是細直圓麵、宮古島的偏細且扁，而大東ソバ則麵條更粗、更有咬勁。

たそかれ珈琲

別冊P.5,C2　單軌電車美栄橋駅徒步約5分、縣庁前駅徒步約6分　那霸市牧志1-14-3　9:00~16:00　週四、日、國定假日　咖啡¥450起、水果塔(フルーツタルト)¥350　tasokarecoffee(IG)

たそかれ珈琲雖然只是一家小店，卻處處都是店主心意。客人點單之後，老闆才開始沖泡**自家焙煎咖啡**，讓小店內總是香氣繚繞，如果肚子餓了，縣產豬肉、蔬菜做成的咖哩是最佳選擇，想來點輕食則可選擇麵包，店內麵包不僅都是老闆以自製天然酵母低溫發酵做成，更用了北海道產的裸麥及稀少的「ハルユタカ100」麵粉，**手工甜點則使用有機雞蛋、沖繩系滿甘蔗製成的黑糖**，每一樣都不含人工香料、調味料，吃得到老闆滿滿的用心。

珈琲×コーヒー×可否

相信不少人都知道咖啡的日文是「コーヒー」，漢字寫作「珈琲」，但其實有些店家也會寫作「可否」。這是因為咖啡從荷蘭傳入日本時，人們借用既有的漢字拼字(当て字)，出現了「可否」、「架非」等寫法，據説後來是幕末蘭學家宇田川榕菴選用「珈琲」兩字，不僅發音接近，更因為枝枒上的咖啡豆看起來就像當時的髮簪，而珈、琲兩字分別指女性髮簪的玉飾與繫帶，巧妙選字沿用至今。

第一牧志公設市場周邊

だいいちまきしこうせついちばしゅうへん

Around Daiichi Makishi Kosetsu Ichiba

位於市場商店街中的第一牧志公設市場，是販售沖繩生鮮食材的兩層樓建築，也是沖繩最著名的觀光市場，可以在這裡感受到沖繩當地活力滿滿的生活面貌。而在市場周邊的市場本通和平和通上，除了有可以邊走邊吃的傳統點心和冰淇淋店、日常用品和名產店外，還有雜貨店和咖啡店混雜其中，偶然的發現令人驚喜不已。

交通路線&出站資訊

電車
県庁前駅、牧志駅◑單軌電車
出站便利通
◎市場通、和平通等牧志公設市場周邊街區距離牧志駅較近，從車站出來後順著國際通直走不久即可抵達此區。
◎牧志公設市場所在的市場本通與鄰近的平和通之間，還有市場本通延伸出的「市場中央通り」、懷舊商店街「むつみ橋通り」，以及服飾店、雜貨店、食堂聚集的「うりずん橫町」，再加上市場周邊小巷，都在此區範圍。
◎除了以上幾條商店街，從平和通更可以直接轉進櫻坂通，通往櫻坂中通り一帶。

◎ 第一牧志公設市場 薦 おすすめ

Daiichi Koosetsu Ichiba

🚇別冊P.4,E3 🚶單軌電車牧志駅、美栄橋駅徒步約10分 📍那霸市松尾2-10-1(原址)、那霸市松尾2-7-10(替代市場) ☎098-867-6560 🕐8:00~21:00，依店家而異 🈺每月第4個週日(12月除外)、日本新年、農曆新年、盂蘭盆節，詳細依店家而異 🌐makishi-public-market.jp/ 📝原第一牧志公設市場2019年市場建築整建，預計2023年4月啟用，開幕前暫替市場在本區100公尺外另一側

搬遷至鄰近的替代市場建築中，2023年春天將回歸原址！

第一牧志公設市場被暱稱為「沖繩的胃袋」，在這兒可以一探沖繩美食的源頭——食材。1樓市場區主要販賣生鮮食材，可分為肉類、海鮮、食品等不同區域，還有一個小小的果汁咖啡吧；2樓主要是食堂和其他點心，另外也有一小部分的土產賣，蔬菜水果攤則分布在建築外圍。大受本地人及觀光客喜愛的這處市場，因建築老舊也開始重新整建，幾乎所有商家都搬遷至替代市場，等待2023年再度回歸。

💡「第一」牧志公設市場？

第一牧志公設市場是來到沖繩一定要造訪的名所，但你有沒有想過為什麼是「第一」呢？這是因為「牧志公設市場」不只一個，其實在別的地方還有販賣雜貨、服飾為主的市場，但因為販賣生鮮海產、各式食料品的市場最為有名，因此只要講到「牧志公設市場」，通常都是指第一牧志公設市場喔。

一樓販賣部：尋訪沖繩美食的源頭

🎁 肉類部

一進到肉類部，就有戴著墨鏡、舉著豬蹄的豬頭先生笑咪咪地歡迎來客；這裡除了生鮮豬肉，牛肉、雞肉外，也現成的豬耳朵、豬頭皮、滷三層肉等道地的沖繩口味可以購買與試吃。而且，沖繩人和台灣一樣也吃羊肉和豬腳呢！

🎁 海鮮部

海鮮部是牧志市場最吸引人的地方：鮮綠、紅黃相間等色彩斑爛的熱帶魚，夜光貝、小管、螃蟹、龍蝦等依著季節輪番出現，令人目不暇給。最棒的是：雖然不能將海鮮帶回台灣，但買了海鮮後只要走到2樓，就能吃到現場烹調的新鮮美味唷！

🎁 醃漬物區

粉紅、米白、淺綠、亮黃……各種沖繩醃漬物整齊地排成格狀，在明亮的燈光下，像極了一幅顏色鮮明的拼貼畫。沖繩漬物的作法基本上來自日本，但味道卻偏甜，與本島很不相同，原料則包括當地蔬菜和少數海鮮，其中最具代表的就是爽脆偏鹹的下酒小菜「島らっきゅう」(島辣韮)，也都提供試吃。

🎁 食品區

在食品區除了有熬湯用的柴魚塊、昆布、沖繩麵等不同的食材乾貨外，還有沖繩特有水果——香檬做成的酸味沾醬、人氣持久不衰的沖繩辣油與石垣島辣油、料理必備的沖繩鹽等，上百種新奇的瓶瓶罐罐排在一塊兒，令人看得興味盎然。

那霸市　第一牧志公設市場周邊　→沖繩本島→沖繩離島

二樓食堂區：品嚐道地沖繩滋味

ツバメ食堂

燕食堂

🕐10:00~21:00(L.O.20:00)　🈺與市場公休日相同　💲代客料理1人￥500　🔗www.tsubame-shokudo.jp

由台灣人老闆開的燕食堂通台語、有中文菜單，是許多台灣客人的第一選擇。除了代客料理之外，燕食堂也有台灣和中華料

理以及沖繩料理提供單點，像炒苦瓜、滷豬肉、炒羊肉等沖繩家常菜都能吃得到。

H&Bジェラ沖繩 牧志店

Heart & Berry Gelato Shop

🕐10:00~18:00　💲義式冰淇淋regular￥600　🈺與市場公休日相同　🔗au09087089047.seesaa.net/

位於2樓一角的義式冰淇淋店，由沖繩出身的夫婦所經營。選好口味後，老闆會現場將新鮮水果與濃稠的義式冰淇淋攪拌在一起，最後再放上切塊水果做裝飾。不論草莓、芒果、奇異果、鳳梨等季節口味嚐來都清爽酸甜，更開心的是低卡路里！

歩

☎098-863-1171　🕐10:00~賣完為止　💲サーターアンダーギー9個￥850　🈺週日及市場公休日　🔗ayumi-donut.stores.jp/

沖繩傳統點心「サーターアンダーギー」，是「砂糖天婦羅」的沖繩方言，嚐起來像實心的砂糖口味炸甜甜圈，外層焦香，口感扎實，是相當樸實的庶民小點。步是這款沖繩傳統點心的超級名店，曾有開店10分鐘完售的紀錄而被稱為「幻のサーターアンダーギー」，不早點來可是吃不到的喔！

小顆的ちっぴるー還有綜合口味可以選擇喔。

琉球菓子処 琉宮 平和通り店

別冊P.4,E3 單軌電車牧志駅徒步約7分 那霸市牧志3-1-14(和平通り) 098-869-6040 10:30~18:00 第3個週四 サーターアンダギー¥140/個、トリオちっぴるー¥1,250/包(10入) www.ryugu.co.jp

琉宮是提供沖繩甜點的菓子鋪，最有名的就是沖繩特產「サーターアンダギー(砂糖天婦羅)」，除了一般的甜味之外，**店家還獨創了黑糖、椰子、芝麻等多種口味，以及尺寸比較小的「ちっぴるー」**。在店裡附設的座位區還可以來一杯火龍果汁，或是點上一份放了豐富配料刨冰的沖繩ぜんざい，還可以配上綜合的「ちっぴるー」一起享用，一次就能吃到多種不同口味，讓人感到心滿意足。

薦 おすすめ
ポーたま 牧志市場店

豬肉蛋飯糰

別冊P.4,E3 單軌電車牧志駅徒步約8分 那霸市松尾2-8-35 098-867-9550 7:00~19:00 エビタル(炸蝦豬肉蛋飯糰) ¥280
porktamago.com

明明只是飯糰，但豐富口味加上用料大方又新鮮，成為網友必推名店。

市場通內這一家不起眼的小店，只有一個布條式的招牌，卻靠著眾多網友的口耳相傳成為超人氣店家。這裡的飯糰主要是由豬肉火腿片配上煎蛋，另外還可再加點炸蝦、島豆腐、明太子等配料，採現點現做的方式，因此需要排隊等候，但剛做好時新鮮又熱騰騰的口感，加上超紮實的分量，都讓人覺得等待果然值得！那霸機場及沖繩其他區域也有分店，但牧志本店的限定口味最多，如果想帶小朋友到熱門公園玩耍，也很推薦外帶個飯糰喔。

kukuru okinawa市場店

別冊P.4,E3 單軌電車牧志駅徒步約8分 那霸市松尾2-8-27 098-863-6655 9:30~20:40 www.kukuru-okinawa.com

這裡是紡織品牌「Kukuru」的直營店，店內販賣以**沖繩風格為設計主題的雜貨及服飾**，款式相當豐富且齊全，圖案的設計上色彩繽紛，有定番的風獅爺、瀕臨絕種的西表山貓，還有沖繩風夏威夷衫與拳擊褲，其他的雜貨像是以琉球紅型設計入圖的手帕、四方包袱巾、門簾、扇子、手機殼等，都極具沖繩風采與南國氣息，非常適合買來當作送人的伴手禮。

軟嫩雞蛋加上酥脆炸蝦、鹹香火腿，就是讓人難忘的美味。

市場の古本屋ウララ

市場的二手書店URARA

⑩別冊P.4,E3　🚃單軌電車牧志駅徒步約7分　🏠那霸市牧志3-3-1(牧志市場對面)　🕐11:00~17:30　㊡週二、日　🌐urarabooks.ti-da.net

> 店長還把自己開店的故事寫成書，也有中文版本喔。

到市場本通時，會發現一家與周遭攤商迥異的書店，這裡正是傳說中「**日本最迷你的書店**」。ウララ的店長宇田小姐原本是淳久堂的員工，隨著那霸店開幕來到沖繩，爾後更接手了關閉的老書攤，開設了這家二手書店。不到3坪的店面放滿了宇田小姐收集來的二手書，不論歷史文藝或料理書、繪本、旅遊書，都是沖繩相關的書籍，吸引來往客人為之停留。

> 小包裝的果乾最適合當作零嘴過過癮。

水上店舖 2F

⑩別冊P.4,E3　🚃單軌電車牧志駅徒步約7分　🏠那霸市牧志3-1-1 (水上店舖第1街區)　🕐11:00~21:00，各店家營時不同

位於泰半廢棄的市場本通2樓的水上店舖第一街區，數年前開始有年輕的藝術家開始進駐，開設工作室兼商店，是**孕育新世代藝術家的天地**，包括沖繩の風、Mumuri、Fujisan Factory等店都是從水上店舖發跡後遷移至國際通周邊的商店。水上店舖內小店和少數市場老店交錯，構成了奇妙的空間氛圍，每月第三個週日還會舉辦手作市集。

菓子工房 島バナナ

⑩別冊P.4,E3　🚃單軌電車牧志駅徒步約10分　🏠那霸市牧志3-1-24　☎080-9852-6310　🕐9:00~18:30　㊡不定休　💲シーサー燒菓子(風獅爺燒菓子)¥80、果乾類/¥300/包

平和通內有一家從招牌到店面、商品都充滿「熱帶陽光」氛圍的菓子鋪，島バナナ提供在地自然風情的零嘴，**招牌是做成沖繩風獅爺模樣的糕點**，吃得到香甜紅豆內餡以外，還有著扁實香檸的風味，除此之外貨架上**更有讓人眼花繚亂的蔬果乾點心**，芒果乾、無花果乾、葡萄乾、奇異果乾、草莓乾，或是一包包的苦瓜、秋葵脆片，自然健康又可愛的零嘴非常涮嘴。

海里

別冊P.4,E3　單軌電車牧志駅徒步約8分　那霸市牧志3-3-1　098-988-9239　11:00~18:00　サメの歯ミサンガ(鯊魚牙齒的編織手環)￥540　rakuri.com

浪濤般的藝術畫作是海里的招牌，就如同招牌的大海意象，**海里販售的都是海洋風飾品**。既然是海洋風，當然不能少了浪漫的貝殼耳環，但這不過是普通的商品，因為店內甚至有利用鯊魚牙齒做成的編織手環、項鍊，而且這些首飾都是由職人手工製作，數量稀少以外，有些還是獨一無二的商品。另外，店內還有可愛的手繪雜貨角落。

> 作家不時還會在現場繪製商品。

> 每一道都是健康又營養的早餐。

© C&C Breakfast Okinawa

C&C Breakfast Okinawa

別冊P.4,E3　單軌電車牧志駅徒步約10分　那霸市松尾 2-9-6　098-927-9295　9:00~15:00、週末例假日8:00~15:00　週二　Souffle Pancakes(Fruit Special)、Pancakes(Fruit Special)各￥1,512　www.ccbokinawa.com

日本各地在近年來都吹起了早餐與鬆餅熱潮，這間夏威夷早餐咖啡店於2014年5月開幕，以「旅途中的美味早餐」為概念，請來料理研究家山之內裕子**運用沖繩當地水果、食材設計色香味俱全的菜單**，鬆餅、三明治、Acai Bowl……每一樣都豐盛地讓人垂涎，在設計簡約大方的店內，讓用餐者能愜意地享受盤中美食。

もちの店 やまや

Yamaya

別冊P.4,E3　單軌電車牧志駅徒步約5分　那霸市牧志3-1-1　098-861-5433　9:00~17:00　鬼餅1個￥100

在沖繩，用來祈禱家中孩童健康，以及在嬰兒出生時分送鄰人親戚的傳統點心名叫「鬼餅(ムーチー)」；市場本通上的やまや是鬼餅老舖，共有紅芋、紅豆、黑糖和純米4種口味，米製的鬼餅嚼起來像甜甜的麻糬，**因用月桃葉包起來蒸煮，所以還帶有濃濃的月桃香氣。**

咖啡廳位在二樓，可別錯過了。

Sweets cafe O'CREPE
オークレープ

別冊P.4,D3　單軌電車牧志駅徒步約10分　那霸市松尾2-6-12（大川ビル2F）　098-868-3113　11:00~17:00　週二、三　Apple & Caramel Nut Crepe(蘋果佐焦糖堅果可麗餅)￥820，Sweet Set(甜點+飲料)￥1,150　www.instagram.com/ocrepeokinawa/

在市區想找個地方坐下，好好享受慵懶假期的話，Sweets cafe O'CREPE是個不錯選擇。風格屬於少女系甜點店，說是少女系，其實是因為店內裝潢讓人很難不少女心噴發。推開店門，歐式桌椅、吊燈、花草等擺飾營造出夢幻又有些華麗的風格，浪漫裝潢以外，以米粉製成的可麗餅也是一絕，**用米粉做成的可麗餅清爽不油膩**，與各式水果搭配都很美味，而且米粉不僅比小麥粉少了油脂，還可以少放些糖，降低整體熱量，讓人更放心地享受甜點。

toncati

別冊P.4,D3　單軌電車牧志駅徒步約10分　那霸市松尾2-9-1　098-868-9288　10:00~12:00、13:00~18:00　胸針￥650~700、耳環￥1,200　toncati.com

天藍色窗櫺與綠色盆栽，toncati充滿朝氣的店面讓人忍不住踏入店內，不算大的空間裡展示的都是木製商品，其實這些作品都是利用木材廢料做成，不僅如此，還結合了許多廢棄的材料，像是利用罐頭、易開罐的拉環做出馬克杯造型的花瓶、胸針，就連展現沖繩活力的繽紛色彩也是利用報紙、包裝紙拼湊而成，**又環保又可愛**的設計全都出自店長之手，巧思令人讚嘆。

ココカラファイン
Cocokarafine那霸平和通店

別冊P.4,E3　單軌電車牧志駅徒步約7分　那霸市牧志3-2-56　098-860-9992　10:00~21:00　www.cocokarafine.co.jp/

這家藥妝店門面廣大，美妝、藥品、居家用品一應俱全，分類詳細，觀光客常見的物品也都陳列在最醒目的位置，若是有找不到的東西，店裡也有親切的員工可以諮詢，門口則展示了正在特價的零食或商品，普遍來說，這間藥妝店的**東西價格比起其他的店要來得低一些些**，難怪連在地的人都是到這家藥妝店購買，而也是因為人多，排隊結帳時可要有點耐心哦！

🎁 👁 沖繩アート体験 美ら風

📖別冊P.4,E3　🚃單軌電車牧志駅徒步約8分　🏠那霸市牧志3-2-50　☎098-866-8558　🕐10:00~18:00(受理至17:00)　💰風獅爺上色￥1,600起、風獅爺製作￥2,100起　🌐taiken-jp.net/churak

在平和通裡，有一間招牌非常富有沖繩氣息的體驗工房「美ら風」(ちゅらかじ)，店內外擺滿了許許多多的風獅爺引人注目，**可以花上一點時間在此體驗手作樂趣**，遊客可以選擇親手製作可愛的風獅爺，從造型到上色全都自己來，也可以選擇彩繪「琉球ガラス」，在玻璃容器上畫上自己喜愛的圖案，或是親手設計蠟蠋玻璃杯，而完成之後的作品可以直接帶回家收藏，作為沖繩之旅的美好回憶。

🍴 花笠食堂

📖別冊P.4,E3　🚃單軌電車牧志駅徒步約8分　🏠那霸市牧志3-2-48　☎098-866-6085　🕐11:00~14:00、18:00~20:00　❌盂蘭盆節、新年　💰花笠定食￥900

在平和通裡走著走著，會突然出現一個黃色的顯眼招牌，招牌下方還展示了許多的食物模型，這裡是頗為出名的花笠食堂。**食堂提供沖繩在地料理**，種類非常豐富，這裡的定食非常特別，除了米飯可以選擇白飯、赤飯和玄米飯之外，附湯也有五種選擇，**經濟實惠**的價格更是讓食堂在用餐時段幾乎座無虛席。此外，店內提供的紅茶更是與知名企業合作，在一般的便利商店或超市，都可以買到「花笠食堂」的冰紅茶。

> 樸實食堂，卻名氣不小。

▷ 沖繩的風獅爺信仰

沖繩有許多風獅爺，與台灣習俗類似，屋頂上的風獅爺具有避邪鎮煞的作用，其日文名「シーサー」(Shisa)為沖繩方言，代表的就是「獅子」。風獅爺之所以會成為沖繩人的守護神，相傳是17世紀時八重瀨町北部(東風平)頻遭祝融，當地人向風水師求助，風水師認為是受到火山八重瀨岳影響，要遏止火災就必須建造一座面山的獅子像，獅子像建造以後火災果然不再發生，而這最早的風獅爺據信就是現在八重瀨町的「富盛的石彫大獅子」。

時至今日，風獅爺的意義從「防火」轉變為「避邪」與「招福」，沖繩的住民們在蓋屋頂時會利用剩下的紅瓦與灰泥製做上頭的風獅爺，所以家家戶戶的風獅爺都有不同的神態表情，走訪沖繩巷弄時，順便比較一下各隻風獅爺的不同之處，也是旅途中的樂趣。另外，沖繩的風獅爺還可以區分為以下三種：

宮獅子
與琉球王朝相關的建築可看到的風獅爺，不僅是避邪、鎮護，更是王室權力的象徵。可以在首里城等建築見到。
 **1**

村落獅子
通常會設置在村落入口或是俯瞰村莊的高處，保護村落免於災難。
 **2**

家獅子
最普遍的一種，可以再細分為屋頂上、門前、房子內的風獅爺，但自明治以來大多建在屋頂上，「屋頂上的風獅爺」更早已是沖繩的代表風景。
 **3**

桜坂通り

櫻坂通

櫻坂通一帶從前是那霸的花街，現在沿著鄰近的希望之丘公園，這一區塊仍是那霸夜生活的集散地，但這裡同時也是那霸的文藝街區。櫻坂通上的櫻坂劇場不僅是頗富歷史的劇場，也是創意商店、書店、咖啡店和電影院的複合體，以此為起點，這一帶開了不少咖啡店、手作雜貨店，染上了年輕的藝術氣息，和古老商店街、歷史悠久的食堂相映成趣。

🅐別冊P.4,E3 🚃單軌電車牧志駅徒步約8分

🍴 玩具ロードワークス

薦 おすすめ

玩具Road Works

🅐別冊P.4,E3 🚃單軌電車牧志駅徒步約8分 🏠那霸市牧志3-6-2 ☎098-988-1439 🕙10:00～17:00 🚫週日 💰張子玩偶￥1,080起，鑰匙套￥972、胸章￥216 🔗toy-roadworks.com

> 店內所有商品都出自店主創意，大膽地用色加上趣味巧思，不僅讓傳統張子展現活力，更讓人想把每樣商品都帶回家！

從櫻坂通彎進小巷，看到有著鮮黃外觀的小店舖時記得趕快停下，這裡就是職人豐永盛人的趣味世界「玩具Road Works」，豐永盛人是當地知名的「琉球張子」職人，他**大膽地將傳統的張子與文化創意結合**，創造出企鵝、獨眼小僧、金太郎等造型各異的可愛張子，也發想出許多略帶惡趣味的設計，最出名的就是「沖繩おもしろカルタ」，繪有搞怪插圖與文字的紙牌讓人會心一笑，沖繩版大富翁「沖繩ドライブ双六」也很受歡迎，可愛得讓人難以抉擇。

> 張子玩具並不耐水，常常會因碰到汗而掉色，記得稍加注意。

琉球張子(琉球はりこ)
「張子」(はりこ，hariko)是用竹子、木頭做出支架後，再以紙張黏貼成型的玩偶。琉球張子從前是「Yukanuhi祭」(ユッカヌヒー祭り，農曆5月4日)的熱賣商品，Yukanuhi祭其實就是沖繩傳統的兒童節，每到這天家長都會買個張子送給小孩，祈求兒童健康長大、出人頭地，但明治以後受到大量生產的賽璐璐、馬口鐵玩具影響，充滿南國色彩的張子逐漸消失，現在也只有少數幾位職人繼承此項工藝。

👁 桜坂劇場

櫻坂劇場

🅐別冊P.4,E3 🚃單軌電車牧志駅徒步約6分 🏠那霸市牧志3-6-10 ☎098-860-9555(劇場) 🕙依電影時間而異，約11:30～19:00 🚫依電影時間而異 🔗sakura-zaka.com 🅿無，周邊有付費停車場

櫻坂劇場上映的電影非常多元，從院線難以看到的冷門電影到值得欣賞的經典好片，每一部都是獨具品味的選擇，其實這裡是由工作坊「櫻坂市民大學」負責運作，將原本倒閉的劇場改為**以劇場為中心的複合設施**，在電影以外，不時還會舉辦藝文活動，**也設有賣店「ふくら」**，1樓以雜貨、二手書為主、2樓則是各式各樣的沖繩陶器、小物，另外還有**咖啡廳「さんご座キッチン」**可以稍作歇息，完備設施與品味讓劇場成為電影愛好者、文青的聚集地。

☕ さんご座キッチン

> 以伊江島小麥製成的吐司搭配奶油、濃湯，是午間簡單的一品。

珊瑚座kitchen

🏠櫻坂劇場1F 🕙9:30～22:00 💰咖啡￥400，午間套餐(ランチセット)￥750～ 🔗sangoza.ti-da.net

櫻坂劇場的歷史可以追溯到1952年開業的小劇場「珊瑚座」，後來幾經更迭才成為現在的模樣，珊瑚座為當時戰後的沖繩帶來了不少活力，現在的櫻坂劇場也承繼了當初為城鎮帶來生氣的意志，劇場一樓的小咖啡廳特地取名為「さんご座」，向珊瑚座致敬。雖然是附設的咖啡廳，さんご座キッチン一點也不馬虎，光是**咖啡、茶飲、酒水就有多種選擇，早中晚的餐點也各有春秋**，或是邀請其他美食店家在此期間出店等，若想要簡單吃吃的話也有輕食可選，作為歇腳的地方再適合不過了。

KARIYUSHI COFFEE AND BEER STAND

かりゆしコーヒー

🏠 別冊P.4,E3　🚃 單軌電車牧志駅徒步約7分　🏠 那霸市牧志3-2-39　☎ 098-917-5570　🕐 12:00~24:00　🚫 週三　💲 オリオンドラフト生(Orion生啤酒)¥500、カシスミルク(黑醋栗調酒)¥600、桜坂バーガー(櫻坂漢堡)¥900　🌐 kariyushi-coffee.com

　　櫻坂通入口處的KARIYUSHI是一家小酒吧，深灰外牆掛上寫著菜單的黑板，簡單風格就足以引人目光，店內則以絳紅色的天花板與石牆為底，再以吊燈、乾燥花草裝點，搭上一整排的高腳椅，更多了幾許時尚風格，**KARIYUSHI提供啤酒與口味各異的調酒**，不喝酒的話也可以點上一杯**店家特調的咖啡**，另外也有餐點可以選擇，尤其是四盎司牛肉堡「桜坂バーガー」更是受到歡迎。

大膽推開小鐵門，尋訪美味拉麵！

つけ SAKURA

薦（おすすめ）

🏠 別冊P.4,E3　🚃 單軌電車牧志駅徒步約6分　🏠 那霸市牧志3-9-27　☎ 098-862-9033　🕐 週二~三、日18:00~02:00，週四~六18:00~04:00　🚫 週一　🍜 つけめん(並盛、大盛)¥850

SAKURA的沾麵非常夠味，而且店家營業到凌晨，是深夜肚子餓時的最佳去處。

　　SAKURA是一家超隱密的拉麵店，白天經過的話，只能夠看到牆上的塗鴉，或許還會誤以為店面所在是一棟廢棄建築，其實這裡是**晚上才開始營業的人氣麵店**，最推薦的就是主打的沾麵了，黃澄澄的粗麵有著恰好勁道，沾滿混合了豚骨與魚介類風味的濃郁湯頭後，更是讓人忍不住大口吸入，配料除了定番的叉燒肉、玉子以外，還有沖繩苦瓜、海帶，不同的搭配讓口味更富變化。

希望ケ丘公園

希望之丘公園

🏠 別冊P.4,E3　🚃 單軌電車牧志駅徒步約7分　🏠 那霸市牧志3-2

　　希望之丘公園是位在櫻坂劇場正對面的小公園，因為**座落在小山丘上，可以在展望台眺望那霸市容**，公園裡放有那霸大綱挽(拔河)時使用的拔河繩，就算無法實際參與盛事，也可以到這裡親眼看看巨大的拔河繩，而且這裡還是電影《怒り》沖繩篇的場景之一。另外，公園內有很多貓咪，喜歡貓咪的話不妨買些貓零食，來跟可愛的貓咪打招呼。

從藥局後方小路進去就會看到了。

珈琲屋台 ひばり屋

咖啡屋台 雲雀屋

薦（おすすめ）

🏠 別冊P.4,E2　🚃 單軌電車牧志駅徒步約5分，從櫻坂劇場徒步約2分　🏠 那霸市牧志3-9-26　☎ 090-8355-7883　🕐 10:30~19:00　🚫 不定休、天候不佳時　💲 咖啡¥380起　🌐 twitter.com/hibariyasachiko/

露天咖啡屋台有著南國愜意的氛圍，小小的天地可是不少遊人的指定景點呢。

　　日文的「屋台」是攤販的意思；這家別出心裁的咖啡店開在一家藥局後方，路過的話絕對想不到裡面的空地有家咖啡，店長在這兒擺了個咖啡攤，**座位就在充滿綠意的小小庭院裡**，在晴空下品嚐美味咖啡，更有種不同的感覺。這裡不定期會舉辦各式主題市集，隨著展品陳列，庭院也呈現出不一樣的風貌。

壺屋通
壺屋やちむん通り
Tsuboya-yachimun-tori

第一牧志公設市場周邊‧新都心‧首里‧那霸市區‧國際通‧浮島通‧新天堂通‧壺屋通

距 離國際通不過15分鐘腳程的壺屋やちむん通り，名稱中的「やちむん」為沖繩方言的「陶器」(日文為燒き物)之意，1682年琉球王府將散置在沖繩各處的窯元遷移至此，而開始壺屋地區的發展，其悠久的歷史與傳統延續至今，現在共有約50間窯元直營店、賣店與餐飲店，漫步於琉球石灰岩鋪設的白色鋪石路上，能同時感受古老小巷和特色陶器交織成的獨特魅力。

交通路線&出站資訊

電車
牧志駅、安里駅→單軌電車
出站便利通
◎由單軌電車縣庁前駅或牧志駅下車後，順著國際通轉入平和通，依照壺屋燒物博物館的指標即可抵達。
◎若是從單軌電車安里駅下車，則沿國道330往西徒步約7分，從麥當勞對面的小徑進入。
觀光旅遊攻略
◎自駕注意
全長約390公尺，壺屋やちむん通り是條相當有味道的靜謐小街，自駕者建議可先將車停妥在壺屋燒物博物館周邊的收費停車場(收費不一，約￥200/小時)，再步行進入慢慢遊逛。另外，壺屋やちむん通り為由北向南的單行道，開車進入時需注意方向是否正確。
❗若是自駕前來壺屋，建議以壺屋燒物博物館為定位，在附近停好車後下車步行。
◎壺屋やちむん通り
由壺屋一帶店家聯合營運的組織，雖然官網只有日文，但裡面有店家資訊還有地圖，標明了店鋪、古蹟的位置，除了可事先上網當作參考，當地店家也放有地圖供遊人自由拿取。
⊕ www.tsuboya-yachimundori.com

石敢當
いしがんどう

來到壺屋通時，除了可以感受陶器街道的古樸，也會看到許多顯眼的石敢當。這些鑲嵌在石垣、牆腳的石敢當，與風獅爺一樣有「避邪」之功用，原來沖繩相信傳說中的惡靈(マジムン)是以直線方式移動，要是惡靈撞上道路盡頭就會直接進入民房，為避免邪物入侵，當地人在T字路與三叉路的路衝處設置「石敢當」，邪物撞上石敢當後就會消散，部分村落道路甚至還刻意做得彎彎曲曲的呢。

◎ 石町小路

いしまち通り

おすすめ　**薦**

📖 別冊P.8,B1　🚃 單軌電車牧志駅徒步約15分　📍 那霸市壺屋1

石垣矮壁擁有古老歷史，長滿綠藤的狹小道路是壺屋通的代表風景。

　位於壺屋通後側的石町小路，是奇蹟似地**躲過二戰摧殘、擁有百年以上歷史的古老巷道**。轉進小路後，路邊高高的石垣綠藤蔓生，還能隱隱窺見近處民家的瓦片屋頂，充滿寧靜氛圍，沿途也有幾間茶房可以小坐歇憩。

壺屋之美

　目前所有的陶器幾乎都集中在那霸的壺屋，壺屋的發展可以追溯到江戶初期，1609年薩摩(鹿兒島)島津藩進攻琉球，佔領琉球並設下許多交易規範，使得琉球與中國等地的貿易受阻，仰賴海外輸入的陶器大受影響，不得不改由島內生產。1682年首里王府考量各個製陶處的原料不足、運輸不便，不僅遷移鄰近的湧泉、知花、寶口三座窯元，同時命令所有陶工集中到土好水良，又靠近港口的壺屋，王府集中上燒的陶工設置東窯，又集合荒燒的陶工設置南窯，使壺屋成為當時沖繩唯一的窯場，歷經3個世紀，地位依舊不衰。

　綠藤石垣、石疊小路、赤瓦屋牆，這些都是倖存於戰火的壺屋風景，此外也別忘了以下看點：

◎ 壺屋燒：

壺屋產出的陶器被通稱為「壺屋燒」，可分為荒、上兩種。「荒燒」就是沒有上釉的陶器，大多以本島南部的黏土製成，部分會使用泥釉、錳釉，起源於500年前；「上燒」則是塗了釉料的陶器，使用本島北部的土壤，以1200度高溫燒成，堅固且有著鮮豔色澤。

◎ 東又窯(あがりぬかま)：

壺屋地區現存的兩座「登り窯」之一。至1974年為止都還作為上燒專門窯使用，位於新垣家之內，是日本的國家指定重要文化財。

◎ 新垣家住宅：

新垣家住宅本身是琉球王國時代唯一留下的陶工住宅，以主屋為中心分為窯元(東又窯)、作業場等區域，規模大且設施完整。

◎ 南又窯(ふぇーぬかま)：

另一座殘存的登り窯，相傳是昔日遷移窯元時興建的窯場，作為荒燒專門窯使用至1992年，現為縣定文化遺產。

◎ 大榕樹：

在南窯旁邊的巨大榕樹，從前陶工把燒壞的陶片堆放在樹根下，造就了今日樹根緊抓陶片的奇景。

◎ ニシヌメー(北の宮)：

位在壺屋燒物博物館的屋上廣場，據說原本是另一座窯元，大正年間改建為此座小廟，供俸土地公與陶器之神，受陶匠們崇敬。

◎ ビンジュルグヮー：

守護壺屋這片聚落的神靈的拜所，當地人會在此祈求壺屋發展順利、交通安全等，據說壺屋的祭典都是由此開始、在此結束。

craft house Sprout

📖別冊P.8,B2　🚃單軌電車牧志駅徒步約15分　🏠那霸市壺屋1-17-3　☎098-863-6646　🕐10:00~19:00　休週二
🌐chsprout.ti-da.net

以陶器聞名的壺屋やちむん通り上，幾乎所有店家賣的都是陶器，而這間Sprout內則是店主人**聚集了約15位以沖繩年輕創作者為主的作品、工藝品，種類不拘於陶器**，也可見到玻璃製品、紅型、木工小物等各色商品，從傳統風格到新穎的設計都可在此找到。

年輕創作者的作品讓人眼睛一亮。

清正陶器

📖別冊P.8,B1　🚃單軌電車牧志駅徒步約11分　🏠那霸市壺屋1-16-7　☎098-862-3654　🕐10:00~18:00　休不定休　🅿2個(免費)

清正的陶器是端正優美的上燒，**以暗紅底色的魚型圖案為主要特徵**，製作出盤子、碟子、杯子、酒器等系列作品，店內販賣及展示的是沖繩陶器名工小橋川清正的長子——小橋川卓史的作品，他是目前最年輕的國指定傳統工藝士，作品的質地厚重而溫潤。

壺屋的熱鬧活動日

◎壺屋やちむん通り祭り
每年11月上旬舉辦的祭典，可以看到穿著傳統服飾的表演者擊鼓演出哎薩(エイサー)。此外，壺屋燒物博物館會免費開放參觀，各家店鋪也有特價，還可以到育陶園的陶藝道場免費體驗手拉坏，另外還有各項體驗，非常熱鬧。
🔹11月上旬的2天(2022年為11月5~6日)
◎シーサーの日
除了祭典，每年4月3日「シーサーの日」(4、3的日文發音與シーサー相近)時，壺屋通也有相關活動。博物館會特別規劃風獅爺特展，還有免費的風獅爺現場製作展演可看，也可以參加風獅爺的手作體驗、認識壺屋的導覽行程，各家店鋪的風獅爺藝品也都會打折喔。
🔹4月3日

UTSUWAチャタロウ

おすすめ 薦

UTSUWA茶太郎

- 別冊P.8,A1 單軌電車牧志駅徒步約10分 那霸市壺屋1-8-12
- 098-862-8890 10:00~18:30
- www.yacchi-moon.jp/

> 與其他賣店、窯元相較,チャタロウ的風格非常現代,想要買到可愛陶器絕不能錯過這裡。

　チャタロウ是一間雜貨店,販售商品以陶器為主,風格年輕的杯碗、懷舊風情的陶壺,又或者是高級精緻的整套餐具,款式非常豐富,其實チャタロウ裡除了產自**沖繩縣的陶器以外,也有從日本各地蒐羅而來的好物**,以及店家原創的陶器與木質商品,小巧的湯匙、細膩的木盤,充滿質感的選物每一樣都讓人愛不釋手。

> 尋找陶器之餘,別忘了低頭看看店家可愛的地板畫。

guma guwa

- 別冊P.8,B1 單軌電車牧志駅徒步約15分 那霸市壺屋1-16-21 098-911-5631 10:00~18:00
- www.ikutouen.com/gumaguwa/

　外觀為白色小屋的guma guwa,店名就是沖繩方言中「小」的意思,店內作品以**名窯育陶園中年輕陶藝家的作品**為主。明亮的店內有顏色柔和、充滿設計感的杯盤食具及其他沖繩藝術家們的手作小物,包含琉球玻璃製做的裝飾物等,彷彿是間可愛的設計雜貨店。

うちなー茶屋 ぶくぶく

➊別冊P.8,B2 ➋單軌電車牧志駅徒步約15分 ➌那霸市壺屋1-22-35 ☎098-943-4811 ◷11:00~18:00(L.O. 17:30) ❽週二 ⓢぶくぶく茶(泡泡茶)¥1,000(附小點心) ⓤbukubuku.jp/

可愛又好喝的泡泡茶。

利用古屋空間改裝而成的茶屋，**招牌是沖繩特有的泡泡茶(ぶくぶく茶)**：溫熱的茉莉花茶(さんぴん茶)上，用米打出蓬鬆的白色泡泡，再灑上香香的杏仁粒。帶著芬芳薑味的月桃茶、黑糖紅豆湯圓(ぜんざい)等也很有特色。坐在老屋裡，聽著窗外木製風鈴的溫潤音色，時間的腳步，也彷彿慢了下來。

育陶園

➊別冊P.8,B2 ➋單軌電車牧志駅徒步約10分 ➌那霸市壺屋1-22-33 ☎098-866-1635 ◷10:00~18:00，體驗工房10:00~17:00 ❽1/1~1/2 ⓤwww.ikutouen.com

育陶園是**擁有300年以上歷史的窯元**，作品**以藍、茶、綠等壺屋傳統釉色及線雕技法等為特徵**，有著纖細的美感，就連壺屋燒所不可或缺的釉藥以及陶土，也都堅持以手工製作。此外，由於先代為製作風獅爺(シーサー)的現代名工，店內也有很多氣勢逼人的風獅爺作品。要是對手作有興趣，也可以參加育陶園的體驗活動，親自做做看風獅爺或是彩繪盤子喔。

體驗課程會在小路裡的工房上課。

tituti OKINAWAN CRAFT

➊別冊P.8,A1 ➋單軌電車牧志駅徒步約9分 ➌那霸市牧志3-6-37 ☎098-862-8184 ◷9:30~17:30 ❽週四 ⓤwww.tituti.net

薦

店主精心蒐羅的商品都很有質感，是想尋找年輕作品的最佳去處。

結合了沖繩當地**包括陶藝、木工、織品、紅型等各式工藝新銳作家的作品**，tituti利用簡約大方的擺設，向來往行人展示精挑細選的作品，即使只是逛逛，店員親切的說明都讓人感覺到與作品非常親近，店名「tituti」在沖繩方言是「手與手」的意思，希望藉此牽起創作者與使用者的手，讓沖繩工藝品能更貼近生活、更為人所使用。

kamany

📍別冊P.8,B2 🚃單軌電車牧志駅徒步約10分 🏠那霸市壺屋1-22-33 ☎098-866-1635 🕙10:00~18:00 ❌1/1~1/2 🌐www.ikutouen.com/kamany/

　　kamany的名稱出自沖繩方言「窯の根」之意，隱含著希望人們別忘了原點的涵義，這裡是擁有300年歷史窯元的育陶園的直營店，**改裝自古民家的店鋪**有著傳統的紅瓦屋頂，店內的地板與展示架則大量運用木頭元素，散發出古色古香的獨特味道，在這樣的環境內，**以妝點現代生活的陶器為概念**，提供款式多樣的陶器供眾選購。

yacchi&moon

ヤッチとムーン

📍別冊P.8,B2 🚃單軌電車牧志駅徒步約15分 🏠那霸市壺屋1-21-9 ☎098-988-9639 🕙10:00~18:30 🌐www.yacchi-moon.jp/ ❗店內禁止拍照，只有特定區域可拍照

　　2014年開幕的yacchi&moon，一踏入店內就有隻木雕小熊攀在窗口旁迎接著你，店內以餐廳及廚房等為主題劃分，販售的商品每一樣都可愛地讓人愛不釋手，**最受歡迎的就是繪上可愛小熊、綿羊等動物圖案的餐具**，另外也有風格清新的陶器可以選購，雖然售價略高，但還是讓人忍不住掏出錢包將它們打包回家。

新垣製陶所 新垣勳窯

📍別冊P.8,C2 🚃單軌電車牧志駅徒步約10分 🏠那霸市壺屋1-20-30 ☎098-863-1350 🕙10:00~18:00 ❌不定休

　　新垣勳（あらがきいさお）是受到日本政府認證的日本傳統工藝士，獲譽為「現代的名工」，同時也是陶藝世家新垣家的七代目（2018年過世），他的陶器作品帶有濃重的個人色彩，施以獨特技法以外，更會二次入窯燒製，**讓作品展現出赤繪的鮮豔之美，非常受到歡迎**，可惜因為工法繁複，作品數量相對稀少，在新垣製陶所就可以找到他的作品，十分值得一逛。

シーサー工房 不羈 平和通り入口店

🔗別冊P.8,A1 🚃單軌電車牧志駅徒步約9分 🏠那霸市壺屋1-7-10 ☎098-863-3283 🕙10:00~19:00 🌐www.shisa-koubo.com

「シーサー」就是風獅爺，在沖繩是家家戶戶的守護神。沖繩有許多風獅爺的伴手禮店，「シーサー工房 不羈」也是其中之一，除了販售也提供製作體驗。平和通底端接近壺屋大シーサー的這家分店之外，同一條街道往壺屋走3分鐘，還有另一家。店內**可以看到大小不同、表情各異的風獅爺藝品**，從鎮守屋頂的大獅子到桌上擺放的裝飾都找得到，而且還有一些窯元燒製的杯盤器皿，也很值得一看。

壺屋燒物博物館

🔗別冊P.8,A1 🚃單軌電車牧志駅徒步約15分 🏠那霸市壺屋1-9-32 ☎098-862-3761 🕙10:00~18:00(入館至17:30) 🚫週一(遇假日開館)、年末年始 💰常設展大人¥350、大學生以下免費 🌐www.edu.city.naha.okinawa.jp/tsuboya

壺屋燒物博物館**對壺屋燒和沖繩陶器提供了清楚而淺白的說明**。1樓以沖繩陶器的歷史為主軸，帶參觀者從陶器的最初開始，了解沖繩陶器的發展，2樓則展示壺屋燒的技法、製作過程及特色作品，甚至還有發掘出的「ニシヌ窯」遺跡，參觀者可從館內各項珍藏的重要作品中，感受到壺屋燒的獨特之處與民俗美感。

想了解沖繩陶器就從這裡開始。

陶器&喫茶 南窯

🔗別冊P.8,A1 🚃單軌電車牧志駅徒步約15分 🏠那霸市壺屋1-9-29 ☎098-861-6404 🕙10:00~19:00

南窯是間陶器咖啡老舖，位在一小座石垣之上，**彎曲的小巧樓梯、爬滿綠意的石垣、樸實的外觀，都讓這座咖啡老舖別有一番古趣**，店內販賣著其他地方較少見、但同樣是壺屋傳統的荒燒(素燒)作品，而且食器、咖啡杯都使用本地作品，選購陶器以外，也可以在陶器包圍中享用一杯咖啡，從座席欣賞壺屋通的街景。店舖側門還可以通往壺屋地區現存的2座古窯之一──南又窯。

第一牧志
公設市場周邊

國際通・新都心
浮島通・首里 那霸市區
新天堂通・
壺屋通

首里城公園周邊
しゅりじょうこうえんしゅうへん
Around Shuri Castle Park

首里城是琉球王國遺產中最具規模和代表的景點，作為14~17世紀琉球國王的宮殿，城裡可以明顯看到中國及日本的影響，並感受當年輝煌而獨特的王國遺韻。首里站周邊除了鮮紅奪目的首里城，還有百年點心老舖、兩個世界遺產及充滿氣氛的金城町石疊道，共同描繪出此區的歷史氣息。

正殿及周邊側殿，期待2026年浴火重生！

多災多難的首里城，包含2019年10月的嚴重燒毀，共被毀5次，但仍不減損其在日本與世界遺產所賦予的重要歷史保存意義。重建中的主殿、側殿，包含周邊其他城牆、門牆、室殿等，都仍開放參觀，只是價格降半。宏偉的城牆與居高地理位置、周邊廣闊區域都仍值得一訪。特別的是主殿在安全設施下，主殿部分空間也以玻璃隔牆，供訪者窺視正在進行中的部分工作空間，或是因工程而拆解開的原始遺構也有機會看見，有專設場地展示修建工法與各式修建的紀錄影片與照片，讓每個參訪者都得以參與修建中的某一重要片段見證。

◐視整修進度陸續增加開放的殿舍。預計2026年完成正殿整修工程

交通路線＆出站資訊

電車
首里駅、儀保駅：單軌電車

巴士
◎從單軌電車「首里駅前」站搭乘那霸巴士[14]、[346]號線，或搭乘沖繩巴士[7、8]號的「首里城下町線號」，約6分鐘到「首里城前」站下車，車資￥240，再徒步1分即可達守禮門。
◎前往金城町石疊道、金城町大茄苳樹群，可以利用巴士「首里城下町線」到「石疊入口」站下車即達。或從市區搭那霸巴士[15寒川線]到「石疊前」站下車，由此徒步5分可達，但此巴士1天只有4班，車程約50分鐘，車資￥480。
◎那霸觀光巴士：除了路線巴士，也可以考慮參加那霸巴士推出的觀光巴士行程A路線，巴士行程將首里城與沖繩南部的姬百合之塔、平和祈念公園、沖繩世界文化王國結合，可在一天內遊覽完這些重要景點，並停留道的駅いとま(道之驛糸滿)採買美食一次滿足。有中、英、韓的語音導覽可利用。
⑤A路線「首里城・沖繩世界文化王國路線」大人￥6,000、小孩￥3,200。含午餐，不含首里城公園

正殿門票
◐9:00~17:00
⊕daiichibus.co.jp/sightseeing-bus/a-course/

出站便利通
◎從單軌電車首里駅或儀保駅出站後，都大約需要徒步15~20分才可以抵達首里城範圍，腳力不好的話建議轉乘巴士。
◎[7、8]首里城下町線
由沖繩巴士營運的循環巴士，沿途停靠那霸巴士總站(那霸バスターミナル)、新都心的Naha Main Place東口、石疊入口、首里城前、首里駅前等站，因為是巡迴巴士，來往單軌電車首里駅與首里公園、金城町石疊道之間都可以利用此車。往首里城方向為上行，往單軌電車站則為下り，1天24班，來回各有4班為[8]號，也就是終點站或起站之一是「おもろまち駅前広場」站。
⊕okinawabus.com/wp/rb/rb_routelist/rb_routelist_15

觀光旅遊攻略
◎首里城導覽
由首里城提供的整修期間特別導覽服務，由身穿傳統服飾的導覽員帶

領，了解首里城及琉球王國的歷史外，也會介紹整修中的工事區狀況&進度說明。導覽每天2次，上下午場路線不同，想參加導覽的話於開始時間前15分鐘到綜合案內所報名繳費。無中文。
◐首里杜館(鄰近綜合案內所)
◐8:45、16:00(週末僅15:30一場)，導覽約60分鐘
⑤￥1,000，小學生免費。(不含首里城門票)

◎首里城及周邊導覽行程
提供首里城物語導覽行程以外，那霸まちま~い也推出數個周邊導覽行程，其中「金城町石疊めぐり」，帶遊客從玉陵漫步到金城町大茄苳樹群，感受古韻古香的首里街道，認識琉球王朝獨特的喪葬儀式。還有尋訪王家別邸庭園的「世界遺產識名園魅力之謎」路線。
◐舉辦日期不定(見網站)，金城町石疊路線9:30、14:00出發；識名園路線(預約制，5人成團)
⑤首里城物語導覽-大人￥1,000、小孩￥500
⊕naha-machima-i.com
❶以上行程皆須預約。無中文導覽

那霸市 首里城公園周邊 ➡沖繩本島➡沖繩離島

🍴 あじとや 首里城店

🚇別冊P.9,B2 🚃單軌電車首里駅徒步約10分 🏠那霸市首里崎山町1-37-3 ☎098-955-5706 🕐11:00~15:00、17:30~20:00(L.O.) 🍴やわらかチキンカレー(嫩雞肉湯咖哩)￥1,000 🌐ajitoya.net/ 🅿有

有著橘色外觀的這家湯咖哩店,不僅是外觀,就連店內也都擁有飽滿的色彩,明豔的裝潢讓人心情愉悅。其實這裡的店主山崎先生是北海道人,曾在北海道、東北的餐廳工作,研發了不少湯咖哩口味,來到沖繩後,則是**運用沖繩產的薑黃等6種有機香料,搭配從斯里蘭卡的辛香料、沖繩道地的黑糖與縣產蔬菜**,調配出口味獨特的湯咖哩。因此這裡的湯咖哩不僅吃得到咖哩的美味,還能嚐到沖繩特有的滋味呢。

不僅辣度可以自己選擇,還可以免費加一碗白飯喔。

©あじとや

👁 玉陵

🚇別冊P.9,A2 🚃單軌電車首里駅、儀保駅徒步約15分;巴士「首里城公園入口」站徒步約5分、「首里城前」站徒步約2分 🏠那霸市首里金城町1-3 ☎098-885-2861 🕐9:00~18:00(入場至17:30) 💰大人￥300、小孩￥150 🗺33 160 687*22

玉陵為琉球國王的陵墓,建於1501年,第二尚氏的諸位國王、皇族與王妃均長眠於此,從玉陵的結構、建築形式和陵內遺物,**可以窺見琉球王朝的死後世界**。目前開放參觀的部分為玉陵外觀和展示室。2000年以「琉球王國城跡及相關遺產群」被**登錄為世界遺產**。

沖繩必訪的世界遺產。

おすすめ **薦**

👁 首里城公園

🚇別冊P.7,B1 🚃單軌電車首里駅徒步約18分可抵守禮門、搭計程車約5分,或搭乘7、8號巴士至「首里城前」站下車徒步就可抵達守禮門 🏠那霸市首里金城町1-2 ☎098-886-2020(首里城公園管理中心) 🕐免費區域8:30~18:00、收費區域9:00~17:30(售票至閉園30分前) 🚫7月第一個週三及隔日 💰收費區域內大人￥400、高中生￥300、中小學生￥160(持當日使用之單軌電車一日券、二日券可享購票優惠);外園免費參觀 🌐oki-park.jp/shurijo/ 🅿首里杜館地下停車場目前不開放使用,請搭乘大眾交通工具前往。 ❗正殿等周邊側殿燒毀整建中,開放工事外之內廷參觀,目前門票費減半。

琉球王國的歷史與文化都濃縮在首里城公園之內!

首里城公園在2000年登錄為世界遺產,範圍從首里杜館算起,包括守禮門、歡會門、瑞泉門、正殿及御庭一帶以及西側的展望台、京之內等,**是琉球王國的政治經濟中心,也是過去王族居住生活的地方**。歷史上,首里城曾被燒毀4次,第5次燒毀前的建築大都是二戰後仔細考證下復原的。除了廣福門以內(包含正殿、北殿、南殿、書院等)的收費區域外,其他都可以免費參觀。

正殿

❗屬收費區域(目前整建中,可依人行橋路線近距離觀看部分整修狀況)

色彩斑斕的**首里城正殿,裝飾細膩、造型特殊,是琉球王國的建築精粹**,也是當年舉行儀式和執行政務的地方。正面前簷的唐破風妻飾來自日本;整體建築與柱式和中國紫禁城相仿;象徵國王的「阿」型與「吽」型龍飾,卻又是琉球的獨特發明。正殿內部也開放參觀,可在1樓欣賞國王的寶座「御差床」,並在2樓裝飾華麗的御差床上的「御輦椅」前,想像當年百官晉見的威風盛況。

👁 首里森御嶽

🔘自由參觀

「御嶽」是琉球古宗教裡神明居住或降臨的神聖之所,位於奉神門前的**首里森御嶽則是地位最高的七御嶽之一**:根據琉球神話,這裡是由開闢沖繩群島的神祇親自開創的。

👁 園比屋武御嶽石門

🔘自由參觀

位於守禮門左側的園比屋武御嶽石門最早建於1519年,目前建築為1950年代復原而成,在2000年登錄為世界遺產。厚重的石門全以琉球石灰岩構成,石門後則是一小片森林。這裡過去是歷代國王遠行時祈求平安的拜所,現在仍會見到本地人來此祭拜的身影。

【 再現琉球王國風采 】

每年11月初的「首里城祭」與那霸ハーリー(那霸龍舟祭)、那霸大綱挽(拔河祭)並列為「那霸三大祭」,首里城祭會再現各種王國傳統慶典,能夠欣賞琉球舞踊等民俗技藝,還有身穿琉球王國服裝、重現國王出訪的「三ヶ寺參詣行幸」,以及盛大的冊封儀式,不只首里城一帶,包含國王、王妃在內的「琉球王朝繪卷行列」還會到國際通遊行,夜晚也有點燈活動,從早到晚都沉浸在古典又華麗的祭典氛圍。

🔘2022年舉辦時間10/29~11/3,正殿整建完成前,祭典暫改名「首里城復興祭」
🏠首里城、國際通

👁 瑞泉門

🔘自由參觀

直接建於高大石牆上的瑞泉門,造型特殊,充滿古意。這道門是進入首里城的第二道城門,因為門旁一側的湧泉「龍樋」得名。有著龍頭造型的湧泉「龍樋」,是過去的宮廷用水,龍型出水處來自500年前的中國,也是**唯一數度逃過戰火,從建城時代留存至今的雕刻品**。

萬國津梁之鐘

◉自由參觀

1458年開始懸掛於首里城正殿的銅製大鐘，鐘面上以漢文鑄刻的銘文：「……以舟楫為萬國之津梁異產至寶充滿十方剎」，足見當年海洋貿易的榮景及王國的雄心壯志。1970年，沖繩G7高峰會議時新建的「萬國津梁館」也是以此鐘為名。

書院、鎖之間與庭園

❗屬收費區域（整修重建中，不開放）

由展示琉球王國重要工藝及美術品的南殿入口進入後，可以一路通往書院、鎖之間與庭園。**書院是國王日常執政的地方，鎖之間則是王子的日常生活的區域**，建築一側的庭園則是首里城內唯一的正式庭園，使用鐵樹、琉球石灰岩等作為造景，風格特別。

要進入鎖之間需另外支付費用（目前無法參觀），可坐在裡頭喝茶並享用沖繩王朝傳統點心，穿著傳統沖繩服飾的服務人員亦會詳細說明每一樣點心與周圍的庭園造景。

西面展望台

西のアザナ

◉自由參觀

位於石牆垣一角的西面展望台，可以眺望城外繁榮的那霸市區、綿延的石牆以及城內風景，高度約130公尺，是**首里城視野最好的地方**，天氣好的時候，還能遠遠望見那霸港以及藍色海洋。

弁財天堂・円鑑池

▲別冊P.7,A2　◉單軌電車首里駅徒歩約20分；巴士「石前」站徒歩約5分　🏠那霸市首里金城町　◉自由參觀

1502年，為了**收藏朝鮮餽贈的方冊藏經而蓋了這間四角狀的藏經閣**，下方的円鑑池也是同年完成。屢經戰火及修復，弁財天堂的建築依然留有中式的古典美。圓鑑池下游的龍潭，曾是王國款待使者、舉辦船宴的地方，現在只見游魚和白鴨處處，充滿悠閒情調。

那霸市　首里城公園周邊　沖繩本島→沖繩離島

知念製菓 当蔵店

⚑別冊P.9,B1　🏠那霸市首里当蔵町1-11-6　🕙10:00~17:00　🚫週日　💴和菓子￥158起

在**沖繩當地創業超過八十年的菓子屋老店**「知念製菓」，目前是第三代當家，本店就設在首里。店家在不同季節或月份、節日都會推出新的和菓子，精緻外觀彷彿藝術品一般，都讓人讚歎而捨不得吃。最推薦的是琉球傳統銘菓「薰餅」，咬上一口，花生和芝麻香味在嘴裡蔓延開來，卻甜而不膩，再配上一碗茶，就是最道地的日式風味。

金城町大茄苳樹群

金城町大アカギ

⚑別冊P.9,B2　🚉單軌電車首里駅徒步約20分；巴士「石疊前」站徒步約5分　🏠那霸市首里金城町　🕙自由參觀

沿著金城町石疊道散步不久，就會看到寫著「金城町大アカギ」的指標。沿著岔路走，不久就會抵達一小處**由6棵樹齡200年以上的巨大茄苳樹群所圍出的綠色空間**，這兒氣氛相當幽靜，也是傳統琉球信仰的聖域之一。

這裡也是知名的能量景點。

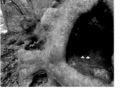

金城町石疊道

⚑別冊P.9,A2　🚶由首里城沿著石疊道往下行走可達；最近的單軌電車站為儀保駅徒步約13分、首里駅徒步約20分。可從巴士「石疊前」站、「石疊入口」站前往　🏠那霸市首里金城町　📞098-917-3501(那霸市文化財課)　🗺33 161 246*82

建於15世紀的金城町石疊道，是連接首里城和南部地方通路「真珠道」的一小段。琉球石灰岩舖成的斜坡蜿蜒而下，一路上只有錯落的民家、爬滿綠藤的牆垣和眼下的市街。靜好的街道風景，曾吸引日劇來此取景，並**入選為「日本道路百選」**之一。

©廣底君

首里そば

⚑別冊P.9,C2　🚉單軌電車首里駅步行約4分　🏠那霸市首里赤田町1-7　📞098-884-0556　🕙11:30~14:00(賣完為止)　🚫週四、日　💴首里麵(中)￥500　🅿6個

手打麵條、大塊三層肉搭配清香湯頭，再加上舒適自在的用餐環境，雖非大魚大肉，卻依舊讓人難忘。

沖繩麵名店首里そば位在斜坡巷弄的民宅間，門口隨時都有一長列等待入內享用美味沖繩麵的人潮，首里そば的麵最大的特色是**湯頭非常清淡**，有著濃濃的柴魚香味，**搭配滷的恰到好處的三層肉和新鮮魚板，以及每天手工現做的麵條**，吃來完全沒有負擔，食量大的人還可以點一碗ジューシー(炊飯)搭配享用，也非常美味！

儀保饅頭

ぎぼまんじゅう

🅐別冊P.9,C1 🅑單軌電車首里駅、儀保駅徒步約10分 🅒那霸市首里久場川町2-109 📞098-884-1764 🕐9:00~17:00(售完為止) 📅週日 🅢饅頭￥200 🅟4個

擁有**100年以上歷史的饅頭老店**，上頭寫著大大紅色「の」字的儀保饅頭，是過去沖繩傳統不可欠缺的禮品，紅色「の」字來自「のし」(漢字為熨斗)，表示禮品附上的禮籤。饅頭的外皮鬆軟，紅豆香甜，而且還是別無分店的沖繩限定名產，一天1,000個，賣完為止。

> 「の」字饅頭幾乎是當地代表了，別錯過朝聖的機會。

那霸三大饅頭

那霸市內有三家歷史悠久的饅頭店，除了儀保饅頭以外，還有同樣位在首里地區的百年老店「山城饅頭(やまぐすくまんじゅう)」，熱呼呼的饅頭用月桃葉包起，Q彈外皮下是香甜的紅豆餡，紅豆與月桃的香氣讓人難忘。另一個則是那霸市區的「天妃前饅頭(ベーチン屋‧テンピヌメーまんじゅう)」，「天妃前」之名據說是因為從前店家位在天妃宮前，這裡的饅頭一樣是放在月桃葉裡蒸熟而成，月桃葉的香氣以外，薄薄的皮裡包的是加入黑糖的麵麩粉，是懷舊又獨特的滋味。

‧山城饅頭
🅐別冊P.9,A1 🅒那霸市首里真和志町1-58 🕐10:30~16:00左右(售完為止) 📅週一~四 🅢饅頭￥180

‧ベーチン屋
🅐別冊P.5,C4 🅒那霸市泉崎2-10-14 🕐9:30~16:00 📅週四、週日及例假日 🅢饅頭￥140

> 利用珊瑚染出的花紋十分美麗。

👁 首里琉染

🅐別冊P.9,A2 🅑巴士「首里城前」站徒步約8分、「山川」站徒步約1分；單軌電車首里駅徒步約20分、儀保駅徒步約15分 🅒那霸市首里山川町1-54 📞098-886-1131 🕐9:00~18:00 🅢琉染體驗大人￥3,300、小孩￥2,750，約50分鐘(需事先上網報名) 🌐www.shuri-ryusen.com 🅟5個

位在紅型發源地首里，首里琉染的建築相當古色古香，3層樓的建物同時**兼作染坊、賣店與體驗工房**。一進店內，珊瑚染、草木染、紅型與琉球更紗等明亮繽紛的琉染，沖繩的獨有風情躍然其上，令人眼睛一亮；在體驗工房裡則可以嘗試用天然珊瑚染出屬於自己的作品。

🎁 泡盛館

🅐別冊P.9,A2 🅑巴士「金城二丁目」站徒步約3分；單軌電車首里駅徒步約28分、搭計程車約5分 🅒那霸市首里寒川町1-81 📞098-885-5681 🕐10:00~18:30 📅週二、三 🌐www.awamori.co.jp 🅟2個

販賣**20~30年以上的高級古酒以及沖繩48家酒藏、千種以上的泡盛專賣店**，單是置身於玻璃瓶、陶罐、漆器的美麗酒瓶包圍的酒窖，就令人眼花撩亂。遇上有興趣的酒，一樣可以試喝看看，店家還會提供配酒的沖繩豆腐乳，讓你細細品味泡盛和古酒的好滋味。

那霸新都心
なはしんとしん
Naha Shintoshin

第一牧志
公設市場周邊

國際通

浮島通
新天堂通

壺屋通

新都心・首里
那霸市區

位於那霸市北部的那霸新都心，在1953年被美軍強制徵收為基地之用，直至1987年土地全數歸還後，開始逐步發展為新興市鎮，是那霸較近期開發的區域。以DFS為起點，百貨、大賣場和電影院沿著寬闊大路而立，當中還有造型獨特的沖繩縣立博物館・美術館，能讓遊客更了解沖繩的完整面貌。

交通路線＆出站資訊

電車
おもろまち駅、古島駅►單軌電車

巴士
◎[6]那霸おもろまち線►可從旭橋駅前的「那霸巴士總站(那霸バスターミナル)」或國際通上的「県庁前(往開南・上泉)」站搭車，在終點站「おもろまち駅前広場」下車即可，車資¥240。

◎[10]牧志新都心線►也可以從「那霸巴士總站」、「県庁北口(往國際通り・久茂地)」站乘坐牧志新都心線，可在「那霸メインプレイス東口」、「おもろまち駅前広場」下車，車資¥240。

◎[7、8]首里城下町線►由沖繩巴士營運的循環巴士，從那霸巴士總站、県庁北口一路開往首里地區，途中停靠新都心的県立博物館前、Naha Main Place東口等站，從首里城一帶要到新都心可以利用此巴士。

出站便利通
◎おもろまち駅及古島駅都在新都心範圍，尤其おもろまち駅出站就是最主要的購物街區，故最為便利。

◎おもろまち駅出站後，1號出口可直達免稅店T Galleria by DFS，要往San-A Naha Main Place、天久りうぼう一代也可以從這裡前往。

◎新都心的大型購物中心都位在那霸中環狀線上，只要沿著一條道路往下逛，就可以逛遍所有商場。

◎「おもろまち駅前広場」及「おもろまち駅前」是新都心往來沖繩各地的兩個主要巴士站，兩者皆位在2號出口方向，巴士幾乎都在此乘降。

觀光旅遊攻略
◎免稅問題：在新都心大肆購物前，記得先弄清楚免稅問題。

・T Galleria by DFS, Okinawa：DFS為免稅商店，但免「稅」並不是「消費稅」，而是「關稅」，也就是說在這裡購物就像在機場免稅店一樣，可以用不含關稅的優惠價購買精品。雖然在市區的DFS購物不需出示護照、回程機票，但購買的商品必須到機場出關後才能在DFS櫃台提取，需確認航班資訊及提貨時間。

・Naha Main Place：Naha Main Place是新都心另一個購物站，這裡就適用於一般的免稅規則，購物滿額即可辦理退稅服務，但免稅商品不能開封，相關免稅規則請見P.B-7。

🎁 T Galleria by DFS, Okinawa
DFS旗下沖繩T廣場

📖別冊P.8,C4　🚃單軌電車おもろまち駅直結　🏠那霸市おもろまち4-1　☎0120-782-460　🕐10:00~20:00；詳細時間依季節、店家而異　🌐www.dfs.com/jp/tgalleria-okinawa　🅿400個　🗺33 188 297*66

　　名牌天堂DFS與單軌電車おもろまち駅直通，是**日本唯一的DFS路面店**。佔地廣闊的大樓內，50種品牌以上、琳瑯滿目的精品令人心動不已，不僅有日本尚未上市的新品和DFS限定款，**大部分還有30~80%的折扣**。3樓為餐廳樓層，提供種類豐富的各國料理。

那霸市 / 新都心 / ➡沖繩本島➡沖繩離島

Naha Main Place

薦 おすすめ

那霸メインプレイス

📖別冊P.8,B4 🚊單軌電車おもろまち駅徒步約5分 📍那霸市おもろまち4-4-9 📞098-951-3300 🕐9:00~22:00、食品館~23:00。依店家而異 🌐www.san-a.co.jp/nahamainplace/ 🅿2,500個 📠33 188 559*24

到Naha Main Place一趟,就知道在沖繩也能夠逛得時尚!

沖繩零售業龍頭サンエー(San-A)在沖繩縣內最大的購物中心,除了超市、書店、電器行外,更網羅了LOWRYS FARM、niko and...、earth music & ecology、GLOBAL WORK、靴下屋等各種親民的日系女裝和雜貨,就連童裝店鋪也找得到,2樓還有電影院Cinemas Q,2015年夏天擴建後更有東急手創等新血加入,可以逛上一整天。

©Naha Main Place

🍵 HANDS CAFE

📍Naha Main Place 1F 📞098-951-3432 🕐10:30~22:00(L.O.21:00)

©Naha Main Place

©Naha Main Place

HANDS CAFE是由TOKYU HANDS推出的咖啡廳品牌,木造的裝潢風格簡約,整體顯得既可愛又時尚,店內提供的餐點非常豐富,不僅有**加上莓果、香蕉、淋上楓糖或牛奶糖等西式口味的鬆餅**,還有以抹茶搭配黑芝麻的和風滋味,軟軟厚厚的鬆餅沾上鮮奶油、搭上水果,就是休息時最好的點心,店內當然也有提供鹹食,就算是肚子餓了也有不少選擇。

🎁 TOKYU HANDS

📍Naha Main Place 1F 📞098-951-3510 🕐9:00~22:00 🌐www.tokyu-hands.co.jp

TOKYU HANDS是許多遊客到日本必訪的店家,到沖繩當然也不例外,不過**TOKYU HADS在沖繩只有3家分店,相較宜野灣等分店,新都心的這家分店交通最為便利**。文具、筆記本、貼紙、生活雜貨、旅行用品,不論是實用或可愛風格的商品都可找到,琳瑯滿目的商品讓人眼花撩亂,想要找超值的小禮物就到這裡來吧。

©Naha Main Place

沖繩限定的面膜也找得到。

©Naha Main Place

🎁 Sanrio Gift Shop

©Naha Main Place

📍Naha Main Place 2F 📞098-951-3358 🕐10:00~22:00 🌐stores.sanrio.co.jp/6436100

大大的蝴蝶結,光是看到店面超可愛的Hello Kitty造型拱門,就知道來到了Sanrio Gift Shop。**這裡有著豐富的三麗鷗商品**,除了滿坑滿谷的Hello Kitty以外,還有近年爆紅的Gudetama(蛋黃哥),當然也有Pom Pom Purin、My Melody的周邊商品,常見的卡片、玩偶、背包、提袋以外,**還有超可愛的衣服跟行李箱**,喜歡三麗鷗明星的話千萬不要錯過。

©Naha Main Place

🎁 EDION

エディオン

📍Naha Main Place 1F ☎098-894-4125 ▼
9:00~22:00 🌐www.edion.co.jp

　到沖繩想買家電,也可以在Naha Main Place裡解決。位在商場內的EDION雖然不如其他家電量販店有名,但**店內銷售的家電商品其實也十分多樣**,遊客大愛的吹風機自然不用說,還有近來蔚為風潮的塵蟎吸塵器,當然也不會少了定番的電鍋,另外還有保溫杯這類輕巧的居家商品,而且在這裡購物還可以享有免稅優惠,想採購家電不妨到這裡來逛逛。

🎁 LUPICIA

ルピシア

📍Naha Main Place 1F ☎098-863-5611 ▼10:00~22:00 🚫不定休
🌐www.lupicia.co.jp/shop/shop.php?ShpCD=ky16

> 還有加入西印度櫻桃的「美らかーぎー」。

©Naha Main Place

　LUPICIA是茶葉專賣店,店內茶葉、茶包的選擇非常豐富,伯爵茶等經典口味以外,最吸引人的就是各分店推出的當地限定口味,**來到沖繩,更是有6種限定茶款**,其中當然不能少了扁實香檬,以沖繩特產的香檬加入烏龍茶中,讓茶香更多出香檬的清爽芬芳,還有沖繩傳統的香片茶、熱帶水果茶、黑糖焙茶、花茶等,也是沖繩才有的風味。

> 可以用划算的價格吃到沖繩名物taco rice。

🍴 Tacos-ya新都心店

タコス屋 新都心店

📍別冊P.8,C3 🚶單軌電車おもろまち駅徒步約10分 📍
那霸市おもろまち4-12-13 ☎098-867-2644 ▼
11:00~22:00 💲Tacos-ya Plate ¥700

　融合美墨日三國特色的**Taco Rice**,現在已成為沖繩的代表料理,Tacos-ya是Tacos與Taco Rice專門店,熱騰騰的米飯與墨西哥肉醬、生菜、起司成為絕妙的組合,脆中又帶點嚼勁的Tacos也很美味,再搭配上新鮮的現炸洋蔥圈,在國際通逛累的話可以來此快速補充元氣。

那霸市 新都心 ‧沖繩本島‧沖繩離島

sports DEPO

📖別冊P.8,A3 🚃單軌電車おもろまち駅徒步約18分，巴士「合同庁舎前」站步行約6分 📍那霸市天久1-2-1(りぼう楽市內) ☎098-861-0460 🕙10:00~21:00 🌐www.alpen-group.jp/shop/ 🅿670個

　　sports DEPO為隸屬Alpen旗下的**大型運動用品連鎖店**，寬闊無比的店內，羽球、高爾夫、籃球、游泳、瑜珈等，幾乎只要叫得出名字的運動都有專屬的用品區，**商品號稱有20萬種以上**，提供舒適與帥氣兼備的運動生活(sports-centric lifestyle)提案。

> 想得到的運動用品都可以找到。

UNIQLO

📖別冊P.8,A3 🚃單軌電車おもろまち駅徒步約17分，巴士「合同庁舎前」站步行約5分 📍那霸市天久1-1-1(りぼう楽市內) ☎098-860-9550 🕙10:00~21:00 🌐www.uniqlo.com/jp ❗沖繩目前共有7間分店，包含與小禄駅直通的AEON那霸SC店2樓內、AEON MALL Okinawa Rycom 2樓內等處 🅿713個(天久りぼう楽市)

　　天久りぼう楽市是間超市兼大型店舖的複合購物中心，UNIQLO、BEST電器、MUJI等都在這裡設店。這裡的UNIQLO是貨色相當齊全的一家，商品包括男裝、女裝、童裝等；另外，**UNIQLO每間店的商品和特價品都有些許不同，別忘了仔細找找唷**。

BEST電器

📖別冊P.8,A3 🚃單軌電車おもろまち駅徒步約17分，巴士「合同庁舎前」站步行約5分 📍那霸市天久1-1-1(りぼう楽市內) ☎098-941-2811 🕙10:00~19:00 🌐www.bestdenki.ne.jp 🅿713個(天久りぼう楽市)

　　以九州福岡為據點的連鎖家電量販店——BEST電器，在沖繩本島及離島共開設了20多間分店，其中位於天久りぼう楽市的店舖應該是**規模最大**

的。最新款的數位相機、電腦的周邊商品分布在2~3樓，其他如MAC、DVD、CD和遊戲等也有販售。

COOP APPLE TOWN

コープ あっぷるタウン

📙別冊P.8,B3 🚃單軌電車おもろまち駅徒步10分、巴士「県立博物館前」站下車步行即達 🏠那霸市おもろまち3-3-1 ☎098-941-8020 🕘9:00～22:00，依店鋪而異 🌐www.okinawa.coop/shops/each/appletown.html 🅿380個

COOP APPLE TOW是由沖繩生協(COOP)經營的店鋪，以沖繩的主婦為主要客群，提供生活上的各項服務。新都心的APPLE TOWN是**旗下規模最大的商場**，1樓以超市為主，不僅販賣超多生鮮食品、水果、生活用品，還有藥妝店以及玩具反斗城、嬰幼兒用品，2樓則有沖繩特產專賣店「沖繩宝島」，以及Blue Seal、海產物料理 市、迴轉壽司、咖哩等餐廳，**百元店也一應具全，購物用餐都可以在這裡一次解決。**

🔵 沖繩縣立博物館・美術館

📙別冊P.8,B3 🚃單軌電車おもろまち駅徒步10分、巴士「県立博物館前」站下車步行即達 🏠那霸市おもろまち3-1-1 ☎098-941-8200 🕘9:00～18:00、週五～六至20:00，入館至閉館前30分 🚫週一（遇假日順延一天）、12/29～1/3 💴博物館成人￥530，高中及大學生￥270，中小學生￥150；美術館成人￥400，高中及大學生￥220，中小學生￥100；企劃展、特別展另計 🌐okimu.jp/tc/ 🅿158個 🗺33 188 675

在滿是大型購物中心的新都心中，沖繩縣立博物館・美術館散發出截然不同的藝文氣息。白色建築外牆的波浪與中孔，靈感來自琉球王國的傳統城牆，內部挑高明亮的空間及雪白樹型支柱，則以現代語彙描繪沖繩的聖域意象。

館內右手邊的紅色區域為美術館部分，藏品以近現代為主，除沖繩當地的作品之外，也有亞洲等地的藝術創作及不同主題的企劃展。**左手邊的博物館則同時包括自然史和歷史兩個層面**，從沖繩島嶼的地理特徵到歷史脈絡、美術工藝等都有清楚詳細的介紹。館內也設有氣氛優雅的咖啡廳、可以親手接觸沖繩日常生活用品的體驗室和販賣藝術相關與原創紀念品的博物館商店。

> 別忘了看看博物館限定商品。

Museum Shop「Yuimui」

ミュージアムショップ「ゆいむい」

🏠沖繩縣立博物館・美術館1F ☎098-941-0749 🕘9:00～18:00 🚫同館內 🌐okimu.jp/tc/guide/shop/

博物館內除了豐富的展示以外，當然也有賣店。在博物館商店「ゆいむい」裡可以找到沖繩特色的商品，像是迷你版的萬國津梁之鐘，或者是沖繩各地特產的泡盛，當然也可以找到傳統工藝的藝品，除此之外，還有許多是**配合博物館藏品推出的原創商品**，不管是想要找傳統沖繩還是現代藝術的紀念品，這裡通通都有。

> 了解沖繩的歷史與發展。

> 博物館白色透光的建築設計十分特別。

那霸市區

なはし

Naha-shi

除了最熱鬧的國際通、人氣必訪的首里城公園、壺屋通等觀光勝地外，那霸市還有一些知名的店家與景點散置在周邊各處，搭單軌電車可以到美食、百貨與藥妝店集中的小祿站，JUSCO、AEON、ダイコク藥妝店等都聚集在車站周邊，逛起來相當過癮；自駕的話則可到世界遺產的識名園、波之上海灘等處。

那霸市　那霸市區　→沖繩本島→沖繩離島

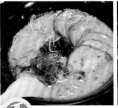

おすすめ　**薦**

🍜 琉球新麵 通堂 小祿本店

📖別冊P.6,B3　🚃單軌電車小祿駅出站後徒步約2分　🏠那霸市金城5-4-6　☎098-857-5577　🕐11:00~24:30　休元旦、盂蘭盆節，不定休　💲おとこ味通堂ラーメン(男味通堂拉麵)¥980、おんな味通堂ラーメン(女味通堂拉麵)¥950　🌐tondo.ryoji.okinawa　🅿6個

> 通堂拉麵不論濃郁、清淡的口味都有人愛，是許多遊客大推的沖繩第一名拉麵。

　在台灣網友間相當知名的通堂拉麵位於單軌電車小祿站附近，**店內主打男味、女味，分別是豚骨和鹽味拉麵**，從軟硬適中的麵條、香濃醇厚的湯頭到蔥花、叉燒、免費小菜等配料毫不馬虎，桌上也有多種調味料、辣豆芽、醃蘿蔔可自行取用，設有吧台座席的寬敞店面也很有味道。

🛍 AEON那霸店

📖別冊P.6,B3　🚃單軌電車小祿駅出站後徒步約2分　🏠那霸市金城5-10-2　☎098-852-1515　🕐8:00~23:00，服飾及生活用品店10:00~23:00，依店家而異　🌐www.aeon-ryukyu.jp/store/aeon/naha　🅿1,860個免費停車場

　在市區想要大肆採買生活用品、零食，甚至只是想逛逛超市，都可以到Aeon那霸店。相較於其他分店，**Aeon那霸店的位置對觀光客而言最為便利**，只要搭乘單軌電車，從車站一出來就可以看到大大的商場，商場內不僅有超市JUSCO可以買零食、飲料、熟食，還有大型電器量販店BEST電器、書店、服飾、生活雜貨等，一樓美食街以外，其他樓層也有餐廳，店鋪選擇非常豐富。

⌝交通路線&出站資訊⌞

電車
小祿駅、旭橋駅◇單軌電車
出站便利通
◎國際通等市中心以外，那霸市內的景點分散各區，雖然可利用單軌電車、路線巴士深入，但如果要串聯交通的話，還是自駕較為便利。
觀光旅遊攻略
◎那霸巴士總站／那霸バスターミナル
那霸巴士總站位在單軌電車旭橋駅旁，這裡是那霸市區前往各地的路線巴士起訖站，不管是要前往北部的名護、南部的玉泉洞、中部的蒲添等地，都可以從這裡搭車。巴士總站自2015年起進行整修，於2018年秋季已全新完工，站體大樓上方並增加圖書館、旅遊中心、OPA等商業設施。
‧Bus Ticket Information
可購買巴士車票，也提供乘車位置、路線等巴士問題諮詢服務，從旭橋駅出站朝左徒步到盡頭後下樓可達，案內所位在手扶梯旁。
🕐10:45~14:00、15:00~19:00　休週日及例假日

波上宮

なみのうえぐう

🏯別冊P.7,C2 🚃由單軌電車県庁前駅沿久米大通徒步約15分，或由國際通通搭乘計程車約10分 📍那霸市若狹1-25-11 ☎098-868-3697 🕐境內自由參拜 💴免費 🌐naminouegu.jp Ⓟ20個 🗺33 185 022*00

波上宮不僅是沖繩總鎮守，神社所在的山崖更自古就是沖繩人的聖地。

位於斷崖上的波上宮是琉球八社中最上位的神社，地位之高，從琉球王國時代每年新年國王都會到此參拜就可得知。其實**這處斷崖從前就是聖地，人們在此祭拜神靈、祈求風調雨順**，相傳神社建於琉球王國時代，詳細年代已不可考，但琉球八社大多與附屬的神宮寺一同建造，故推測波上宮與鄰近的護國寺皆為1368年創建。神社曾在二戰時燒毀，現在的本殿是戰後重建而成。神社境內，琉球紅瓦和陶製狛犬流露出沖繩特色，別有一番風情，鄰近的護國寺和孔子廟歷史也都十分悠久，有時間的話不妨順道拜訪。

💡 **琉球八社**

「琉球八社」是指興建於琉球王國時代的八座神社，除了波上宮，還有普天滿宮、識名宮、天久宮、安里八幡宮、沖宮、末吉宮、金武宮。但因為琉球八社帶有沖繩傳統的御嶽(うたき)信仰，與日本神道教牴觸，波上宮以外的其他七社都沒有社格，日本政府不提供維護經費，故除了波上宮與普天滿宮，其他六社大多破敗。

神社參拜的禮儀

1進入神社

踏入鳥居之後，就代表從人世來到神明的居所，踏上通往拜殿的道路時，記得要走在左右兩端，因為既然來到了神明的居所，道路正中間當然是「神明走的路」，凡夫俗子怎麼能與神靈爭道呢。

2洗手

別急急忙忙地衝到拜殿，參拜之前記得先到手水舍洗手、漱口，洗去穢氣，顯示對神明的敬意。洗手順序為：左→右→口→左，步驟如下

拿起水杓，舀起一杓水。這一杓水就要做完以下全部步驟。

先洗左手再洗右手。

用左手掌心接水，嗽口，代表身心全都經過清水洗濯。

將杓子立起，沖淨手柄後放回。擦乾雙手。

3參拜

走到神前時先鞠躬一次，接著投硬幣入賽錢箱，搖動鈴鐺再開始參拜。參拜時的基本口訣為「二拜、二拍手、一拜」，也就是

先鞠躬兩次，合掌於胸前、拍兩次手，向神明述說願望，接著再敬禮一次，就完成參拜儀式了。

據說因為新年參拜人潮太多，才特地在鳥居下設置燈號，紅燈就代表人潮過多。

想拍到波上宮全貌，可以到波之上臨港道路的人行步道取景，記得注意安全。

那霸市 那霸市區 沖繩本島▶沖繩離島

波之上海灘
波の上ビーチ

⬤別冊P.7,C2 🚃由單軌電車県庁前駅沿久米大通徒步步約15分，或由國際通搭乘計程車約10分 📍那霸市若狹1 ☎098-868-4887（那霸市觀光協會）開放期間為4~10月，游泳時間9:00~18:00，7、8月延長至19:00 💰游泳免費，沖洗3分￥100 🌐www.naminouebeach.jp 🅿波之上綠地、若狹海濱公園停車場約390個（前30分免費）🗺33 155 840*25（波之上海灘・公園管理事務所）、33 185 058*85（波之上海灘若狹側）

就算沒有自駕或到市區以外的打算，也可以在這裡享受沖繩的大海與沙灘。

波之上海灘是那霸市內唯一的海灘；約700公尺長的沙灘上，純白細沙，清澈海水和戲水曬太陽的人們，使得這兒洋溢著悠閒的渡假風情，寄物、沖洗、更衣等相關設施也都十分完備，也有浮潛、立槳、獨木舟等水上活動。

Jack's Steak House

⬤別冊P.7,D3 🚃單軌電車旭橋駅徒步約8分 📍那霸市西1-7-3 ☎098-868-2408 ⏰11:00~22:30 🚫每月第2、4週的週三、1月1日、盂蘭盆節 💰テンダーロインステーキ(Tender Loin Steak)小￥2,600 🌐www.steak.co.jp 🅿12個，另外也有契約停車場 ❗客滿時請先在店內登記姓名與人數等候 🗺33 155 087*07

鮮嫩的牛排也是沖繩必吃美食。

當地人、觀光客都喜愛的牛排老舖，是沖繩的超級名店。

Jack's Steak House不在國際通上，卻是餐客必訪的店家。1953年開幕的店內充滿美式的舊時風情，這裡從早到晚幾乎一位難求，用餐者以當地人居多，牆上還貼滿了名人的簽名板，足見其受歡迎的程度。**最推薦的餐點就是Tender Loin Steak，而且還要三分熟才最能品嚐到其鮮嫩滋味**，乍看讓人有些退卻，但嚐來肉質軟嫩帶有甜味，值得一試。

🍸COLOSSEO262

⬤別冊P.7,E3 🚃單軌電車県庁前駅徒步約3分 📍那霸市久茂地2-6-2(久茂地ガーデンビル1F-C) ☎098-988-9865 ⏰17:00~24:00 🚫週日不定休 💰精釀啤酒中杯(S)￥780、大杯(M)￥1,100 🌐www.hotpepper.jp/strJ001050013/ 🅿對面有付費停車場

COLOSSEO262是一家**專賣精釀啤酒的小酒館**，位在國際通附近的小巷弄內，店面裝潢簡單卻又十分特別，手寫的招牌非常吸引目光，店內除了有吧台座位，還有用木頭酒桶做成的桌席。店主淺井先生**蒐羅了日本各地的精釀啤酒**，除了沖繩的地酒以外，他也十分推薦富山縣城端麥酒生產的「アールグレイ」，這款帶有伯爵茶清香的氣泡酒很適合作為餐前酒，還有BarbaricWORKS經典的「DrumRoll」，也很值得一嚐。

不時會更換提供的啤酒種類。

店內也有提供不少料理喔。

© COLOSSEO262

◉ 識名園

📖 別冊P.10,D2 🚌 搭乘那霸市內巴士2、3或5號於「識名園前」站下車，徒步約5分 📍 那霸市真地421-7 ☎ 098-855-5936 🕐 4～9月9:00～18:00、10～3月9:00～17:30(入館至閉館前30分) 🈺 週三(遇假日、慰靈之日順延一天) 💲 大人￥400、國中生以下￥200 🅿️ 60個 📷 33 131 090*25

　世界遺產識名園建於17世紀末，是琉球國王修生養息與接待外國使臣的別邸。**建築結合了日本的池泉回遊式庭園、中國的六角堂、石拱橋以及沖繩建材石灰岩**，展現琉球王朝的獨特風格。庭園在二戰遭受破壞後，耗時20年重建，漫步其間，可感受到四季更迭的園林之美。

Ⓗ OMO5 沖繩那霸 by 星野集團 薦

OMO5沖繩那霸 by 星野リゾート

走讀那霸市中心的最佳住宿據點。

📖 別冊P.5,B2 🚃 單軌電車県庁前駅徒步約6分、美榮橋徒步約8分 📍 那霸市松山1-3-16 ☎ 050-3134-8096 🕐 Check-in 15:00～、Check-out ~11:00 💲 兩人一室、一人(不含餐食)約￥16,000起 🌐 hoshinoresorts.com/zh_tw/hotels/omo5okinawanaha/

　星野旗下的城市飯店「OMO」，就位在県庁前駅鄰近，2021年全新開幕，以「**市集**」為設計主題，讓住客能愉快又輕鬆地體驗這座從琉球王朝時代發展至今的大城市風貌。可在附設咖啡店與舒適寬廣的閱讀室放鬆外，也能跟著飯店專屬的「**周邊嚮導 OMO Ranger**」，一起去尋找風獅爺、裏國際通散步，或是走進超市體驗沖繩飲食文化。

飯店風格年輕清新，讓城市居旅一樣感覺到放鬆。

© 星野集團

跟著飯店專屬「周邊嚮導 OMO Ranger」一起城市冒險吧！

© 星野集團

🧁 Yes!!!PICNIC PARLOR 薦

可愛風格、美味三明治，讓這家小店成為社群軟體上的話題店家。

📖 別冊P.7,E1外 🚌 從「県庁北口」站搭乘沖繩巴士[27]屋慶名線、[28]谷線等車至「安謝」站下車，徒步約5分；單軌電車美栄橋駅徒步約30分 📍 那霸市安謝183 ☎ 098-943-5806 🕐 9:00～18:00 🈺 週五 💲 霜淇淋￥480 🌐 yespicnicparlor.com/ 🅿️ 2個

　沖繩有趣的地方就在於許多值得一訪的店家都在鬧區之外，座落在寧靜住宅區裡的Yes!!!PICNIC PARLOR也是其一。薄荷綠的牆面加上紅白相間的遮陽棚，再放上兩張椅子，就呈現出美式的活力與俏皮，**Yes!!!PICNIC PARLOR是一家冰菓室，主要販賣三明治、甜點**，水果三明治是午茶的絕配，肉食主義者則絕不能錯過厚實的炸豬排三明治，但最受歡迎的還是冰品，**傳統的沖繩善哉或繽紛可愛的霜淇淋都超有人氣**，就算只是點個冰品，也推薦坐下好好享受一番店家的風情。

坐在椅子上拍一張紀念照可是必備行程。

◉ 栄町市場

さかえまちいちば

📖 別冊P.10,C2 🚃 單軌電車安里駅徒步約3分 📍 那霸市安里381 ☎ 098-886-3979 🕐 賣店9:00～19:00，飲食店11:30～23:00，依店家而異 🈺 週日，依店家而異

　榮町市場是那霸市內除了牧志公設市場以外，另外一處重要市場，與觀光客常造訪的牧志公設市場相比，**榮町市場雖然規模較小，卻更有在地生活氣息**，白天時都是當地人到此購買生鮮蔬果，傍晚開始則是各家食堂、居酒屋的主場，以酥脆煎餃聞名的「手作り餃子の店べんり屋 玉玲瓏」、提供美味沖繩麵的「栄町ボトルネック」，還有自家烘培咖啡飄香市場的「COFFEE potohoto」，這些隱藏市場內的店舖可都不容小覷！

感受最在地生活風味。

© OCVB

遊覽福州園，頗有一種時空錯置的意趣。

© OCVB

👁 福州園

📖 別冊P.7,D2　🚃 單軌電車縣庁前駅徒步約10分　📍那霸市久米2-29-19　📞098-943-6078　🕐白天9:00~18:00、晚上18:00~21:00　🈺週三(遇假日順延)　💴大人白天￥200、晚上￥300。小孩(中學以下)白天￥100、晚上￥150　🌐www.city.naha.okinawa.jp/citizen/kurasi/gakusyu/leisure/park.html　🅿有專用停車場、收費

　　在那霸市走走，或許會突然發現這一座中國風情的園林，福州園落成於1992年，當初是為了紀念那霸建市70周年，以及與中國福州市成為姊妹市10周年而建。仿造福州當地園林，福州園擁有中式庭園的假山水、飛瀑，還有精細的雕欄，以及向上翹起的屋簷飛角，無一不是**正統中國庭園**的景觀，園內還種有沖繩少有的梅花樹，充滿濃濃中國風情。

👁 Kuninda Terrace

クニンダテラス

📖 別冊P.7,D2　🚃 單軌電車縣庁前駅徒步約10分　📍那霸市久米2-30-6　📞098-943-6078　🕐9:00~21:00　🈺週三(週假日順延)　🌐www.naha-navi.or.jp/sightseeing/kuninda-terrace/

　　Kuninda Terrace是**集展覽、交流空間與餐廳的複合設施**，「Kuninda」(クニンダ)指的是從前深刻影響琉球貿易的「久米村」，館內設有展示，能夠了解當地歷史。建築本身像是一座小山丘，背靠福州園的盎然綠意，面向大海方向敞開入口，隱含連接海洋、城市的期許。不僅可以在館內歇歇腳，頂樓露台也很適合散步，2樓還設有餐廳「Good Farms Kitchen」，可以品嚐美味料理。

© 那霸市観光協会

建築還入選了2017年的沖繩建築大賞。

© 那霸市観光協會

店內裝潢用了大量花卉元素，華麗中又帶著自然風情。

© Good Farms Kitchen

🍴 Good Farms Kitchen

🚩 Kuninda Terrace 內　📞098-988-9789　🕐11:00~16:30、17:00~24:00　🈺週一　🌐wassyoifamily.com/shop-list/good-farms-kitchen/

　　木質桌椅、帶有綠意的裝潢，還可以欣賞窗外的花園露臺，Good Farms Kitchen處處充滿自然的情趣。餐點選擇非常豐富，從沖繩料理到西式餐點都有，招牌的烤牛肉丼飯是人氣料理，烤牛肉口感柔軟，搭上洋蔥、柚子醋，濃郁又清爽的肉香讓人著迷，**午餐時段再加上￥200還可享用沙拉**，縣產新鮮蔬菜健康又美味，非常划算。

可在鮪魚解體室看到鮪魚處理過程外，當季時還會舉辦鮪魚解體秀。

【鮪魚盛產地：沖繩】

來到魚市會發現大半商品都是鮪魚，這是因為沖繩其實是鮪魚的產地。鮪魚不僅佔了沖繩一半的漁獲量，在全日本之中也是第三名，而且不同季節還會有不同鮪魚，4~7月的黑鮪魚(クロまぐろ)、黃鰭鮪(キハダまぐろ)，還有8~3月的大目鮪(メバチまぐろ)，11~4月的長鰭鮪魚(ビンナガまぐろ)，幾乎全年都有當季的鮪魚，也因此可以用實惠價格品嚐到新鮮鮪魚，喜歡鮪魚的話可別錯過。

泊港漁市

おすすめ　薦

泊いゆまち

泊港魚市的海鮮不僅超值，更是新鮮有保證。

🏠別冊P.7,E1　🚗那霸IC開車約10分；單軌電車美栄橋駅徒步約25分　📍那霸市港町1-1-18　📞098-868-1096　🕐6:00~18:00　🌐www.tomariiyumachi.com　🅿免費　🖼 33 216 085

　　到那霸遊玩要是想品嚐超值的海鮮，那麼不妨走一趟泊港魚市。沖繩方言中「いゆ」是指「魚」、「まち」則是市場，泊港魚市雖然只有一層樓，但裡面有24家店鋪，逛逛市場，除了可以看到顏色鮮豔的各式魚貨，**也有許多販售熟食小吃、生魚片、握壽司的店鋪**，而且因為沖繩盛產鮪魚，大半商品都是新鮮肥厚的鮪魚，更是讓人忍不住食指大開。魚市裡只設有幾處桌椅，並沒有專門的餐飲區，不妨試試享受立食的趣味，或是就外帶到車上大快朵頤吧。

一早來的話就可以用超值價錢吃到鮪魚丼飯。

丼すし まぐろや本舖

🕐朝丼6:00~11:00，一般餐點11:00~16:00　休週一　💲朝丼￥380起、鮪魚三色丼￥1,000

　　まぐろや本舖是泊港**魚市裡唯一一家食堂**，魚市裡也有店家販賣鮮魚的攤位，食堂則提供各式鮪魚丼飯，基本的鮪魚丼以外，能夠一次品嚐鮪魚赤身、中落ち、ねぎとろ(蔥花鮪魚)的鮪魚三色丼最受歡迎，若是一早就到，還可以品嚐較為小巧的朝丼，簡單的鮪魚茶泡飯，或是加入烏賊、生雞蛋、特調海鮮醬油的海鮮卵かけご飯，都是早餐時的最佳選擇。

🍴 三高水產

Ⓢ ¥150~500，依商品而異

在主打鮪魚的各家水產之中，主要販賣章魚的三高水產顯得與眾不同，攤位上可以看到大量處理好的水煮章魚，鮮紅色澤引人食慾，觀光客也不用擔心無法品嚐，因為**三高水產也是熟食最多的一家店舖**。除了小串的章魚腳以外，還有壽司、丼飯等便當可外帶，但最吸引人的要屬蟹腳、烤蝦、扇貝、蒲燒鰻等熟食，通通只要用銅板價就可以品嚐！

各式各樣的熟食任君挑選。

🍴 茂水產

可以大啖肥美的鮪魚腹肉。

Ⓢ 特選壽司 ¥1,000

茂水產一樣是賣鮪魚商品，但店家厲害的是**主打「本まぐろ」，也就是最出名的黑鮪魚**，販售的生魚片幾乎都是鮮美的鮪魚腹肉(トロ)，常見的「中トロ」以外，甚至還有鮪魚腹肉中口感最佳的「大トロ」，大トロ油脂豐富，與一般鮪魚肉有著不同的滋味，想品嚐大トロ絕讚的肥美鮮味，一定不能錯過這裡。

🍴 坂下水產

Ⓢ 生蠔 ¥300/顆、焗烤扇貝 ¥300、烤龍蝦半隻 ¥2,000

必備的鮪魚、生魚片之外，**坂下水產還提供生蠔、扇貝與烤龍蝦**。一顆顆碩大的生蠔讓人垂涎欲滴，新鮮的生蠔淋上檸檬汁與醬油稍加調味，就是讓人讚嘆的美味，抹上海膽的烤龍蝦也是一絕，還有加上起司的焗烤扇貝，新鮮多汁的扇貝搭上濃郁起司，也是讓人忍不住再來一串的小吃。

鮪魚用語小百科

想要大啖鮪魚，當然要先弄懂相關用語。一頭鮪魚可以簡單分為魚背的瘦肉(赤身)、魚腹的肥肉(トロ)兩大部分，又可細分為上中下部位(靠近下巴部分為上)，以下是常見的用語，可以參考看看。

- まぐろ(ma-gu-ro)：鮪魚
- 赤身(aka-mi)：背部的瘦肉，色澤紅潤
- トロ(to-ro)：鮪魚肚、鮪魚腹肉，帶有白色油脂
- 大トロ(o-to-ro)：脂肪最多的部位，位於腹上與腹中之間
- 中トロ(cyu-to-ro)：腹中及接近尾巴的腹下部分，油脂恰好
- かま(ka-ma)：鮪魚下巴
- 中落ち(naka-o-chi)：骨頭附近的肉
- 腦天(nou-ten)：頭部的肉，十分稀少

🍴 まんじゅまい

⭐おすすめ 薦

🅐別冊P.5,B1 🚃單軌電車美榮橋駅徒
步約7分 🏠那霸市松山2-7-6 ☎098-
867-2771 ⏰11:00～15:00、
17:00～22:00 ⏸週日 💲まんじゅまい
炒め定食(炒青木瓜定食)￥850 🆙
www.manjumai.okinawa/ ❗17:00過後改為居酒屋，
需多付￥300的小菜錢(お通し代)

> 這家在地的老店，不僅可以吃到美味料理，更棒的是店內濃濃的道地風情！

營業超過46年的沖繩家庭料理老店，2022年1月搬移至現址重新營業。店名稱取自石垣島方言的「青木瓜」，推出的餐點都是常見於沖繩家庭餐桌上的家常菜，共有約50種料理，平實的價格與美味的料理深深擄獲在地人的心。**每到週五至週六的晚上，店內還會有三線的現場演奏**，更可感受到沖繩的在地魅力。

🎁 松本清

マツモトキヨシ 国際通り店

🅐別冊P.4,F2外 🚃單軌電車牧志駅徒步約4分 🏠那霸市
安里1-3-13 ☎098-865-3500 ⏰10:00～21:00 🆙
www.matsukiyo.co.jp

　　台灣遊客相當熟悉的**松本清藥妝店在沖繩最方便的一家分店**，位於單軌電車牧志駅再往東走的國際通上，商品從開架日系彩妝、防曬油、休足時間、小花眼藥水、面膜等都有，不過價錢當然還是要多比較才不吃虧。另外，這裡也時常推出不同的combo特惠組合。

> 開店時間最適合遊客晚上到這裡採買。

🎁 大國藥妝

ダイコクドラッグ 久茂地店

🅐別冊P.5,A3 🚃單軌電車県庁前
駅徒步約4分 🏠那霸市牧志1-3-8
☎098-860-9090 ⏰
9:00～22:00 🆙www.
daikokudrug.com

　　大國藥妝店在國際通上原本的分店關閉後，目前就剩離離廳前車站站近的這家店鋪。藥品、日用品、化妝小物等商品種類也都很齊全，價格便宜以外，**每月10號和25號還有購物5%折扣的優惠**，若剛好到沖繩旅遊記得把握時機！

那霸市 那霸市區 ➡沖繩本島➡沖繩離島

H Okinawa Kariyushi Urban Resort Naha

📍別冊P.7,E2 🚃單軌電車美栄橋駅步行約10分 📍那霸市前島3-25-1 ☎098-860-2111 ⏰Check-in14:00～、Check-out～11:00 💰附早餐方案，雙人房約¥11,000起 🅿契約停車場1晚¥1,000

　　如果你希望住在那霸市區，**享受便利交通與購物樂趣的同時，也可以住在擁有海景的度假飯店**的話，這間位在那霸市區的度假飯店可以滿足你的多重需求。飯店內能最清楚看到窗外海景的莫過於餐廳了，早晨一邊享用大量使用沖繩當地食材的豐富早餐，一邊欣賞海景，相當享受。

> 住在市區也可以享受沖繩的海景。

> 天然溫泉是市區飯店少有的奢侈享受。

H Loisir Spa Tower Nana

📍別冊P.7,C3 🚃單軌電車旭橋駅步行約15分 📍那霸市西3-2-1 ☎098-868-2222 ⏰Check-in15:00～、Check-out～11:00 💰附早餐方案，雙人房約¥24,800起 🌐www.spatower.com 🅿共計347個，1晚¥300

　　飯店設計融入沖繩自然元素，以「海、波、花、太陽」為發想，設計出不同主題與色調的房間內部裝潢，並且**以陶器、琉球玻璃等小物裝飾，充滿度假的愉悅感受**。而飯店內也有許多可利用的設施，包含港口海景酒吧、游泳池、SPA、4間餐廳，甚至**還有在沖繩少見的天然溫泉**，可在此滌去一天旅程的疲憊。

國頭・山原 ●

海洋博公園周邊 ●
本部・名護 ●

西海岸
読谷・残波 ●
美國村・北谷 ●　本島中部
浦添・宜野灣 ●

本島南部

沖繩本島
おきなわほんとう

沖繩本島怎麼玩

❶ 本島南部

本島南部主要由琉球石灰岩及泥岩組成，擁有許多大自然鬼斧神鑿的鐘乳石洞，最有名的就是玉泉洞。南部地區同時也是二次大戰時受創最慘重的地區，因此這裡的戰爭紀念物特別多，也為這個地區蒙上淡淡的哀愁。幸好沖繩人是樂觀的，大海所引導的寬闊胸襟等著旅人體驗，南國海灘新原海灘、以海為舞台背景的咖啡廳等，也絕對值得一探。

❷ 浦添・宜野灣

浦添及宜野灣都位在本島中部偏南，其中浦添市更與那霸市相連，這兩個區域之所以常常被一起提起，是因為這兩區都有不少改建自美軍住宅的店家，尤其是浦添，更是有風格鮮明的外國人住宅區，而宜野灣除了美軍宿舍以外，臨海一帶還有不少大型商場，海濱的風景也很美麗，也因此聚集了不少度假飯店。

❸ 美國村・北谷

沖繩受美式文化影響最明顯的地方就是美國村一帶了，美國村其實就位在北谷町之內，這一帶有著濃濃的美國的洋派情緒，光是美國村這區大型商城就讓人逛也逛不完，繽紛可愛的建築更是充滿特色，再往上深入北谷町，一家家悠閒的小店隱藏其中，更能夠感受到在地的美式自在氛圍。

❹ 本島中部

中部地區因為有著美軍基地，讓此區染上美國的風情，美國村、浦添就是其中代表，除此之外，其實中部地區，可說是沖繩景觀、休閒海岸最密集的地方，海濱多半屬於珊瑚礁岩岸，所以是浮潛、潛水的好去處，另外也可以驅車前往鄰近的離島。

❺ 讀谷・殘波

以地理位置來說，讀谷・殘波正好介於從本島中部轉往西海岸的地區，遠離了美式氛圍，從這裡開始展露出沖繩豐富的自然人文景觀，壯闊的殘波岬、思古的古城遺跡，還有隱藏山林的陶器聚落，正是因為多樣的風貌，這一區也聚集了不少文化體驗式的大型設施，可以說是沖繩自然風情的前哨站。

❻ 西海岸

西海岸一帶可以說是「最沖繩的沖繩」，湛藍天空中飄著朵朵白雲，與之相對的是漸層的藍色大海，人們在細緻的白色沙灘上遊玩，這樣典型的沖繩印象，通通源自於這一區，也因為如此，西海岸有許多度假飯店，就算不入住其中，只要沿著國道58號來一趟兜風之旅，就能夠欣賞到沖繩之美了。

⑧ 本部・名護

「本部・名護」是指位在本部半島上的景點，包括海洋博公園所在的本部町，以及今歸仁城跡所在的今歸仁村，還有位在本部半島與西海岸交界的名護市，這三個市町是本島北部的主要景點，北部純樸的風景與氣息吸引無數旅人，而且還可以從跨海大橋到周遭的離島一遊，非常適合待上個一兩天慢慢遊玩。

⑦ 海洋博公園周邊

海洋博公園與美麗海水族館是遊客到沖繩的必訪景點，光是這兩個園區就有許多亮點可以慢慢欣賞，能夠看到鯨鯊的巨大水槽，純淨無瑕的翡翠海灘，免費的海豚表演，都是觀光重點，其實從海洋博公園稍微往前一些，就是也很有名的備瀨福木林道，非常建議將這兩區串聯，來趟周邊北部小旅行。

⑨ 國頭・山原

沖繩最北可不是本部半島，最北端的地區稱作「山原(やんばる)」，在這一區可以看到未經人為打擾的自然風光，擁有大石林山、邊戶岬等壯麗景點，因此雖然距離更為遙遠，但近年有越來越多旅人願意前往一遊，欣賞自然純粹的景觀。

本島南部
ほんとうなんぶ
Southern Okinawa Main Island

沖 繩南部沿著海岸線有許多海景咖啡店，有的鄰近沙灘，有的自高處遠眺，另外也保留許多古民家建築，或改建為餐廳，或成為織物、紅型等創作家的工房，值得一一造訪。這裡也是二戰時最慘烈的戰場，1945年的沖繩戰役，造成約1/4當地居民喪生，在沖繩南部遺留下對犧牲者的深切哀悼以及對戰爭的無盡追悔。

這裡可是沖繩唯一的outlet！

Outlet Mall Ashibinaa

別冊P.11,A2 ◎從那霸機場國內線航廈4號乘車處搭乘那霸巴士95號直達，10:00~20:25每小時一班，車程約18分，車資￥250；或從那霸巴士總站搭乘開往「豐崎道の駅」站的55、56、98、256號琉球巴士，約30分至「アウトレットモール前」站下車即達，車資￥420 ◎豐見城市豐崎1-188 ☎098-891-6000 ◎10:00~20:00 ◎www.ashibinaa.com ◎約1,000個，免費 ◙232 544 452*22

距離機場約18分鐘車程的Outlet Mall Ashibinaa，建築設計融合古希臘與現代風格，園區內集結了GUCCI、Marc Jacobs、Vivienne Westwood、GAP Outlet、ABC-MART等**100個以上的精品品牌與種類多樣的美食餐廳**，買個過癮後，還可以搭乘巴士直達機場，非常方便。

交通路線&出站資訊

本區交通以開車最為便利，除了前往定點的路線巴士外，另有觀光巴士可串聯部分景點。
巴士
那霸觀光巴士◆那霸巴士推出觀光巴士，A路線串連首里城與沖繩南部的姬百合之塔、平和祈念公園、沖繩世界文化王國等景點，並有中、英、韓的語音導覽可利用。
◎A路線「首里城·沖繩世界文化王國」大人￥6,000、小孩￥3,200。含午餐，不含首里城公園正殿門票。
◎9:00~17:00
◎daiichibus.co.jp/sightseeing-bus/a-course/

☕ Resort café KAI

🗺別冊P.11,A2 🚃同豊崎美らSUNビーチ 🏠豊見城市字豊
崎5-1(豊崎美らSUNビーチ內) ☎098-840-6333 ⏰
11:00~18:00(L.O.17:00) 🚫週三 💰Pizza¥980、tacos rice
¥850 🅿232 542 269*23

　坐落於豊崎海濱公園內，Resort café KAI就像是被
澄空、白雲和太平洋藍海所環抱的仙境。店內裝飾華
**麗，巨型水晶吊燈及原木陳設為整間店渲染上高貴
和優雅**，咖啡館緊鄰豊崎美らSUNビーチ，可以從咖啡
館內欣賞沙灘海景，坐在咖啡館外，更能在夕陽西下
時飽覽絕美的白沙夕景，讓露天座位區形成另一種美
麗風情。

店內店外都
讓人忍不住
想拍照。

👁 豊崎美らSUNビーチ

とよさきちゅらさんびーち

🗺別冊P.11,A2 🚗豊見城IC開車約7公里。巴士路線同
Outlet、在「道の駅豊崎」下車徒步8分 🏠豊見城市豊崎5-1
☎098-850-1139 ⏰4~10月9:00~18:00及7、8月
9:00~19:00開放游泳 🌐churasun-beach.com/ 🅿800個、
1小時¥200、1日¥500 🅿232 542 328*67

　位在豊崎海浜公園之內，美らSUNビーチ擁有全長
達700公尺的廣闊沙灘，是**沖繩縣內最大的人工沙
灘**，可以盡情享受沖繩大海的蔚藍涼爽，沖洗室、更
衣室、置物櫃等設施也十分齊全，水上活動以外，事
先預約的話還可以玩沙灘排球、足球等活動，境內的
「ニイニイの丘」還是電影《淚光閃閃》的外景地喔。

🍴 JEF 豊見城店

薦 おすすめ

🗺別冊P.11,A1 🚗那霸機場開車約4公里
🏠豊見城市字田頭66-1 ☎050-5447-
4809 ⏰6:30~23:00 💰ゴーヤーバーガー
(苦瓜漢堡)¥370、ぬーやるバーガー(苦瓜
漢堡加午餐肉)¥420 🌐jefokinawa.
co.jp/ 🅿64個

不僅是沖繩在
地速食品牌，還
有超特別的苦
瓜漢堡，造訪沖
繩必吃一次！

　JEF是沖繩當地的速食店品牌，其名稱為「Japan
Excellent Food」的縮寫，店內**最有名的是用沖繩苦
瓜製作的苦瓜漢堡**，以及苦瓜漢堡加午餐肉，夏天還
會推出季節限定的苦瓜果汁，再搭配苦瓜圈便成為
消暑退火的苦瓜套餐，喜愛苦瓜的朋友不妨一試。

瀬長島Umikaji Terrace

瀬長島ウミカジテラス

🅰別冊P.11,A1 🅰從豊見城IC開車約6公里；可從那霸機場、單軌電車赤嶺駅南口搭乘巴士前往，車程約15分、¥350 🅰豊見城市瀬長174-6 ☎098-851-7446 ◐購物10:00~20:00、餐飲11:00~21:00，依店鋪而異 🌐www.umikajiterrace.com 🗺33 002 602*06

白色的階梯式建築與藍天白雲相襯，濃濃度假風情吸引遊人造訪。

距那霸機場約15分鐘車程的瀬長島Umikaji Terrace於2015年開幕，這裡聚集了手工藝品、陶器、餐飲、甜點等近47個店舖，各有特色的小店固然吸引人，更讓人驚豔的是整個空間與氛圍。**順著坡度興建的店面於緩坡上開展，階梯、躺椅、綠樹、遮陽傘，與蔚海藍天共構成清爽的海島風光**，夕陽西下的魔幻時刻更是美麗，閒適美好的氛圍讓人憧憬。2021~2022年也再度進行整新，各式特色店家新進駐，更加迷人。

沖繩そば もとぶ熟成麵

🅰瀬長島Umikaji Terrace No.9 ☎098-987-4554 ◐11:00~21:00(L.O.20:30) 🅢香ネギそば¥900、V3そば¥950

2013年，沖繩そば1號店於沖繩本部町開張，**特有的もとぶ熟成麵以二階段熟成工法製成，製作需耗費兩天工時，相較一般麵條更加Q軟、有嚼勁**，因而獲得饕客一致好評。挾帶高人氣與評價，2015年時在瀬長島Umikaji Terrace開設了唯一的分店，店家以香蔥沖繩麵（香ネギそば）最為有名，如果喜歡香濃蔥味的麵食，就絕對不能錯過這道傳統沖繩麵。

如果覺得分量不夠，也可自行選擇配料，創造獨家的美味Taco rice。

🍴 Taco rice cafe Kijimuna

🅰瀬長島Umikaji Terrace No.28 ☎098-851-3023 ◐10:00~21:00(L.O.20:30) 🅢タコライス¥750；オムタコ¥850 🌐www.omutaco.com

沖繩恩那村起家、名氣響噹噹的Taco rice cafe Kijimuna，現在在瀬長島也可以享用囉！Taco rice是由墨西哥傳統料理Taco改良而來，將原先的墨西哥餅皮改為米飯，結合Taco原有的辣醬、脆片、番茄、生菜及起司，酸甜中帶辛辣的口感，讓Taco rice成為沖繩的人氣美食，另外更有加上香滑歐姆蛋「蛋包塔可飯（オムタコ）」，也是店內的王牌餐點。

🏠 首里石鹼

📍瀬長島Umikaji Terrace No.42　📞0800-000-3777　🕙10:00～20:00　💲各式手工肥皂￥2,510～3,158/塊　🌐www.suisavon.jp

首里石鹼於2016年十月開幕，卻能夠在短短不到兩年內成為沖繩熱門伴手禮新選，這都是因為店家強調選用西印度櫻桃、扶桑花、月桃等12種沖繩在地的天然素材製成手工皂，不只富含美容效果，更讓使用者能夠感受到沖繩的青空、藍海、暖陽及植物的香氛，而且**每家分店都有不同的限定商品**，可別錯過了！

> 店內皂款多達15種以上，每款都貼心地標示了適合的肌膚類型。

🏠 瀬長島47 Store

📍瀬長島Umikaji Terrace No.1　📞098-996-4348　🕙10:00~21:00　🌐www.umikajiterrace.com/profile/47store

編號1號的「瀬長島47 Store」位在瀬長島Umikaji Terrace角落，在這約47坪的超市空間內，**精選了日本47都道府縣、總計超過1200種的各式人氣商品**。從沖繩黑糖、靜岡抹茶到青森蘋果，甚至還有北海道牡丹蝦、毛蟹鮭魚等海鮮可供選購。店內也設置了外幣兌換機，可將台幣、美金、歐元、泰銖等兌換成日圓，不怕沒東西可買，就怕身上鈔票不夠花！

> 不僅可以吃到超人氣的綿軟鬆餅，還可以看到美味鬆餅的製作過程。

🧁 幸せのパンケーキ

📍瀬長島Umikaji Terrace No.32　📞098-851-0009　🕙11:00～20:00(L.O.19:15)；週末及例假日11:00~20:30(L.O.19:40)　🈺不定休　💲幸せのパンケーキ￥1,000；季節のフレッシュフルーツパンケーキ￥1,350　🌐magia.tokyo/　❶不可電話預約

薦　おすすめ

> 蓬鬆軟綿的鬆餅口感讓人一吃難忘，超人氣鬆餅店值得一嚐。

幸せのパンケーキ是日本赫赫有名的甜點店，店家提供的**鬆餅鬆軟綿密**，嚐起來宛如雲朵融化於口，帶給人充滿「幸福」的口感。除了基本款的「幸せのパンケーキ」，亦可搭配季節蔬果、濃厚起司等不同配料，品嚐鬆餅的不同風味。

Ⓗ 琉球溫泉 瀨長島飯店

琉球温泉 瀨長島ホテル

🏠別冊P.11,A1 🚗豐見城IC開車約6公里 🏠豐見城市字瀨長174-5 ☎098-851-7077 🕐Check in 15:00~、Check out~11:00 💲附早餐方案，露天風呂付和洋室(2人1室)約¥14,000起/人。日帰り溫泉 大人平日¥1,330、週末及例假日¥1,540、小學生¥720 🌐www.hotelwbf.com/senaga Ⓟ有，免費 🗾33 002 605

> 邊泡溫泉邊欣賞海景可是這裡才有的享受！

> 海景房、機場景觀房以外，還有附設露天風呂的房型。

　沖繩南部的瀨長島是近來的熱門景點，不僅可以捕捉飛機起降的畫面，還能夠在Umikaji Terrace享受度假的氛圍，要是想好好**感受小島的悠閒**，瀨長島飯店就是最佳選擇。**座落高處，瀨長島飯店將島上的美麗風光盡收眼底**，從飯店餐廳「風庭」就可以欣賞到西海岸的海洋風景，天氣好時還可以選擇坐在泳池旁的位子，恬意享受沁涼海風與美味餐點。而且**還有天然溫泉，一邊浸泡在露天溫泉之中，一邊欣賞廣闊海景**，奢侈的享受讓人讚嘆。

Ⓨ みちくさ雑貨屋elufe

🏠おすすめ **薦**

🏠別冊P.11,A1 🚗那霸市開車約7公里 🏠豐見城市字饒波77番地102号室 ☎098-894-6775 🕐11:00~18:00 🏠週日~一 🌐michikusa-elufe.com/

> 滿滿可愛雜貨，價錢也都很合理。

　elufe店內滿滿都是可愛的生活雜貨，無論是小布包、雪紡紗或棉質服飾、動物擺飾……每一樣都讓人愛不釋手，很適合在此選購餽贈親友的伴手禮。而店內最受注目的就是邀請紅型作家新垣優香設計的紙膠帶，鮮豔華麗的花卉反映出沖繩的活力熱情，紙膠帶迷絕對不能錯過。

◎ DMM Kariyushi 水族館

薦 おすすめ

DMMかりゆし水族館

可以拍出宛如跟水底魚類共遊的畫面。

🅰 別冊P.11,A2 🚗 距離「那霸機場」車程約20分鐘 🏠 沖繩縣豐見城市豐崎3-35 📞 098-996-4844 🕐 9:00~20:00(最後入館時間 19:00) 💰 成人￥2,800、國高中生￥2,200、兒童(4歲~小學)￥1,700 🌐 kariyushi-aquarium.com/

2020年於鄰近那霸機場，全新開幕的室內型新穎設計水族館「DMM Kariyushi」，好玩、好拍又能近距離與水生動物、陸地動物親密互動，成為來沖繩不可錯過的新據點。由於水族館前方就是崎海浜公園美らSUNビーチ、後方又有OUTLET，水族館內也附設大型購物中心「iias 沖繩豐崎」及水族館賣店、咖啡店，來這區安排上一整天都不嫌不夠用。

首先，光是DMM Kariyushi 水族館就能玩上個大半天，以「與生物們零距離接觸的感動以及非日常的夢幻體驗」設計為主題，**跳脫傳統水族館展示方式**，進館後就讓人驚艷連連。水族館展示依樓層分為兩大主題，作為入口的二樓是**「常綠之森」**，這裡展示許多陸生可愛動物，可以近距離看到企鵝、樹懶和水獺等之外，**還可以參加「餵食體驗」**，用更近的距離感受、觀察牠們。一樓則是棲息著繽紛生物的「澄清之海」區，**水深達六公尺的「沖繩大水槽」可說是最吸睛的區域**，而且透過大水槽頂端串接變成二樓的玻璃地板，不論從二樓往下看、或是從一樓往上看，視角都相當獨特，**可以拍出宛如人在大海中跟著珊瑚、魚群悠游般的畫面**。另外設計成圓筒玻璃柱的光廊區，看著玻璃水柱內的水母上下飄游，完全療癒系風景。

當然想拍照打卡的話，也別錯過二樓的海風圓頂，以天然洞窟為靈感，結合聲光效果，讓人宛如真的身在沖繩海邊般，而且景色還會隨時間變化；或是來杯咖啡坐在沖繩大水槽邊，看著悠游的魚群，忘卻時間的流逝。

在充滿療癒的光柱空間中，看著各式水母，沉浸在沖繩特有的海洋世界中。

棲息於沖繩的魚類、鯊魚、魟魚等在超大水槽中悠游，還設有咖啡座可以坐下邊欣賞。

2樓的海風圓頂，以天然洞窟為設計靈感，結合聲光，呈現沖繩豐富海洋景觀。

可近距離與可愛動物相見歡，不論大人、小孩都會超開心！

那霸市

沖繩本島 | 本島南部

→沖繩離島

茶処 真壁ちなー 薦 おすすめ

⚐別冊P.11,A3 🚗那霸機場開車約15公里、豐見城‧名嘉地IC開車約10公里；搭乘琉球巴士107、108號至「真壁」站下車徒步3分 ⌂糸満市真壁223 ☎098-997-3207 🕐11:00~16:00 週一、日，不定休 💲そばセット(沖繩麵套餐)小¥1,050、中¥1,320、大¥1,450 🌐makabechinaa.business.site/ Ⓟ15個 📷232 368 185*74

改建自歷史建築的餐廳，不僅可以品嚐餐點，更能夠感受老房子的獨有情調。

真壁ちなー所在的古民家是一棟已經有120年歷史的建築物，歷經二次大戰的戰火摧殘後幸運地保留下來，內部柱子上還留有戰爭時子彈貫穿後的痕跡。

真壁ちなー的名稱來自地名(真壁)加上其屋號(喜納)的讀音，這裡的經營者是一對母女，將老房子翻修是媽媽希望傳承上一代的歷史記憶，而開設餐廳則是女兒想要傳承媽媽的好手藝，就是這樣一代傳一代，為老房子不斷寫上新的篇章，**讓旅人可以透過在古民家餐廳用餐，感受最自然的沖繩味。**

點一份店主最自豪的沖繩麵套餐，細細品嚐這家常滋味。

平和祈念公園 薦 おすすめ

⚐別冊P.11,B3 🚗那霸機場開車約19公里、豐見城‧名嘉地IC開車約14公里；從那霸巴士總站搭巴士89號至「糸満バスターミナル」站下車，轉搭82號約21分至「平和祈念堂入口」站下車徒步5分 ⌂糸満市字摩文仁614-1(和平祈念資料館) ☎098-997-2765(公園)、098-997-3844(資料館) 🕐公園24小時，資料館9:00~17:00(入館至16:30) 🌂12/29~1/3、不定休 💲資料館大人¥300、小孩¥150；6/23(慰靈日)免費入館 🌐www.peace-museum.okinawa.jp/ Ⓟ352個，免費 📷232 342 099*25

公園內新增了許多小朋友的玩樂設施，也成為沖繩的必遊公園之一！

平和祈念公園位於沖繩之戰的終結地──摩文仁之丘。園內的和平之礎，紀錄了沖繩戰役中死亡的國內外軍民24萬人的名字，令人深感戰爭殘酷。資料館為傳遞戰爭的悲慘教訓而成立，裡頭包生還者的證言和戰場場景復原等，雪白和平之塔則安置和平祈念像，希望為人類祈得永世和平。**廣闊的臨海公園，也是當地許多家庭遊客遊憩地，新增的大型戶外兒童遊戲區，也造成話題(詳見A-38)。**

©糸満市観光協会

美々ビーチ

⚐別冊P.11,A2 🚗豐見城IC開車約10公里 ⌂糸満市西崎町1-6-15 ☎098-840-3451 🕐8:30~20:30、11~3月~18:30。4~10月間開放游泳 🌂11~3月的週二、年末年始 💲淋浴間¥200/5分、BBQ A set¥1,450/人 🌐bibibeachitoman.com/ Ⓟ600個 📷232 453 370*37

位在系満市的美々ビーチ是一處人氣沙灘，這裡有**豐富的水上活動，還有BBQ設備可以預約利用**，不僅可以省下食材準備的麻煩，若是選擇「手ぶらプラン」的話，就連餐具和最後的收拾都不用擔心，只需要享受烤肉樂趣、大快朵頤就好，另外還可以租借陽傘、海灘椅等設備，而且園內還有鮮豔的壁畫，更是最新的打卡拍照景點。

機織工房しよん

📍別冊P.11,B2 🚗那霸機場開車約18公里、南風原南IC開車約9公里 🏠八重瀬町字仲座72 ☎098-996-1770 ⏰9:00~17:00 ⌚週四、盂蘭盆節、日本新年 📶 www.shiyon.info 🅿7個

風格不同卻都有著溫暖的沖繩個性。

　　しよん是由4位女性創作家所共同開設的工房，**可現場看到他們利用織布機製作產品的過程**，店內所有的產品自染線、織布、縫製均不假他人之手，4人創作風格的些許差異也令產品更顯多元化，以沖繩的陽光與自然為範本所染製的絲線，不論紅、黃、藍均帶有一種溫柔的色調，彷彿沖繩溫暖的人情味一般。

ガンガラーの谷

薦 おすすめ

📍別冊P.11,B2 🚗那霸機場開車約19公里、南風原南IC開車約6公里，或於旭橋的「上泉巴士」站搭乘54、83號的琉球巴士，於「玉泉洞前」站下車徒步2分，車資¥580 🏠南城市玉城字前川202 ☎098-948-4192 ⏰9:00~16:00，9:20起每20分一場導覽，行程約1小時20分 💰導覽大人¥2,500、高中及大學生¥1,500 📶 www.gangala.com 🅿有，免費 🅿🅿232 494 476，也可輸入文化王國電話(電話：098-949-7421) ❗入場導覽預約制，導覽行程須在參加日前一天17:00前網路預約，當日若仍有名額亦能現場報名(可電洽)

走入鐘乳石洞崩塌後的原始森林，尋訪數十萬年前的神秘世界！

與奇形怪狀的鐘乳石，2016年時山谷內還出土了約2萬3000年前的魚鉤，是世界上最古老的魚鉤，故被推測為原始人類居住地的遺跡，至今仍在持續考古研究。**想一探古老的神秘世界，只有參加導覽行程才能進入其中**，可以跟著導覽員尋訪山谷，而且會免費提供中英韓語的導覽機，就算不懂日文也可以看懂門道。

高大榕樹就像山谷的守護者，被稱作「森之賢者」。

　　數十萬年前的鐘乳石洞崩解之後，植物扎根成長，形成了今日**原始亞熱帶森林風貌的Gangala之谷**。山谷內最有名的就是入口處的巨大榕樹，高20公尺的榕樹已在此佇立150年的時光，垂下的氣根充滿氣勢，陽光灑落時更瀰漫出一股神聖氣息，不只有各式植物

坐在鐘乳岩洞內品咖啡。

☕ Cave café

ケイブカフェ

📍Gangala之谷內 ☎098-948-4192 ⏰9:00~17:30 💰コーヒー¥400；シークワサージュース(沖繩檸檬汁)¥400 📶 www.gangala.com/cafe.php ❗只有參加導覽者能利用

　　到咖啡館喝咖啡不足為奇，但你可曾在**鐘乳石洞內品嘗咖啡**？Cave café開設在「Gangala之谷」內，坐在由數十萬年前的鐘乳洞塌落而形成的洞穴之中，**品味以洞穴滴濾泉水沖泡的咖啡**，眼前所見景色及喝進的香醇咖啡都是沖繩獨有的風情；除了咖啡，也有茶與甜點，也都是利用風化珊瑚過濾水製作，別有一番風味。

◎ 沖繩世界文化王國·玉泉洞

おすすめ 薦

おきなわワールド·玉泉洞

🏠別冊P.11,B2　🚗那霸機場開車約19公里、南風原南IC開車約7公里；交通同Gangala之谷，巴士「玉泉洞前」站下車徒步即達　🏠南城市玉城字前川1336　☎098-949-7421　●9:00~17:30(售票至16:00)　💰全區通票(玉泉洞·王國村·蝮蛇博物公園)：大人￥2,000、小孩￥1,000　🌐www.gyokusendo.co.jp/okinawaworld　Ⓟ400個　📷232 495 330*28

> 不僅有鐘乳石洞洞地形，還有工藝、表演等各式各樣的沖繩傳統體驗。

　沖繩世界文化王國·玉泉洞是沖繩相當具有代表的主題樂園，園內包括全長5公里(開放路段共890公尺)、充滿神秘氣氛的鐘乳石洞——玉泉洞；能夠在古老民家中，體驗或欣賞紅型、機織、藍染、琉球玻璃等各種琉球傳統工藝的王國村；以及日本唯一的蝮蛇博物公園。能看、能玩，還有吃、有買也有各種體驗課程，半天或一天都好玩。

文化王國的陶藝體驗

文化王國的獅面掛可以說是最簡單的陶藝體驗，因為連獅面的模型都替你做好了，如果時間不多，又只是想碰碰陶土，這樣的選擇就不錯，但如果想做出真正具有自己創意的作品，體驗前建議先問清楚，基本上可以用所需時間作為判斷。還有一點便是，通常體驗中心對外國觀光客比較少有郵寄服務，所以做完的成品就請自行決定要不要帶走吧！

🕐約20分　💰￥1,300

① 把工作人員秤好的陶土團揉一揉、捏一捏，揉成圓球後打扁。

② 把陶土餅放在石膏模型上，用力壓，讓陶土深入模型的每一個縫隙。

③ 刮去邊上多餘、不需要的陶土，你會發現剩下的陶土會慢慢、自動地和石膏模分開。

④ 集中剛剛刮除的陶土揉成圓球後，黏上獅面掛的背面，即可輕鬆地把獅面掛和模型分開。

⑤ 用水和手指頭磨平細紋和裂縫，接著用竹籤頭除掉多餘的土、修邊，以刀子沿著牙齒、舌頭邊緣切掉獅面掛口中的土。然後在突出的眼部壓出兩個洞做眼睛，用竹籤在兩側耳朵開洞，以便可以穿繩懸掛，也可以做眉毛或其他配件和表情。

⑥ 做好以後要先風乾兩天，再進爐燒，作品即大功告成。

☕ 浜辺の茶屋

🏠 別冊P.11,C2 🚗 那霸機場開車約22公里、南風原南IC開車約11公里 🏠 南城市玉城字玉城2-1 ☎ 098-948-2073 🕐 10:00~18:00、週五~日8:00~18:00，L.O.閉店前1小時 🌐 sachibaru.jp/hamacha/ 🅿 20個

> 浜辺の茶屋是沖繩海景咖啡店的先鋒，美麗景觀與悠閒氛圍都讓人著迷。

浜辺の茶屋是沖繩南部景觀咖啡店的先鋒；許多人不遠千里而來，只為了**店內最知名的一幕風景——一整排直接面海、毫無阻攔的寬闊窗戶**。倚坐窗邊，望向大海的顏色變幻，感受海風輕輕吹拂；充滿自然感的店內空間，彷彿擁有著令人心情平靜的獨特力量。

🍴 山の茶屋・楽水

🏠 別冊P.11,C2 🚗 那霸機場開車約22公里、南風原南IC開車約10公里 🏠 南城市玉城字玉城19-1 ☎ 098-948-1227 🕐 11:00~16:00(L.O.15:00) 🚫 週三、四，每月第四個週日 💲 さちばるピザ¥1,100、バジル冷麺¥1,045 🌐 sachibaru.jp/yamacha/ 🅿 30個。路邊車位正後方還有一區車位 🗺 232 469 638*12

「**山の茶屋・楽水**」與「**浜辺の茶屋**」是姊妹店，山の茶屋隱藏在林木之間，還要先爬段階梯才能抵達，但大片的海景風光還是誘人前來。茶屋提供以當地食材做成的蔬食餐點，**各式餐點或PIZZA都有著滿滿沖繩味**，海葡萄、ジーマーミ豆腐、時蔬天婦羅、玄米飯，讓人吃得超滿足，在廣闊海景前品嚐，更多了一番愜意滋味。

👁 ニライカナイ橋

Niraikanai橋

🏠 別冊P.11,C1 🚗 那霸機場開車約24公里、南風原南IC開車約13公里 🏠 南城市知念字知念 ☎ 098-948-4611(南城市觀光協會) 🕐 過了大橋上方的隧道後，可將車子停在路邊空地，徒步至展望台，可眺望大橋與遠方海景 🗺 232 593 542*11

ニライカナイ橋為「ニライ橋」與「カナイ橋」的合稱，在沖繩方言中有遙遠的彼方以及神話中的淨土的意思。這座形狀特別、有著超大彎道的大橋垂直高度達80公尺，**車子開在上面可望見蔚藍的大海展開在眼前，還可遠眺到久高島，是沖繩南部首屈一指的兜風勝地。**

> 退潮時還可以享受踏浪拾貝殼的樂趣。

👁 新原海灘

新原ビーチ

🏠 別冊P.11,C2 🚗 那霸機場開車約22公里、南風原南IC開車約11公里；或從那霸巴士總站搭乘沖繩巴士39號至天馬，轉乘A1或A2至「百名巴士總站前」站下車徒步10分 🏠 南城市玉城字百名 ☎ 098-948-1103 🕐 4月底~9月8:30~17:30 💲 入場免費，淋浴¥300 🅿 50個以上，1天¥500 🗺 232 470 604*63

水色清朗的新原海灘，與鄰近的百名海灘合起來約有2公里。因為**近處就有大塊礁岩，離海灘不遠就能看到可愛的小魚**，適合各式各樣的水上與沙灘活動，能看到海裡小魚的玻璃船在這裡特別受歡迎。

👁 知念岬公園

🅰別冊P.11,C1 🚗那霸機場開車約27公里、南風原南IC開車約16公里；巴士「齋場御嶽入口」站徒步約5分 🏠南城市知念久手堅 ☎098-948-4611(南城市觀光協會) 🅿50個 📖232 594 503*30

位於國小體育館後的知念岬公園，相當適合與齋場御嶽安排在一起順遊，公園內帶些隱密的味道，沿著斜坡往下，**大片青藍色的海洋就在眼前，視野相當遼闊**。知念岬位於沖繩本島的西南角，天氣晴朗時，左側可以遠遠望見與勝半島，右前方則是當地人視為聖域的久高島。

👁 あざまサンサンビーチ

Azama Sun Sun Beach

🅰別冊P.11,C1 🚗南風原南IC開車約16公里 🏠南城市知念字安座真1141-3 ☎098-948-3521 🕙10:00~18:30、10~3月10:00~17:30，海灘游泳僅開放至11月 🚿淋浴間、更衣室 ¥200 🌐www.azama-beach.com/ 🅿350個，1日¥500 📖33 024 681*56

海灘位在南部知念半島的安座真港一旁，與大多數規劃完善的海灘一樣，這裡也有賣店、更衣室、淋浴間等設施，還有浮潛、香蕉船等豐富的水上活動可以體驗，或許是因為地處偏遠，**這裡的海水擁有絕佳的透明度，清澈大海與雪白沙灘讓人心曠神怡**，還能夠眺望沖繩的神靈聖地「久高島」。

> 白隱之間設有92平方公尺的寬敞私人露臺，讓入住旅客可以在白色浪花與海浪聲作伴下，度過午後時光。

> 區域內的愛心鐘是超夯的打卡點。

🅷 百名伽藍

🅰別冊P.11,C2 🚗南風原北IC開車約12公里 🏠南城市玉城字百名山下原1299-1 ☎098-949-1011 🕑Check-in 14:00~、Check-out~11:00 🍽一泊二食，每人¥45,000起 🌐www.hyakunagaran.com 🅿18個，免費

「百名伽藍」的命名與佛教淵源頗深，百名是琉球創世神話發生的舞台，而伽藍來自梵語，代表僧園寺院，也就是僧人們修行得道之所。**百名伽藍坐落於山與海之間，整體建築依山勢而建**，因此在室內走動時會有種走入蜿蜒迷宮的感覺。**飯店一共只有15間客房**，標準客房13間，特別室兩間，分別是日式風格的「白隱之間」和西式風格的「湛水之間」，風格不同卻都有著舒適的氛圍。

點菜囉！天婦羅口味一覽

さかな：魚		ウムクジ：紅芋麻糬	
いか：花枝		ちくわ：竹輪	
いも：紅芋		ぐるくん：雙帶烏尾鮗	
もずく：水雲		あげパン：炸麵糰(可選	
やさい：綜合蔬菜		擇白糖、黑糖或黃豆粉)	
アーサ：石蓴(海藻)			
ウインナー：香腸			
ハッシュポテト：馬鈴薯泥			
もちもちポテト：軟Q馬鈴薯			
カニカマ：蟹肉棒			

保存完整，加上少見的主屋及偏間結構，使得屋宜家的建築物被登錄為有形文化財。

🍴 屋宜家

やぎや

🅰別冊P.11,B2　🚗那霸機場開車約19公里、南風原南IC開車約7公里　📍八重瀨町大頓1172　☎098-998-2774　🕙11:00~16:00(L.O.15:45)　🈺週二(週假日營業)、1月1日　💲大豆まるごと豆乳クリームぜんざい(豆漿冰淇淋蜜豆冰)¥480、アーサそばセット(石蓴沖繩麵套餐)¥1,100　🌐www.ne.jp/asahi/to/yagiya/　🅿15個

屋主的屋宜先生是一位個性爽朗的大叔，原為機長的他退休後回到故鄉八重瀨町，翻修這棟有他小時候成長記憶的老房子，為老房子注入新生命，也讓喜愛料理的太太有機會一展長才。

屋宜家**不僅招牌的沖繩麵與雜炊讓人回味無窮，「豆漿冰淇淋蜜豆冰」也讓人驚艷**，整顆大豆磨成超細粉末後製作的豆漿，有著大豆完整的精華，濃郁的豆漿與黑糖冰淇淋及蜜紅豆完美結合，讓人感受到屋主夫妻為了讓老房子更有活力，而在餐點上的用心。

🍴 中本鮮魚てんぷら店

中本鮮魚天婦羅店

🅰別冊P.11,C2　🚗那霸機場開車約20公里、南風原南IC開車約9公里　📍南城市玉城字奧武9　☎098-948-3583　🕙10:00~18:00(盂蘭盆節、除夕至17:00)、2樓餐廳11:00~16:00(L.O.15:00)　🈺週四(週國定假日則週三休)，不定休　💲もずく(水雲天婦羅)¥100/1個　🌐nakamotosengyoten.com　🅿5個

過了連接本島與奧武島的大橋後，中本鮮魚天婦羅店就在右前方，**便宜地令人意外的價格與新鮮的海產使得門口經常大排長龍**，招牌口味為水雲(一種海藻)、馬鈴薯泥、花枝等，2022年在2樓新增用餐處後，面海的絕佳位置，也讓旅客多了一處美食結合美景的好去處。

☕🍴 Cafe Kurukuma

カフェくるくま

🅰別冊P.11,C2　🚗那霸機場開車約24公里、南風原南IC開車約13公里　📍南城市知念字知念1190　☎098-949-1189　🕙11:00~17:00、週末及國定假日10:00~18:00　💲くるくまスペシャル(Kurukuma特製咖哩)¥1,899(可一次品嚐雞、牛及豬肉3種口味的咖哩)　🌐curcuma.cafe/　🅿50個　🗺232 562 891*82

Cafe Kurukuma(Kurukuma意為薑黃花)位於知念城跡附近，是沖繩健康食品公司──仲善開設的藥草・香草園「くるくまの森」內的附設餐廳，店裡最吸引人的是從露台眺望的美麗海景，除了絕美景色外，食物也是毫不遜色，**取得泰國政府「Thai Select」(泰精選)認證、由泰國人廚師掌廚的本格派咖哩香氣四溢**，搭配充滿麵香的印度烤餅，足以滿足你的味蕾與胃袋。

那霸市▶沖繩本島▶本島南部▶沖繩離島

虹亀商店

🅐別冊P.11,C1 🚗那霸機場開車約26公里、南風原南IC開車約15公里 🏠南城市知念字吉富サウジ原335-1 📞090-8293-1138 🕐11:00~17:00 🈲週四 💰手ぬぐい(布巾)¥1,944 🌐nijigame.com 🅿3個

虹亀商店位於國道331號線沿線靠近吉富十字路口處,有個從別處解體後再搬過來重組的可愛古民宅,這裡是紅型職人龜谷小姐的工作室外,也是**販售手染紅型商品、雜貨等的小店鋪**。總是滿滿開朗笑容的龜谷小姐,所創作的商品和她一樣充滿童趣與熱情,看著就讓人忍不住心頭一暖,嘴角也跟著上揚。

紅型(びんがた)是什麼?

不同於日本本土的優雅沉穩色彩,沖繩「紅型」繽紛色彩與圖樣,可說是其最大特徵。在沖繩語中「紅」是指整體的顏色、「型」是指樣式,因此紅型便是指有著各式顏色的織染。紅型是琉球王國時期王族所穿的一種傳統服,作為較正式的禮服,在接待當時中國來訪貴賓時也會穿。

在15世紀時,因為與東南亞、中國頻繁的貿易所影響,也造就紅型特有的繽紛色彩與圖樣,以沖繩各種植物當色劑、並以各式紙型發展出的圖型技染法,都成為沖繩「紅型」特有的傳統製作文化工藝。

> 想更理解琉球宗教信仰,也可報名參加假日定時的導覽之旅。

齋場御嶽

薦 おすすめ

せーふぁうたき

🅐別冊P.11,C1 🚗那霸機場開車約27公里、南風原北IC開車約16公里;從那霸巴士總站搭乘39號,在「南城市役所」轉搭A1、A2巴士在「斎場御嶽入口」站下車徒步10分 🏠南城市知念字久手堅539 📞098-949-1899(綠の館‧セイファ) 🕐9:00~18:00(入場至17:30) 🈲2023年6/18~6/20、11/13~11/15(每年時間稍微不同) 💰大人¥300、中小學生¥150 🌐okinawa-nanjo.jp/sefa/ 🅿150個(南城市地域物産館、がんじゅう駅‧南城、知念岬公園停車場) 🗺33 024 282*63

> 齋場御嶽是世界遺產,更是琉球王國的聖地,可以說是沖繩最強的能量景點!

2000年登錄為世界遺產的齋場御嶽,是琉球王國宗教中地位最高的御嶽,也是由神祇親創的七御嶽之一;王國時代,這裡是舉行聞得大君(琉球神道中地位最高的神女)即位儀式及國王祭拜的地方。循參道

拾級而上,周圍古木透出綠色光影,由天然巨石圍成的聖域「三庫理」氣氛沉靜,並能遠眺王國的「神之島」——久高島。

國頭·山原
海洋博公園周邊·
本部·名護·
讀谷·殘波·西海岸
美國村·北谷·本島中部
浦添·宜野灣
本島南部

浦添·宜野灣
うらそえ.ぎのわん
Urasoe·Ginowan

與 那霸市鄰近的浦添市與宜野灣市有許多被稱為「外人住宅」的建築,是原本區域內的美軍所居住的獨棟式平房,純白的建築搭配小巧可愛的庭院,有的被改裝為咖啡店、工房或民宿,形成沖繩的另一種特色建築。

交通路線&出站資訊

本區交通以開車較為便利。
巴士
◎至浦添外人住宅區的話,可在那霸的「県庁北口」站搭乘24、28、52、77號巴士約25分至「第二城間」站下車,接著徒步6分可達。車資¥400。
◎欲前往San-A宜野灣Convention City,一樣可由「県庁北口」站搭乘32號巴士,約33分後在「コンベンションセンター前」站下車即抵。車資¥490。

館內還有BLUE SEAL的歷史介紹,可以看到歷代商品。

也可以到本店品嚐美味的冰淇淋。

想要體驗DIY記得先上網預約,不然只能到現場碰碰運氣。

普天満宮

🅰別冊P.12,C1外 🅱北中城IC開車約2公里;從巴士「普天間」站下車徒步2分可達 🏠宜野灣市普天間1-27-10 📞098-892-3344 ⏰普天満宮洞穴10:00~17:00 🌐futenmagu.or.jp 🅿約20個 🗺33 438 615

與那霸市的波上宮相同,**普天満宮位列「琉球八社」之一,這裡是沖繩中部的聖地**,現在所見的本殿都是近代修築而成。最早的普天満宮(奧宮)建在地下的鐘乳洞中,這個鐘乳石洞自古就是琉球傳統信仰的祭祀地,留下許多仙人、靈石傳說,15世紀時琉球國王更結合日本神道中的熊野權現信仰,建立神社。要是**想到神社鐘乳石洞內一窺奧宮的莊嚴,只要到社務所填寫申請書,巫女就會帶領前往**,參訪時記得不可以碰觸鐘乳石,更不可以擅闖進神宮。

©普天満宮

每年農曆9月15日的例大祭會有琉球舞蹈、神樂舞演出,從前琉球國王還會特地前來參拜。

©普天満宮

BLUE SEAL ICE PARK

🅰別冊P.12,B2 🅱從那霸市區開車約9公里 🏠浦添市牧港5-5-6 📞098-877-8258 ⏰10:00~22:00 💰冰淇淋DIY體驗¥1,500 🌐www.blueseal.co.jp/ 🅿約50個 🗺33 341 535*52

來到沖繩,一定不難發現「BLUE SEAL 冰淇淋」的蹤影,這家沖繩獨有的冰淇淋品牌在沖繩可說是「走到哪都看得到」。2016年BLUE SEAL一號店「牧港本店」經過重新改裝,變身成為**結合觀光與美食的「BLUE SEAL ICE PARK」**。牧港本店販售各式BLUE SEAL 冰淇淋,也有漢堡甜點等輕食,一旁的ICE PARK展區則為免費參觀,繽紛可愛的裝飾設計讓人彷彿步入了真正的冰淇淋王國。館內甚至還有冰淇淋DIY,讓大小朋友可以一同體驗製作專屬冰淇淋的樂趣!

🛍️ SAN-A浦添西海岸 PARCO CITY

薦 おすすめ

別冊P.12,A2　從那霸市可搭乘巴士32、43、309、334、385等抵達，班次很多　沖繩縣浦添市西洲3-1-1　098-871-1120　10:00~22:00、餐廳11:00~23:00。部分店家營時不同　www.parcocity.jp/　4,000個　33 308 868*53

沖繩縣最大型的購物中心，充滿濱海度假村般悠閒購物氛圍！

　　2019年夏天開幕，是沖繩縣最大型的購物中心，從那霸機場開車約20分鐘、從那霸郵輪碼頭約10分鐘即可抵達、距那霸市中心也僅需30分鐘，交通非常便利。尤其**購物中心前面有一整片遼闊的大海**，可以在美食街欣賞這幅美景並享用餐點，是個最具度假感的購物空間。

　　購物商場空間廣闊、超過250個品牌商店，相當好逛，像是「San-A化妝品區」集結日本各大化妝品廠牌及眾多熱門品牌；「San-A食品館」豐富的食品項外，也是採買沖繩土產最好去處；這裡的「無印良品」則是沖繩最大店，超過7,500種原創商品，讓人買到大呼過癮。其他像是UNIQLO、THE NORTH FACE、ABC MART、GRAND STAGE等也都是許多人的愛店，**另外也提供顧客免稅櫃台服務，買再多也不怕傷荷包。**

沖繩縣裡賣場面積最大的無印良品就在這裡，品項豐富而齊全。

購物中心前有一整片遼闊大海，在進入店裡之前能感受到度假村的氣氛。

可坐在充滿開放感的空間用餐並欣賞海景。

那霸市

沖繩本島

浦添·宜野灣

沖繩離島

niko and…

⌂SAN-A浦添西海岸 PARCO CITY 2F ☎098-987-6747
⏱10:00~22:00 🌐www.nikoand.jp

niko and…創立於2007年，是**日本當前人氣雜貨品牌**。niko意指「Nobody I Know Own Style」──「沒有人知道你的個人風格，你自己可以塑造獨一無二的潮流」；「and…」則衍伸為各種可能性。也因此，niko and…的商品概念可說涵蓋食、衣、住、行、育、樂，除了服飾之外，更販賣許多書籍、文具、植栽、室內擺設等，這裡販售包含男女裝、生活雜貨等生活用品。

ムラサキスポーツ

⌂SAN-A浦添西海岸 PARCO CITY 2F ☎098-943-9791
⏱10:00~22:00 🌐www.murasaki.co.jp

ムラサキスポーツ在東京是十分常見的**運動戶外用品店**，在沖繩亦有3間分店，其中一間便在 SAN-A 浦添西海岸 PARCO CITY，而且這裡是**ムラサキ在沖繩最大店舖**。這裡不僅販賣運動鞋、泳裝、水上運動等運動用品，也販售許多運動風格的休閒服飾及配件，包含運動手錶、包款、運動耳機等，甚至有台灣看不到的日本限定款可挑選喔。

豐富的運動用品讓人忍不住駐足。

どんぐり共和国

⌂SAN-A浦添西海岸 PARCO CITY 3F ☎098-877-7177
⏱10:00~22:00 🌐sinkou-sj.com

どんぐり是一間以動漫畫、卡通為主題的雜貨店，**集結了龍貓、魔女の宅急便等宮崎駿人氣卡通動畫的各式精品**。你可以在此尋獲可愛的小魔女琪琪的黑貓夥伴吉吉，以及龍貓和牠的好朋友的蹤影。如果喜歡卡通動畫雜貨的話，那就千萬不要錯過來此尋寶的機會喔！

◎ 港川外人住宅街

港川ステイツサイドタウン

🏠別冊P.12,A2　🚗從那霸市區開車約7公里　🏠浦添市港川沖商外人住宅街　⏰依店鋪而異　🌐okisho.com/foreigner-house、minatogawa-shop.r-cms.biz　外人住宅街巷弄較小，雖然可以臨停，部分店家也有停車位，擔心車位的話建議可在外圍尋找停車場再徒步進去　🗺 33 341 062*21

不僅每家店舖都有自己的風情，社區洋溢的異國風更是雅致。

這裡原先是美軍眷屬居住的社區，一般稱為外人住宅區，在他們搬離之後，保留了眼前一棟棟白色平房和小庭院，在**許多特色店家進駐後，重新賦予白色平房新生命**，各自漆上專屬的繽紛色彩，天藍色的屋頂、橘紅色、鵝黃色的窗框、桃紅色、蘋果綠的大門。每走一步，彎進一條街道，都是驚喜。

沖繩超人氣甜點總本店。

🧁 oHacorte 港川店

🏠別冊P.12,C4　🏠港川外人住宅街No.18　☎098-875-2129　⏰11:30～19:00　休週二　💰水果塔約¥544起　🌐www.ohacorte.com　🅿6個

　一到門口就被oHacorte清新可愛的外觀所吸引，小小的店內木頭的陳列櫃上擺滿各式點心、雜貨，點心櫃裡**用新鮮水果製成的各式水果塔不僅外觀吸引人，味道也不馬虎**，酥脆的塔皮與甜而不膩的內餡剛好襯托出水果的美味。座位區的所有家具都是量身訂做，木頭溫潤的質感搭配簡單的陶製餐具，讓人一坐下來就不想離開。

港川外人住宅街特色

美國地名分區

區域內主要依照顏色和美國各州來命名劃分，貫徹「外人精神」，共有62間小屋，分為Georgia、Texas、Indiana、Florida、Nevada、Virginia、Kansas、Michigan、Arizona、Oregon這十個區塊，熟悉美國的人應該會很有親切感。

懷舊元素

每棟白色箱型小屋門上都還保留了舊時的門牌號碼，小小正方形牌子上寫著數字，再加上一盞歐式古老吊燈，非常懷舊。

個性小店

這裡隱藏了不少咖啡紅茶屋、甜點麵包舖、二手衣、古董店到美式、日式雜貨舖等。緩步而行，還能細細品味西方與日本、琉球文化交會而生的奇特風情。

雞湯拉麵屋 いしぐふー

別冊P.12,C3 港川外人住宅街No.40 098-879-7517
10:00~15:00，週末例假日~16:00 週一 特選そば
¥820 www.ishigufu.jp 有

雞湯拉麵屋 いしぐふー的外觀妝點乍看樸實，實際上卻是深藏不露的沖繩名店。店內採開放式廚房，客人可看著廚師下廚，讓顧客能安心享用每一道料理。店家**特選そば湯頭以山原地雞熬煮而成，喝起來濃郁卻又爽口**，絲毫不油膩，還設有自助青菜區，顧客可參考店牆上的蔬菜營養功效說明，選購自己喜歡的蔬菜並以招牌雞湯燙煮，口感獨特美味，十分推薦！

清爽又鮮美的湯頭、軟嫩的雞肉都是店家強項。

還可以自行挑選喜歡的青菜。

Portriver Market

別冊P.12,C4 港川外人住宅街No.30 098-911-8931
12:00~18:00 週日 www.portrivermarket.shop/ 2個

位於ippe coppe對面的**Portriver Market是一家Select Shop**，過去曾在日本知名Select Shop上班的老闆，從東京搬到沖繩定居後，收集了自己喜歡的商品開設了這家小店，商品種類包含服飾、雜貨、化妝品等，也可以點杯飲料與三明治，坐在店裡與老闆聊聊各項商品的魅力。

ippe coppe

別冊P.12,C4 港川外人住宅街No.26 098-877-6189
12:30~18:30(售完為止) 週二~三、每月第3個週一
www.ippe-coppe.com 3個

來自鹿兒島的西村先生與沖繩出生的西村太太所成立的ippe coppe，**商品為天然酵母吐司與司康、貝果**，2008年成立以來，不僅已是沖繩當地的名店，更透過宅配銷售到全日本，甚至有宅配吐司的專用箱！不過，如果想現場買的話記得先打電話預約，否則很容易就會撲空。

店內提供各種不同咖啡的試喝。

清爽的裝潢與店內極簡的風格十分相襯。

Beans Store 港川店

別冊P.12,C3 港川外人住宅街No.28 080-6486-4107
11:00~18:30 例假日 Today's Coffee¥350、Hand Drip Coffee¥450 beansstore.jp/ 有

靜匿於浦添外人住宅街，OKINAWA CERRADO COFFEE Beans Store從1988年便提供辦公室咖啡服務，直至今日，**沖繩許多公司行號或知名下午茶、咖啡店依然使用這裡的咖啡豆，是十分受到當地人喜愛的在地咖啡館**。店家專攻咖啡類飲品，沒有其他茶品、甜點，只有些許可搭配咖啡享用的餅乾，讓客人完全沉浸在咖啡美妙的香氣和風味中，而店內亦有Beans Store自家精選的烘培咖啡豆可供選購，喜歡咖啡的話不妨來此喝杯咖啡，體驗沖繩在地的美好吧！

◎ Tropical Beach

トロピカルビーチ

別冊P.12,B1 西原IC開車約6公里；巴士「コンベンションセンター前」站徒步即達 宜野灣市真志喜4-2-1 098-917-5466 9:00~21:30，游泳時段9:00~19:00，依季節、天候調整 11月~4月中 入場免費、淋浴¥100、置物櫃¥200 www.ginowantropicalbeach.jp/ 180個，免費 33 403 300*28

位於Convention City後方的Tropical Beach，是深受當地人及附近外國人喜愛的海灘，除了潔白的沙灘外，**香蕉船、浮潛等水上活動也一應俱全，商店內也提供BBQ Set的服務**，但最晚必須在前一天預約。每年3月的沖繩國際電影節也是在這個區域舉辦，4月份海灘開始營運前還有全日本最早的花火大會。

> 豐富的生鮮商品，最適合住在周邊飯店的旅客當作小食！

🎁 Union超市 宇地泊店

ユニオン宇地泊店

別冊P.12,B1 西原IC開車約6公里 宜野灣市宇地泊751 098-898-5400 24小時 150個 union-okinawa.com/ 33 372 384*77

沖繩有許多連鎖超市，**位於宜野灣Convention City旁的Union超市**，則是深受婆婆媽媽喜愛的在地超市。每間Union超市都是24小時營業，販售各式日常用品、生鮮食物、零食飲料等，品項繁多，價格也十分親切。如果有考慮在旅途中自行開伙的話，不妨來Union超市採購一番，包準讓你滿載而歸。

🎁 西松屋 宜野湾店

西松屋 宜野湾店

別冊P.12,B1 西原IC開車約6公里 宜野灣市字宇地泊原558-14 080-4388-5569 10:00~21:00 www.24028.jp 24個 33 372 416*63

西松屋是**沖繩當地十分著名的嬰幼兒用品專賣店**，店內販售著各式各樣的嬰幼兒服飾、鞋款，以及尿布、清潔用品、玩具、日常用品等商品；如果外出旅遊卻無法準備寶寶副食品也沒關係，這裡也有許多副食品可供挑選。如果帶著孩子來沖繩遊玩，不妨來西松屋走走，和孩子一同享受購物時光。

> 涵蓋各個年齡層的兒童商品，絕對會讓爸媽忍不住採買。

🍴 米や松倉

📍別冊P.12,C1　🚗西原IC開車約5公里　🏠宜野灣市大山2-11-26　📞098-943-1058　🕐11:00~14:30(L.O)　🚫週一　🔗komeya.okinawa/　🅿9個

米や松倉是美軍遺留下來的宅邸，做為一個食堂和米店兼具的空間，店主人淺野隼人最初構想就是**希望重現古時農家米倉的感覺**，看著牛皮紙袋裝好的米和米糠，以及印著淺野家代表家紋的掛布，還真的有種時光倒轉的錯覺。米光用看的不夠，**在這裡也可以一嚐越嚼越香的米飯**，來自日本東北的「ひとめぼれ」一見鍾情米，具有讓人一吃就愛上的魔力，加上烹調方式特別使用土鍋而非電子鍋，讓米香氣更濃郁。

充滿古時農家的怡然情調。

🧁 宗像堂 　薦

MUNAKATADO

📍別冊P.12,B2　🚗西原IC開車約1公里；巴士「広栄団地入口」站徒步約10~15分　🏠宜野灣市嘉数1-20-2　📞098-898-1529　🕐10:00~17:00(內用L.O.飲料16:30、食物14:00)　🚫週三　🔗www.munakatado.com　🅿6個　🗺33 374 557*61

使用天然酵母製作的麵包，每一樣都有著紮實又純粹的美味。

宗像堂是沖繩知名的麵包坊，開設在稍嫌偏僻的山徑旁，且外觀幾乎被植物所覆蓋，可以說是名副其實的「隠れ家」(隱密的處所)。其開創者宗像誉支夫從麵包的原料到製作方式都相當講究，**堅持使用天然酵母製作，並且用薪窯烘焙引出麵包更濃郁芳醇的風味**，以及更紮實順口的口感，每個沉甸甸的麵包都可看出宗像堂的用心。也附設有輕食咖啡區，可以現場品嚐美味的麵包。

San-A宜野灣Convention City

サンエー宜野湾コンベンションシティー

🅰別冊P.12,B1 🚗西原IC開車約6公里 🅰宜野灣市字宇地泊558-10 ☎098-897-3330 🕐9:00~22:00、餐廳~23:00，依店家而異 🌐www.san-a.co.jp/conventioncity/ Ⓟ1,125個 🅼33 372 474*65

2012年開幕的**大型綜合購物中心**，集合了San-A超市、東急Hands、松本清、ABC-Mart等商場，2樓還有服飾、鞋子等賣場，寬廣新穎的內裝提供了舒適的購物空間，餐飲也有大阪王將、Joyful、Mister Donut等大眾連鎖品牌。隔壁還有Union超市及西松屋，提供多樣的購物選擇。

喜歡異國美食，或想帶點特別的伴手禮，可以來尋寶一番。

住在宜野灣一帶想購物的話，絕不能錯過這裡。

Kaldi coffee farm

🅰San-A宜野灣Convention City 1F ☎098-890-6011 🕐10:00~22:00 🈺不定休 🌐www.kaldi.co.jp

在日本擁有300間以上分店的Kaldi coffee farm，來自於歐洲圖書館的店內陳設靈感，鵝黃色系的燈光搭配五花八門的陳列商品，相較於一般日本店鋪更顯熱鬧多彩，與琳瑯滿目的商品非常相襯。在台灣也有不少分店，店內販售來自約50個國家的飲品零嘴、料理調味品，以及當季特產……，可說是**咖啡、食品雜貨的天堂**。

ABC-Mart

🅰San-A宜野灣Convention City 2F ☎098-870-9570 🕐9:00~22:00 🈺無，但營業時間可能隨年初、年末或季節活動調整 🌐www.abc-mart.net/shop

運動用品專門店ABC-MART在日本國內已有超過900間的分店，其販售各種知名品牌的運動鞋、休閒鞋，款式豐富多樣，而在宜野灣Convention City內也有得逛！**除了商品價格普遍比在台灣購買便宜外，款式也較多、更新較快**，運氣好的話也可能遇到折扣季。如果喜歡ABC-Mart，不妨在此停下腳步逛逛。

那霸市　沖繩本島　浦添·宜野灣　沖繩離島

TOKYU HANDS

San-A宜野灣Convention City 1F 098-897-3330 9:00~22:00 不定休 www.tokyu-hands.co.jp

說到TOKYU HANDS，相信旅人一定不陌生，許多人到日本遊玩都一定要到TOKYU HANDS逛逛，找找各式新商品。**TOKYU HANDS在沖繩共有3間分店，其中一間便在宜野灣Convention City**，店內販售各種生活雜貨，從文具、彩妝品、日用品、旅行用品等等，應有盡有，想要尋找文具、雜貨的話，別忘了到這裡逛逛。

Right-on

San-A宜野灣Convention City 2F 098-897-3363 9:00~22:00，可能因特殊時節變更 不定休 right-on.co.jp

Right-on於1980年誕生於日本，**主打丹寧時尚商品**，目前在全日本已有超過500間分店。Right-on不僅網羅許多全球知名丹寧品牌，包含Levis、Edwin、Lee、G-Star RAW等，也擁有旗下自創品牌，其商品橫跨各性別及年齡層，不分男、女、老、幼都適合來此朝聖血拚。

在一樓咖啡空間，點一杯濃郁香醇的黑咖啡，進入專屬的午後時光。

mofgmona & mofgmona no zakka

モフモナ

別冊P.12,C2 西原IC開車約3公里；巴士「長田」站徒步約5分 宜野灣市宜野灣2-1-29 098-893-7303 Cafe 11:00~22:00、週五至日&例假日~17:00，雜貨11:00~17:00 不定休 cake set ¥780 mofgmona.com 約5個 33 346 043*37

大學時代一同租屋的三個好朋友共同開設的mofgmona，店名來自創辦者三個人名字的交叉排列組合，**這間結合雜貨的咖啡屋的風格主要是由三種概念組合而成：小屋、閣樓倉庫以及古老的圖書館**，位於3樓的mofgmona no zakka則提供年輕輕陶藝家一個展示交流的平台，貫徹閣樓的設計理念，疊床架屋地擺滿琳瑯滿目的陶器和手工藝品，品味咖啡之餘，也可以逛逛在地雜貨。

美國村.北谷
アメリカンビレッジ.ちゃたん
American Village・Chatan

北 谷町可說是一個臨海的狹長區域，一直以來就是個充滿異國風情的濱海度假城市，其中又以位在美浜區域又稱為美國村的濱海區，最是大受遊客與年輕族群喜愛的度假、購物、美食熱區，走在充滿宛如走在美國風情般的濱海街道上遊逛，度假娛樂氣氛滿點。除了各式大型購物中心、電影院等，再往北一些，宮城海岸一帶則隱藏了不少個性咖啡、甜點店，也很值得一遊。

交通路線 & 出站資訊

本區交通以開車較為便利，距離那霸機場約40分鐘車程。

巴士
◎前往美國村的話，那霸市區可從「県庁北口」站搭乘20、28、29號巴士，從那霸空港搭乘120號巴士，在「軍病院前」或「桑江」站下車後徒步3~5分可達。

觀光旅遊攻略
◎美國村小檔案

常聽到的「美國村」其實是指北谷町美浜中心點的大型購物街區，超越了購物中心的概念，這裡是一整個美式風格的特色購物區，以Depot Island為首，美式風情的建築、餐飲、設計品牌都在其中，更難得的是這個熱鬧的地方就位在海邊，稍微多走一點路，就能看到夕陽西沉的美景。

🚗沖繩南IC開車約6公里
🏠以北谷町觀光情報中心所在的十字形街口，以此為中心點擴散出的區域
🕐依設施而異
🌐www.okinawa-americanvillage.com
Ⓟ1,500個　🅼33 526 450*63

美浜シャトルカート
(美浜免費接駁車Shuttle Car)

從2021年11月開始，美國村引進自動駕駛的接駁車，對於想在美國村各處逛街，夏天怕熱又怕腳程負荷過多的人，是個貼心設計，宛如高爾夫球車外觀，雖然每台車只能最多搭乘5人，無人駕駛的自動設定，相當新穎，每個站點都會自動停車，幾乎重要飯店、購物中心、濱海景點都有停留站點。共分公道路線(購物區)、海沿路線這2條路線，路線站點請查看網站。

⊘公道路線-每天10:30~21:00(30分/1班)。海沿路線-僅六日13:00~18:00(20分/1班) 🆓免費
🌐www.chatamobi.com/shuttle-cart.php
❗需注意等車完全靜止後，再上下車(遠端遙控，緊急狀況可與車上對講機對話)

⊙ Sunset Beach

サンセットビーチ

除了購物與美食，Sunset Beach的夕陽也是美國村的代表風景！

📍別冊P.14,A2　🚶北谷町觀光情報中心徒步約5分　🏠中頭郡北谷町字美浜2　☎098-936-8273　🕐9:00~18:00(7~8月至19:00、10月至17:30、11月至17:00)　🚫12月~4月中旬　💰入場免費，淋浴(冷水)¥100/3分　🌐www.uminikansya.com

　Sunset Beach正如其名，坐擁迷人的夕陽美景；細白的人工沙灘就位在熱鬧商圈的盡頭，每到傍晚時分，總會看到在防波堤或沙灘長椅上等待日落的人們。沙灘旁的棕櫚樹步道上有不少半開放式的餐廳，一邊吃著美食、一邊欣賞眼前美景也是這裡的一大魅力。

🛍 AEON北谷店

📍別冊P.14,B2　🚶北谷町觀光情報中心徒步約2分　🏠中頭郡北谷町字美浜8-3　☎098-982-7575　🕐9:00~22:00、餐飲8:00~23:00，部分店營時不一　🌐www.aeon-ryukyu.jp/store/aeon/chatan　🅿2,150個，免費　🗺33 526 212*25

　AEON北谷店內約有30家專賣店，包括DAISO、家飾、家電、書店、雜貨品牌等，還有築地銀だこ、星巴克等餐飲店舖，當然也有AEON旗下的超市可以大買零食、生鮮商品，不管是沖繩限定的餅乾還是石垣島辣油，又或者是各式各樣的雜貨都有販賣，而且還**可以享退稅優惠**，美食街旁還有小遊戲場，可以讓小朋友玩耍。

美國村最著名的地標摩天輪已成追憶！

　來過美國村的人，一定都對於美國村入口處、一抬起頭就能看到大摩天輪SKYMAX60的景象，印象深刻，幾乎所有旅遊介紹都少不了這裡。但因著疫情加上建築老舊，這棟結合購物中心與摩天輪的地標建築，已在2022年9月全部拆除地上物，未來預計將改建成新飯店設施，也很令人期待。

🍴 グルメ回転寿司市場

📍別冊P.14,C1　🚶北谷町觀光情報中心徒步約4分　🏠中頭
郡北谷町字美浜2-4-5　📞098-926-3222　🕐11:30~22:00
💰一盤¥140~¥420　🌐gurumekaiten.com

沖繩當地知名的迴
轉壽司店，以食材新鮮
多樣、價格實惠聞名，
這家在美浜的分店位
於國道58號轉進美國
村的入口處，獨棟的店
面相當醒目，用餐時間
總是高朋滿座，除了沖
繩當地人外，美國人也
不少，這樣的用餐經驗
也算是沖繩旅遊的一
項特殊體驗。

用划算的價錢
就可以大啖美
味握壽司。

✏️ 🎁 AKARA

📍別冊P.14,A1　🚶北谷町觀光情報中心徒步約4分　🏠中頭
郡北谷町字美浜9-20　📞098-926-2764　🖼美術館
11:00~20:00、商店11:00~21:00　💰美術館大人¥800、高
中生以下¥500　🈺美術館週二休　🌐www.akara.asia；
museum.bokunen.com/

結合時尚、藝廊、購物於一體的AKARA有2棟建築，
**紅色的屋瓦與白色的建築物本身完全沒有一條直線，
就像卡通裡才有的房子**。其中的美術館棟，以沖繩版
畫大師名嘉睦稔(Bokunen)的常設藝廊與商店為主，2
樓為名嘉睦稔美術館(BOKUNEN ART MUSEUM)、1樓
則是Bokunen Gallery販售藝術家的相關商品。

奇妙的建築
是美國村的
地標之一。

🎁 Habu Box

🏠AKARA內1F　📞098-936-
8239　🕐10:00~19:00　🌐www.
habubox.com

AKARA另一棟建築內1F則
是「Habu Box」，是沖繩在
地的設計品牌原創T恤名店，波布蛇箱
Habu Box的原意就是裡頭躲了條蛇的惡作劇箱子，
**帶點美式風格的T恤和配件小物，充滿天馬行空的
創意笑點和滿滿的沖繩精神**，尋找衣服的同時，也
能充滿意外的驚喜。除了主打原創設計T-shirt之外，
還有日系藍染印花服飾、織紋特別的露趾襪，及小飾
品類也都有，種類豐富，很適合花時間好好逛一逛。

飯店擁有傲視沖繩縣內最大等級的「礁湖泳池（Lagoon pool）」。

H 沖繩北谷希爾頓度假村

おすすめ 薦

Hilton Okinawa Chatan Resort

濱海休閒玩水、家庭客、商務客都很適合的大型度假村。

別冊P14,A1 從那霸機場有利木津巴士抵達。從北谷町觀光情報中心步行約5分鐘 中頭郡北谷町美濱40-1 098-901-1111 Check-in 15:00~、Check-out ~12:00 不附餐方案,標準一室¥17,899~ chatan.hiltonjapan.co.jp/

從客房能欣賞到遼闊的大海,悠閒享受舒適的海風與無比的開放感。

　飯店就位在美國村,距那霸機場車程僅約40分鐘,以此為住宿據點,不管往南至那霸市內、往北至美麗海水族館,或是世界遺產等主要觀光地都很輕鬆。

　客房以沖繩風格為基礎並搭配當代舞蹈風的室內裝潢,**各個樓層設計了與海景、庭園陽台或游泳池直接相連的客房**,旅客可以依需求選擇、享受奢華的入住時光。而一夜好眠後,早餐不可錯過在自助式餐廳「Suriyun」裡享用,**以沖繩食材呈現出約60種不同料理**,不論是沖繩麵、琉球雜炒等家庭料理,或是西式風格美味、自製甜點等,一應具全,推薦「霜凍優格」更是超受歡迎的逸品!

　飯店設施也相當多元,除擁有沖繩最大的飯店泳池,也能前往鄰接的「沖繩北谷希爾頓逸林度假村」遊玩滑水道等設施;其他像是健身房、SPA、各式商務需求空間等都有,也推出夕陽瑜珈、給小孩的尋寶獵人、風獅爺上色等。而如果想嚐美食、逛街、看電影、Live House等娛樂活動,美國村街區更是從早到深夜的遊樂大本營。

在飯店周圍地區即可進行浮潛、海豚生態課等,有各式海洋運動與戶外活動。

住客也能利用隔鄰的同系列度假村,大玩特玩各項精彩水上娛樂活動。

色彩鮮艷、風格可愛的商場建築也是亮點。

🛍 Depot Island

デポアイランド

🅰 別冊P.14,A1　🚶 北谷町觀光情報中心徒步約5分　🏠 中頭郡北谷町字美浜9-1　☎ 098-926-3322　🕐 11:00~21:00(依店家而異)　🌐 www.depot-island.co.jp

おすすめ
薦

大小建物不僅共構出了擁有上百家店舖的Depot Island，也營造出美國村的獨特風情。

　2010年開幕的大型購物商場，共包括大大小小10棟建築、130家以上的店面與餐廳，**商場本身打造成像美國的小城鎮**般，晚上行走其間，別有一般風味。這裡每個店舖都是獨立店面，除了有Crocs、Dr. Martens等國際品牌外，也有琉球ぴらす等沖繩與日本當地品牌。

🎁 Ranch

🅰 Depot Island B棟1F　☎ 098-982-7008　🔽 10:00~22:00　🌐 www.ranch-boku.com

　沖繩縣內原創設計T恤專賣店，也有推出徽章、吊飾、提袋等小物，剛走到巷口，就能看見一臉無辜的白色兔子狗「LOLO」的招牌。**店裡原創商品走可愛路線，以笑臉、Q版風獅爺和LOLO當作主要設計元素**，充滿童趣的筆觸，令人看了就不禁微笑起來。

沖繩在地的美妝小物也很豐富。

🎁 海岸創庫21

🅰 Depot Island B棟1F　☎ 098-926-3138　🔽 9:30~22:00　🌐 www.ks-variety.com/

　以化妝品、保養品等美容小物為主的海岸創庫21，店內產品數量多且齊全，尤其是假睫毛的種類與陳列最獲好評，還設有石垣島雜貨與T恤賣店「箱亀」的特區，各種沖繩風飾品與雜貨相當繽紛，指甲油專區也提供試擦，另外，也有「琉球美肌」面膜等沖繩當地的美妝產品。

帽子屋Flava

🏠別冊P.14,A1 ⏹Depot Island C
棟1F ☎098-926-6660 ⬇
11:00~22:00、週末及例假日前一
天~23:00 ⓦwww.flavahat.co.jp

　Flava是**日本國內最大的帽子連鎖專賣店**，店裡展示多種風格的帽子，不管是街頭風、仕女風、運動風還是休閒風，都可以在此找到最適合的帽子，如果不知道該怎麼挑也沒關係，可以請店員幫忙介紹搭配，試戴之後再做決定，一定可以找到最適合自己的單品。除了大人的帽子，店內也有小孩與嬰兒的帽子，還有包包、墨鏡等配件，讓人在搭配上可以更加多元化。

Decker's Kitchen

⏹Depot Island D棟2F ☎098-982-5307 ⬇11:30~24:00
🈵1月1日

　在Depot Island區域內的眾多餐廳中，**Decker's Kitchen走的是平實路線，沒有華麗裝潢，但簡約的內裝反而能讓人好好專心享受餐點**，這裡的菜單有和風洋食的蛋包飯系列，也有正統的窯烤披薩，晚上也可以選擇坐在陽台的座位，感受美國村夜晚的獨特風情。

沖忠Okichu

⏹Depot Island E棟1F ☎098-926-1133 ⬇10:00~21:00
💲島拖鞋￥1,650起 ⓦwww.simazouri.jp

　「沖忠」是沖繩島拖鞋專賣店，**可以自由選擇夾腳帶與鞋底，並刻上自己喜愛的圖案與文字**，完成後就成了具有獨特個人風格的拖鞋，另外也可以選擇已經製作好的原創人字拖，或是有腳趾形狀的可愛5趾拖，老板說日本國產的夾腳帶質料含天然橡皮，穿起來溫和不傷腳，越穿會越舒服。店內還有各式各樣的聯名夾腳拖，像是與動畫《航海王》聯名設計的拖鞋，更是沖繩限定的人氣商品。

鞋底、帶子、印花都可以分開選擇自己喜歡的配色和圖案喔！

🛍 american depot

アメリカンデポ

🅐 別冊P.14,B1　🚶 北谷町觀光情報中心徒步約2分　🏠 中頭郡北谷町字美浜9-2　☎ 098-926-0888　🕐 10:00~21:00

🌐 www.depot-abc.com

　　主打美式風格的depot家族店面，各色顏色繽紛的商品幾乎將店內空間塞得堆積如山，1樓有衝浪服飾、LEVIS牛仔褲、女生配件、雜貨飾品、沖繩流行的夏威夷花襯衫等五花八門的商品，2樓則以由歐美平行進口的二手服飾為主，來這裡逛一趟就能一窺歐美流行時尚。

從建築就顯現出美式潮流的繽紛色彩。

美國村分店可以一邊欣賞海景，一邊啜飲香醇咖啡。

☕ Climax Coffee

🅐 別冊P.14,A1　🚶 北谷町觀光情報中心徒步約6分　🏠 中頭郡北谷町美浜9-21 (Depot Island Seaside Building)　☎ 098-923-0010　🕐 8:30~22:00　💲 Espresso¥320、エッグベネディクト(班尼迪克蛋鬆餅) ¥1,050　🌐 climax.coffee/

　　CLIMAX COFFEE是**沖繩本土的連鎖咖啡店，價格親民卻有著高品質的味道**，深受當地人喜愛，在沖繩有多家分店，除了香醇的咖啡外，甜點也是選擇繁多，**招牌的鬆餅口味眾多**，色彩繽紛的新鮮水果加上膨軟的鮮奶油，令人垂涎欲滴，而且份量讓人超有飽足感，也有日式的抹茶黑蜜口味。至於鹹食部份則有美式風格的培根、炒蛋鬆餅，或是班尼迪克蛋鬆餅等選擇，相當豐富，難怪店裡總是坐滿了客人。

🍴 SOHO

🅐 別冊P.14,B1　🏠 american depot C棟1F　☎ 098-982-7785　🕐 10:00~21:00　🌐 www.depot-abc.com/shop/soho/

　　主打美式風格的選物店SOHO，位在depots C棟，同樣是屬於depots系列，因此整體氣氛和american depots頗為相像，但這裡的女裝較american depots更齊全。SOHO全店共有三層樓，B1為軍用品和雜貨，1樓有女生服飾、古玩小物，2樓主要是男裝，包括沖繩本地的夏威夷衫、國外品牌等。

おきなわ屋 美浜店

別冊P.14,B1　北谷町觀光情報中心徒步約2分
american depot A棟1F　098-936-7494
10:30~20:30,營業時間可能隨年節變動　不定休　石垣島ラー油(石垣島辣油)¥1,080　www.okinawaya.co.jp

　　おきなわ屋是沖繩隨處可見的紀念品土產店。裡頭擺設著各式各樣的糖果點心、泡盛酒、公仔、玩偶及飾品,琳瑯滿目,精巧可愛,甚至**有許多商品都是沖繩僅有**,例如各式動漫角色的沖繩**限定商品**,如果想找找沖繩獨有的限量商品,就別忘了來おきなわ屋尋寶!

店內裝潢雖然也是工業風,卻多了不少裝飾,顯得更為精巧。

Vongo and Anchor

別冊P.14,A1　北谷町觀光情報中心徒步約6分　中頭郡北谷町美浜9-22 (Vessel Hotel Campana別館1F)
098-988-5757　9:00~22:00、週末8:22~22:00　Espresso¥420　www.vongoandanchor.coffee

　　Vongo and Anchor是ZYVAGO COFFEE WORKS OKINAWA的姊妹店。承襲了ZYVAGO的美國西海岸風格,Vongo and Anchor亦充滿著美式輕工業風格,如果喜歡店內的設計擺設,**也有不少的餐具、飾品是可以選購帶回家**。店內提供的早餐套餐以熱壓土司為主,還可搭配生菜沙拉套餐,如果想在美國村享用一頓清爽健康的早餐,Vongo and Anchor也是不錯的選擇。

🍴 豬肉蛋飯糰 北谷美國村店

ポークたまごおにぎり

📖 別冊P.14,A1　🚶 北谷町觀光情報中心徒步約6分　🏠 中頭郡北谷町美浜9-21(Depot Island Seaside Building)　📞 098-921-7328　⏰ 7:00~19:00　💰 豬肉蛋飯糰￥340、炸豬排起司飯糰￥500　🌐 porktamago.com/

　　若說什麼是旅遊沖繩時必吃的早餐，絕對推薦名店「ポークたまごおにぎり」的豬肉蛋飯糰。看似普通的飯糰其實一點也不簡單，香Q米飯搭配滑嫩厚煎蛋及厚切豬肉，不油不膩，紮實飽滿，口感絕佳，**北谷店更主打三種限定口味——南蠻炸雞、炸豬排起司、美乃滋**。如果想來頓簡單又美味的早餐，這裡的飯糰就是最佳選擇！

到北谷店當然要吃吃看限定口味。

☕ ZHYVAGO COFFEE WORKS

おすすめ 薦

📖 別冊P.14,A1　🚶 北谷町觀光情報中心徒步約6分　🏠 中頭郡北谷町美浜9-46 (Depot Island Seaside Building)　📞 098-989-5023　⏰ 09:00~19:00　🚫 不定休　💰 Espresso￥350、卡布奇諾￥500　🌐 zhyvago-okinawa.com

工業風的咖啡館散發出店主的獨特品味，光是擺設就足以再三回味。

　　鄰近北谷町美濱沿岸Depot Island商圈裡，有一間與海岸線映輝著相同色系的咖啡館——ZHYVAGO COFFEE WORKS OKINAWA。老闆飯星先生將其深愛的**美國舊金山西海岸風格融入沖繩西海岸，讓ZHYVAGO呈現出雅致的美式工業風格**。店內除了單一咖啡外，亦有特調咖啡可選擇，還有三明治、甜點可供享用，也會不定期推出限定餐點。ZHYVAGO不只散發著咖啡的香醇，更充滿著濃厚的藝術格調。

*Seaside Cafe' hanon

©Seaside Cafe' hanon

©Seaside Cafe' hanon

Seaside Cafe' hanon

別冊P.14,A1　北谷町觀光情報中心徒步約6分　中頭郡北谷町美浜9-39　098-989-0653　11:00~17:00、週末、例假日8:30~19:00　週三　Eggs Benedict(班尼迪克蛋鬆餅)￥1,300　cafe-hanon.com　有　33 525 410*27

Seaside Cafe' hanon是一家濱海的咖啡館,室內裝潢以白色為基調,純白的牆面加上簡單的藤椅,還有窗外大片的海景,營造出清爽的氛圍。這裡是**當地人十分喜愛的咖啡廳,可以看到許多人攜家帶眷前來品嚐鬆餅**,除了有搭配香蕉、蘋果等水果口味的甜點鬆餅以外,還有搭配沖繩縣產紅芋做成的鮮奶油,或是搭配培根、香腸、雞蛋等滿滿一盤的鹹食口味,不管是正餐或午茶都很適合。

浜屋

別冊P.14,A3　沖繩南IC開車約5公里　中頭郡北谷町宮城2-99　098-936-5929　10:00~17:30(L.O.17:00)　不定休　浜屋そば(濱屋沖繩)大￥750　2個　hamayasoba.gorp.jp/　33 584 046*87

說到沖繩的美食,沖繩麵絕對稱得上是前幾名具代表的料理,而浜屋正是沖繩麵的佼佼者。充滿居家氣氛的浜屋創立至今已30餘年,**熬煮出雞、豬與鰹魚鮮甜精華的鹽味湯頭完全不使用醬油調味**,加上Q彈帶勁的麵條與豐盛的配料,吃完一碗就大大滿足。

🍴 GOOD DAY COFFEE

🅐別冊P.14,B3　🚗美國村開車約2公里
中頭郡北谷町浜川178-1　📞090-4470-
1173　🕐6:00~15:00　⏸週一　💲Good day
breaky¥700　🅿2個　🗺33 585 034*28

> 餐點有著濃濃澳洲風，店內裝潢簡約又舒適，風格鮮明。

GOOD DAY COFFEE是一家由外國人經營的咖啡店，說是咖啡店，這裡可是從早上6點就開始營業，店家提供的餐點非常西式，**招牌「Good day breaky」是澳洲的定番早餐，有著兩大片培根、兩顆鮮嫩的太陽蛋，還有分量幾乎半顆的滿滿酪梨**，搭配上底部微微烤過的吐司，綿都的酪梨與蛋黃、培根的香氣融合，好吃得讓人心花怒放，作為假期的開始真是再適合不過。

> 營養與美味兼具的大分量餐點。

☕ Transit Cafe

🅐別冊P.14,A3　🚗沖繩南IC開車約5公里　🏠中頭郡北谷町宮城2-220 2F　📞098-936-5076　🕐Lunch11:00~16:00、Cafe16:00~17:00、Dinner17:00~24:00　⏸不定休　📶
www.transitcafe-okinawa.com　🅿店舖前海岸線旁可縱列停車　🗺33 584 075*53

相當臨近浜屋的Transit Cafe就位在宮城海岸線旁，以白色為基調的店舖營造出度假的氛圍，**從咖啡廳望出去就是遼闊的大海**，無敵海景十分醉人，日落時分夕陽將天空與海洋染上一身金黃，氣氛浪漫無限，入夜後點杯調酒慢慢啜飲，則又是截然不同的情調。

Ⓗ 露台花園美浜度假村

Terrace Garden Mihama Resort

🅐別冊P.14,C1　🚗沖繩南IC開車約8公里　🏠中頭郡北谷町美浜2-5-18　📞098-926-1214　🕐Check-in 15:00~、Check-out ~11:00　💲附早餐方案，兩人一室約¥29,000起　📶www.terrace-garden.com　🅿20個，免費

露台花園美浜度假村位在國道58號旁，靠近美國村入口處，**館內每間房間都以沖繩的離島命名，內裝和樓層的基調顏色也有所不同**，相當有特色。飯店對於餐點也非常用心，使用自家農場與牧場的新鮮食材，早餐可以預先選擇套餐內容與用餐時間，服務相當貼心。

國頭·山原
海洋博公園周邊·
本部·名護
讀谷·殘波　西海岸
美國村·北谷　本島中部
浦添·宜野灣
　　　本島南部

本島中部
ほんとうちゅうぶ
Central Okinawa Main Island

離開那霸後沿著國道58號一路向北,沿途可觀賞沖繩最著名的西海岸風光,並串連美國村、殘波岬、萬座毛等必訪觀光景點;沿山面也有列入世界遺產的3座古城跡,東海岸一側雖然不如西海岸熱鬧,但依舊有著令人驚嘆的美麗海景,海中道路可感受到前所未有的開闊感,對岸的平安座島、浜比嘉島、宮城島與伊計島也有靜謐的海洋與沙灘,值得一一探尋。

交通路線&出站資訊

本區交通以開車較為便利,也可利用路線巴士前往特定景點。
巴士
◎要前往Aeon Mall Okinawa Rycom的話,可以從那霸巴士總站搭乘25、92、152號等直達巴士;從「県庁北口」乘坐92、125號直達巴士;或者在「おもろまち駅前」站搭乘21號直達巴士。在「イオンモール沖縄ライカム」站下車即達。
◎另外,也可以從那霸機場搭乘125、152號巴士前往。

👁 國道58號

國道58號沿著西海岸線延伸,可從那霸市區經過北谷、讀谷、恩納、本部、名護,一路抵達最北部的國頭村。**沿路有城市、景點、海灘、美麗海景和涼爽海風相伴**,雖然車流不少,仍是相當愜意的一段路。當地年輕人取苦瓜和數字58的諧音,暱稱這段路為「ゴーパチ」。

👁 中村家住宅

🏠別冊P.13,B3　🚗北中城IC開車約3公里　📍北中城村字大城106　☎098-935-3500　🕘9:00~17:00　休週三、四　💲大人¥500、國高中生¥300、小學生¥200　💻www.nakamurahouse.jp/　🅿20個　📞33 441 279*86

中村家住宅在二次大戰中幸運的**躲過戰火的摧殘**,得以保留沖繩古民宅的原始風味,整座建築包括主屋、廚房、偏間、穀倉、倉庫等,可窺見中村家祖先身為上層農家,在琉球王國時代富裕的生活足跡。參觀完後,可持門票至旁邊的土產店享用點心和飲料。

那霸市　沖繩本島　本島中部　沖繩離島

🛍 Aeon Mall Okinawa Rycom

薦 おすすめ

イオンモール沖繩ライカム

這裡是沖繩最大的購物中心，想要大肆血拼的話絕不能錯過。

🅐別冊P.13,B3 🚗沖繩南IC開車約3公里；巴士「イオンモール沖繩ライカム」站徒步即達，「比嘉西原」站徒步約5分。從那霸巴士總站出發的直達車25、92、152號巴士可利用 📍中城村字ライカム1番地 ☎098-930-0425 ⏰10:00~22:00、餐廳~23:00。(依各店而異) 🌐okinawarycom-aeonmall.com/ 🅿4,000個 📷33 530 406

2015年4月開幕後，成為**沖繩最大型的複合式購物中心**，建在過去美軍專用的高爾夫球場上，外觀設計融入沖繩的南洋風格，這間佔地超過17萬平方公尺、總計5層樓的超大商場內，可以分為Rycom Sky Diner、Rycom Food Garden、Rycom Gourmet World、Rycom Village等區域，進駐了約220個品牌，還有約60個種類多樣的餐飲店可供選擇，食衣育樂都在其中。

購物中心規模非常大，建議先找好要去的店家再前往比較有效率。

👁 Rycom Aquarium

🅐Aeon Mall Okinawa Rycom 1F ⏰8:00~23:00

從入口進入後，來到了開放感十足的挑高大廳，坐落其中的**超大型水族箱吸引著來往遊客的目光**，以展現沖繩的海底，超過數百種、近千尾色彩豔麗的熱帶魚悠游其中，包含體型較大的蘇眉及豹紋鯊，看著魚兒在通透澄澈的水中緩緩游動，演繹出充滿神秘感的空間，感覺相當療癒。

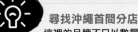

🍴 Gourmet World

🅐Aeon Mall Okinawa Rycom 3~4F ⏰10:00~22:00

涵蓋3~4樓兩個樓層的美食街共計有2,400個座位，空間十分寬闊，提供的料理種類多元，甜點、牛排、壽司等日本各地料理、各國主題美食應有盡有，多達28家美食店家，讓人陷入選擇困難症，若實在無法抉擇，那就看看排隊人潮來決定要吃哪一間吧！

💡 尋找沖繩首間分店

這裡的品牌不只以數量取勝，會如此有話題性的原因之一，是因為進駐的店家約有半數是沖繩或九州地區首度開設的分店，像是寶可夢專賣店，沖繩只有這裡是唯一店鋪，其中也不乏台灣沒有的品牌，出發前先研究一下有哪些感興趣的品牌，才能更有效率地大肆血拼。

那霸市　沖繩本島　本島中部　沖繩離島

豊富的植物讓人目不暇給。

東南植物樂園

📖別冊P.13,B2 🚗沖繩北IC開車約2公里；那霸BT搭乘90號巴士「農民研修センター前」站下車徒步約20分、或計程車3分鐘 📍沖繩市知花2146 ☎098-939-2555 ⏰9:30~22:00(入園至21:30)。詳細時間依各設施而異 💰白日券大人￥1,540、高中生￥1,050、中小學生￥600。(另有夜間券及全日券) 🌐www.southeast-botanical.jp 🅿340個 🗺33 742 510

　由宜蘭人李堅所創的東南植物樂園，在2013年以「三代共訪、兼具的娛樂、學習交流與生命復甦的度假村」為主旨重新開業，**園內可以漫步欣賞3,000種以上的亞熱帶植物，還有可愛動物園區**。可以品嚐各種時蔬料理、咖啡甜點與逛紀念品店，也能在池畔及草地上悠閒打發一個午後，感受植物與自然之美。

舒適空間相當適合三五好友在此聚餐閒聊。

SANS SOUCI

📖別冊P.13,B3 🚗北中城IC開車約3公里 📍北中城村萩道150-3 ☎098-935-1012 ⏰11:00~18:00，週末例假日~21:00。(L.O.閉店前1H) ❌不定休 💰他人丼(以山原豬肉取代雞肉的親子丼)￥1,050、ご近所丼(親子丼與他人丼的綜合版)￥1,050 🌐sanssouci-kitanaka.com 🅿18個 🗺33 440 523*03

　開設在山區的外人住宅咖啡廳SANS SOUCI，**提供琉球結合京都的「琉京」料理，嚴選沖繩縣產與京都直送食材**，在既有的琉球與京都料理上增添新意，像是抹茶黑糖聖代、他人丼等，店內從手寫黑板菜單到木質桌椅、點綴其中的小巧擺飾，讓空間中充滿了溫度與自在感。

釣熱帶魚尋寶冒險之地沖繩

釣って見つけるぼうけんの国

📖別冊P.13,B1 🚗石川IC約5分鐘車程 📍沖繩縣宇流麻市石川3355-1 ☎098-964-1278 ⏰第一場：10:00-14:00、第二場：15:00-19:00 ※14:00-15:00因維護暫時關閉 ❌無 💰冒險套票(可暢玩全區)、大人(國中生以上)￥2,400、小孩(小學生)￥1,890、學齡前兒童(3歲以上)￥1,590、0-2歲幼兒免費 🌐www.shonanpet.jp/okinawa/

　坐落在距離石川交流道約5分鐘車程的山丘上，一覽沖繩無敵海景，全天候型的室內設施，不必擔心室外天氣，可以盡情暢玩。還附設烤肉區，玩一整天都沒問題。**園區內提供各式體驗活動，有尋寶和撿貝殼的寶藏獵人、不用釣鉤釣螯蝦、釣寄居蟹、釣蝦蟆、撈熱帶魚等，不論大人或小孩都能在這裡暢快瘋玩！**釣竿、釣具、釣餌全都幫您準備妥當，空手前來即可輕鬆參加各種體驗活動，就連釣魚新手也能輕鬆玩。

小小朋友也能空手來輕鬆釣魚。

パヤオ直売店

📖別冊P.13,B3 🚗沖繩南IC開車約6公里 📍沖繩市泡瀨1-11-34 (泡瀨漁港內) ☎098-938-5811 ⏰10:30~18:00(冬季至17:30) 💰イセエビウニ焼き定食(龍蝦海膽燒烤套餐)￥3,000 🅿50個 🌐www.payao-okinawa.com/

　由沖繩市漁協直營的パヤオ直売店，販售的漁產以泡瀨漁港近海捕撈的生鮮漁獲為主，也可以買到漁產加工品以及各種下飯小菜，在一側的食堂提供了豐盛的定食菜單，其中**超人氣的就是龍蝦套餐**，肉質紮實有彈性，鋪上海膽醬燒烤的龍蝦更顯滋味鮮美豐富，除了龍蝦，也有較為平價的生魚片可點，也是讓人回味無窮的美味。

許多人不遠千里就是為了這一味！

薦 おすすめ

◉ Bios之丘

ビオスの丘

🅐別冊P.13,B2　🚗石川IC開車約7公里　🅐うるま市石川嘉手
納961-30　☎098-965-3400　🕘9:00~18:00(入園至17:00)　🅗週
二　💲入園+乘船：國中生以上￥1,800，4歲~小學生￥900　🈶
www.bios-hill.co.jp　🅿130個　📱206 005 263

來到這裡，能夠
欣賞到豐富的沖
繩原生植物，感
受最沖繩另一面
的自然風光。

耗時十餘年整建而成的Bios之丘，**依循地勢與原生植物，創造出充滿
自然氛圍的美麗亞熱帶森林**，相當適合親子同遊。在這裡，你可以尋找
樹蔭下生長的蘭花、在清澄湖面上泛舟悠遊、穿梭筆筒樹林間或平躺在
開闊草地上，用自己最喜歡的方式，體感沖繩自然風情。

◉ 思御庭

位於小丘之上的思御庭，有著
樹林圍繞，氣氛寧靜，彷彿能聽到
風流動的聲音。**林間有幾座大大
的鞦韆，很受大小遊客的歡迎**，尤
其是面對綾舟場的一面：懸空盪
起，腳下就是美麗的湖水風景。

◉ 遊御庭

💲飼料￥100(包裝的葉子也可以餵
食)，遛山羊免費

位於園區中央、也是範圍最大
的一片草地。以「**遊**」作為主題的
**綠意草地中，最引人注目的就是
可愛的小山羊和迷你豬**，除了買
點紅蘿蔔餵餵溫馴的小動物外，
也可以解開小山羊的繩子，牽著牠
在草地上散散步唷。

👁 水牛車

🕐 9:45~17:15，每30分1班，1趟約25分鐘。12:00沒有運行
💲 中學以上¥1,200、4歲~小學生¥650

水牛在過去是沖繩相當重要的家畜，但隨著產業轉變，現在在沖繩變得相當罕見，幾乎只在主題村和樂園裡，才能偶爾看到。**Bios之丘裡住了兩頭水牛，牠們會輪班拉著木製牛車**，帶乘客緩速繞行園區的部分路段。

一邊聊天，一邊在牛車上搖晃前行，讓人遙想起古老沖繩的生活步調。

👁 遊湖船

🕐 9:30~17:00，每30分1班；1趟約25分 💲 遊湖船中學以上¥800、4歲~小學生¥500。獨木舟¥3,500(2人)；1次45分，未滿4歲不可乘坐

乘船繞行園內最大的主要湖泊大龍池，是很受歡迎的園內行程。約1公里的船行路線上，野生的花朵、蕨類、蜻蜓、豆娘等依著季節，展現出不同的風景與面貌，隨船的解說員都會細心加以解說，在涼風習習的水面上，嗅聞有巧克力香味的蘭花、尋找鳥類和昆蟲身影等，都能深刻感受自然的奧妙。除了遊湖船外，也有獨木舟出租。

陽光灑落在林間小徑，成為另一個迷人景色。

👁 揚御庭

揚御庭的草地範圍不大，**但是前往草地的步道本身卻很迷人**。從入口處開始，陽光篩過筆筒樹開展的枝葉，使得平凡的步道上，披上了深深淺淺的綠色光影；蘭花與羊角蕨生長在樹幹陰影處、幾隻蝴蝶輕飄飄的飛舞其間，更顯氣氛悠靜。

🏠 Garden Center

一進入Garden Center，繽紛盛開的蝴蝶蘭盆栽美得令人驚豔；Bios之丘的主人本業是洋蘭栽培，Garden Center即為與自家溫室直結的販賣中心。雖然蘭花帶不回台灣，但**隔壁的紀念品部裡，也有各種特色紀念品**，可以作為旅遊的回憶。

中城城跡

🔷別冊P.13,B3 🚗北中城IC開車約3公里 🏠北中城村字大城503 📞098-935-5719 🕐8:30~17:00(5~9月至18:00) 🚫週二 💴大人¥400、國高中生¥300、小學生¥200 💻www.nakagusuku-jo.jp 🅿50個 🗺33 411 581

　同時入選世界遺產和日本百大名城的中城城跡共有6層城郭，由琉球石灰岩修築而成的石壁層層疊而上，佔地遼闊，推測建於15世紀。中城和其他古城同樣歷經戰亂，卻是保存得較為完整的一個。1850年美國黑船的司令官培里也曾參觀這裡，並將他的讚嘆之情詳細記載日記之中。

🍴 Ploughman's Lunch Bakery

薦
おすすめ

🔷別冊P.13,B3 🚗北中城IC開車約1公里 🏠北中城村安谷屋927-2 📞098-979-9097 🕐8:00~16:00 🚫週日 💴Sandwiches Plate(附湯跟沙拉)¥850起 💻ploughmans.net 🅿8個 🗺33 440 756*25

隱藏在小山坡上的麵包店，充滿自然又寧靜的農家氣息。

　店主人屋部龍馬在22歲之前都是住在東京，直到父母決定搬回沖繩，人生才突然有了意料之外的轉向。**刻意在遠離市區的地點開設這間麵包坊，就想要創造一種與日常生活截然不同的空間氣氛。**店內目前共有15種麵包，主人特別推薦用沖繩特產的綠色藻類アーサ(石蓴)所製成的綠海藻海鹽農家麵包，越嚼越香的韌性，讓人回味再三。

☕ 土花土花

🔷別冊P.13,B1 🚗石川IC開車約4公里 🏠恩納村前兼久243-1 📞098-965-1666 🕐Cafe 8:00~18:00、五六~20:00(L.O.閉店前1小時)。Garlly11:00~19:00 🚫週日 💻dokadoka.jp/ 🅿15個 🗺206 097 033*82

　土花土花依山傍海的絕佳位置，讓這間名字俏皮的海景咖啡屋成為許多人看海喝咖啡的首選。房子的**1樓跟閣樓是燒陶工作室&展示空間，2樓則是咖啡屋**，搭配祕境美景的下午茶是份量十足的土花土花手工披薩，受到美軍影響，沖繩隨處可見披薩蹤影。香氣濃郁會牽絲的起司，義大利臘腸與青紅椒、洋蔥、羅勒經典組合，鹹香微辣，雖是基本款卻讓人吮指回味。

勝連城跡

📖 別冊P.13,B3 🚗 沖繩北IC開車約8公里，從那霸巴士總站搭乘52號巴士(与勝線)於「勝連城跡前」下車 📍 うるま市勝連南風原3807-2 ☎ 098-978-2033 🕐 9:00~18:00 💴 大人￥600、中學生以下￥400、未滿6歲免費 🌐 www.katsuren-jo.jp 🅿 125個 🗺 499 570 238*21 ❗ 11/1「琉球歷史文化の日」、11/3「文化の日」免費入場

> 位在制高點的勝連城跡風景壯麗，被譽為「沖繩的天空之城」！

　琉球王國統一前，年輕有為的勝連城主阿麻和利，是首里城最後的心頭大患。他在1458年舉兵攻打首里城，遭遇大敗，黃金城般的勝連城就此湮沒歷史之中，**僅留下優美的弧狀石牆，及來自韓國、中國等地的出土遺物**，令人遙想當年貿易繁盛。2021年10月也再新增阿麻和利Park的歷史文化展示設施，讓人能更容易走讀這段古遠歷史。勝連城跡在2000年與其他8個沖繩歷史遺跡一起登錄為**世界遺產**。

> 古城位在制高點，不僅可以欣賞古城遺跡，還能夠眺望遠方海景。

> 不妨參加水上活動，感受青藍海水的沁涼。

伊計海灘

伊計ビーチ

📖 別冊P.13,C2 🚗 沖繩北IC開車約27公里 📍 うるま市与那城伊計405 ☎ 098-977-8464 🕐 9:00~18:00(依季節變動) 💴 設施使用費中學以上￥400、5歲~小學生￥300 🌐 www.ikei-beach.com 🅿 約300個 🗺 499 794 066*22

　位於伊計島的**伊計海灘是開車就能抵達的離島海灘之一**，綠樹包圍的純白沙灘與青藍海水，在夏天總吸引許多人潮。這兒水上活動的相關設施相當齊全，包括香蕉船、玻璃船、潛水、浮潛、游泳、露營、烤肉、沙灘車等，在這裡都可以玩得到。

也可以騎單車跨越大海！

海中道路

📍別冊P.9,A4　🚗沖繩北IC開車約10公里　📍うるま市與那城屋平　☎098-978-4300(うるま市土木管理係)　🅿300個　🗺499 576 274*41

　　海中道路的説法常給人「海底隧道」的印象，但沖繩本島西側的海中道路，**其實是填海造成的4.7公里長橋**，在中心位置還有道路休息站可供歇息。海中道路和其他幾座海上大橋，**串聯起與勝半島和鄰近的浜比嘉島、平安座島、宮城島、伊計島等離島**，駕車穿梭海上是很特別的體驗。

海の駅 あやはし館

📍別冊P.9,B4　🚗沖繩北IC開車約14公里　📍うるま市与那城屋平4　☎098-987-8830　🕐9:00～18:00(冬季至18:00)　🌐r.goope.jp/uminoekiayahashi/　🅿300個　🗺499 576 410*63

　　位在海中道路上的休息站，裡頭販售著許多うるま市(宇流麻市)的特產品，附設的餐廳可以吃到各項**以沖繩的農產品製作的餐點**，很受當地人與觀光客喜愛，到了夏天還會推出消暑的霜淇淋，一面眺望大海一面吃冰，相當沁涼過癮。另外，休息站後方也有可看海景及BBQ的地方。

浜比嘉島

はまひがじま

📍別冊P.9,B4　🚗沖繩北IC開車約28公里　📍うるま市與那城伊計405　🗺499 520 813*44

　　迷你的浜比嘉島海岸線全長為7公里，以浜比嘉大橋和平安座島相連，**相傳是琉球裡創世之神──女神阿摩美久和男神志仁禮久所居住的島嶼**，同時也是琉球歷史起源以及兩位神祇最後辭世之地。靈場參道、湛藍海洋與古老聚落，一同構築出島上神聖寧靜的氣氛。

創世女神的傳説

阿摩美久(アマミキュ)是琉球神話中的創世神，據17世紀的琉球王國史書《中山世鑑》敍述，阿摩美久受命下凡，以草木土石做成島嶼、開闢琉球，但遲遲沒有人類出現，於是她向天求示，天帝才派一對兒女下凡，藉由風的傳播讓兩人孕育後代，成為琉球人的起源。更早的琉球神謠集《古謠草紙》裡，則是阿摩美久與兄長志仁禮久(シネリキヨ)一起下凡，繁衍人類、教導人們耕作。因此阿摩美久也被當作琉球人的祖先，她降臨的久高島是「聖地」，而浜比嘉島南方的「志仁禮久靈場」相傳是兩位創世神的居所，不少人會特地來此求子。

一旁還有展望台可眺望壯麗的「果報崖」,可別錯過了。

H Hotel 浜比嘉島 Resort

ホテル浜比嘉島リゾート

📖 別冊P.9,B4 🚗 沖繩南IC開車約22公里 🏠 うるま市勝連比嘉202 📞 098-977-8088 🕐 Check-in 15:00~、Check-out ~12:00 💰 附早餐方案,兩人一室約￥32,400起 🌐 www.hamahiga-resort.jp 🅿️ 70個、免費

　位於神話之島浜比嘉島上,要到這裡必須先跨越海中道路,再穿越浜比嘉大橋,沿著左手邊通往「浜」的道路前行到盡頭便可抵達。這裡相當融入當地靜謐氣息,**整面的落地窗彷彿與海平面相接,海景一望無際**,房間裡同樣有落地窗與陽台,優美的海景讓人百看不厭。

靜謐氛圍與優美海景是飯店的一大亮點。

🎯 Nuchimasu 製鹽工廠 命御庭

ぬちまーすファクトリー ぬじぐぅなー

📖 別冊P.9,C3 🚗 沖繩北IC開車約25公里 🏠 うるま市与那城宮城2768 📞 098-983-1140 🕐 9:00~17:30、工廠見學9:00~17:30 💰 免費參觀 🌐 nuchima-su.co.jp/ 🅿️ 55個 🗺️ 499 674 664*36 ❗ 工廠見學須先上網預約

　以「瞬間空中結晶製鹽法」所製作出的**生命之鹽「ぬちまーす」**,不僅是**全世界第一個以含有礦物質數量之多獲得金氏世界紀錄的鹽**,更曾經登上料理東西軍的特選素材,稱之為「鹽巴中的精品」亦不為過,位在宮城島上的工廠可觀看製作過程工廠內變成雪白世界的奇妙景觀,另有品項豐富的商品、咖啡廳及展望步道等設施。

🎁 工房ことりの

📖 別冊P.13,B2 🚗 沖繩北IC開車約8公里 🏠 うるま市高江洲974-1, 2F 📞 098-974-9260 🕐 10:00~17:00 🚫 不定休 💰 陶藝體驗￥3,800(需預約) 🌐 kotorino.shopinfo.jp/ 🗺️ 33 685 416*70 ❗ 除了實地造訪工房ことりの外,在craft house Sprout、沖繩の風等多處雜貨舖也可購買到森永竜也的作品

　工房ことりの隱身在住宅區中,爬上アイリス美容院旁的白色樓梯即可抵達。工房的一側展示著陶藝家森永竜也的作品,另一側則是森永先生工作創作的一方天地,其作品從優雅的小鳥筷架、充滿童趣的白色小象到觸感質樸的杯盤……每個**顏色造型都柔和而溫暖**,相當受女性歡迎。

ⓗ Deigo Hotel

デイゴホテル

🏠別冊P.13,B2 🚗沖繩南IC開車約2公里 🏠沖繩市中央3-4-2 📞098-937-1212 ⏰Check-in 14:00~、Check-out ~11:00 💲附早餐方案，雙人房約￥11,340起 🌐www.deigo.jp 🅿68個，免費 🗾33 621 105*50

Deigo Hotel以**「上質のB級」為目標**，雖然沒有最新穎的設備、連鎖飯店的名氣，但卻相當**有當地小型飯店的人情味與服務熱忱**。飯店房型分為洋式與和式兩種，可依喜好選擇，除了基本設施外，最頂樓還設有大浴場可泡澡放鬆，附近也有許多餐飲店可享用晚餐或消夜。

ⓗ Hotel New Century

🏠別冊P.13,B3 🚗沖繩南IC開車約1公里 🏠沖繩市胡屋2-1-43 📞098-933-5599 ⏰Check-in 16:00~、Check-out ~11:00 💲附早餐方案，雙人房約￥11,000起 🌐www.hotelnewcentury.co.jp 🅿50個，免費

位在沖繩市中心街的飯店Hotel New Century，附近餐飲店、便利商店與超市應有盡有，而且**開車到Aeon Mall Okinawa Rycom不到10分鐘**，是在沖繩開車南北移動時絕佳的中繼站。雖住起來不一定是最舒適，但良好的服務與便利的交通位置，還是成為許多人住宿的首選之一。

👁 沖繩兒童王國

沖繩こどもの国

🏠別冊P.13,B3 🚗沖繩南IC開車約3公里 🏠沖繩市胡屋5-7-1 📞098-933-4190 ⏰4~9月9:30~18:00、10~3月9:30~17:30(入園至閉園前1小時) 🚫週二(遇假日順延)、12/30~1/1 💲大人￥500、13~18歲￥200、4~12歲￥100，3歲以下免費。嬰兒車租借￥100 🌐www.okzm.jp 🅿有，免費 🗾33 561 799*02

沖繩兒童王國是日本最南端的動物園，其實就動物園而言，這裡的規模並不算大，設施也稍微有些陳舊，但**園內可以近距離接觸動物**，小朋友可以與小雞、天竺鼠、兔子等直接接觸，還可以觀賞大象、獅子、長頸鹿等大型動物，更有琉球列島特有的生物，除此之外，園內**還有小型的遊樂設施、遊湖船**，甚至是被列為文化財的傳統沖繩建築，豐富體驗吸引不少家長帶孩子前來。

慢慢逛的話至少要花上2小時，建議準備防曬的洋傘。

読谷·殘波
よみたん·ざんぱ
Yomitan·Zanpa

國頭·山原
海洋博公園周邊·
本部·名護
西海岸
読谷·殘波·
美國村·北谷 本島中部
浦添·宜野灣 本島南部
本島南部

從 谷、殘波介於沖繩中部與西海岸之間，從這一帶開始，那霸與美國村的都市氣氛開始遠離，迎接旅人的是林中景點、無際海洋、震撼斷崖，或是隱藏其中的古城遺跡，或是顯得遺世獨立的陶器聚落，不同的元素揉合在一起，展現出沖繩慵懶而美麗的自然風情。

交通路線 & 出站資訊

本區交通以開車較為方便。
巴士
◎從那霸BT則可搭乘巴士28、29號在「読谷バスターミナル」站下車。
◎利用読谷村區域巡迴巴士，共4條路線，單程￥200、一日券￥400。
◎www.yomitan-kankou.jp/access/

殘波岬雖然地處偏遠，但風景十分壯麗。

👁 殘波岬

🏯 別冊P.15,A1 🚗 石川IC開車約20公里，從読谷バスターミナル(読谷BT)，搭計程車約5分 📍中頭郡読谷村宇座1861 ☎098-958-3041 🕐殘波岬自由參觀，燈塔9:30～17:30(10～2月9:30～16:30) 💰燈塔￥300 🅿270個，免費 📖1005 685 327*32

從突出的殘波岬角上能夠望見連續2公里的斷崖海岸，景色壯觀，同時也是夕陽名所之一。殘波岬上雪白的殘波岬燈塔約有近50年歷史，2001年開始開放參觀，登上急陡的階梯後，360度的遼闊風景令人讚嘆。岬上並有規劃步道，可以來趟小小的散步。

體驗王國Murasaki村

体験王国むら咲むら

 薦 おすすめ

📖別冊P.15,A2 🚗石川IC開車約15公里；從那霸BT搭乘28號巴士在大当站下車徒步10分 📍読谷村字高志保1020-1 📞098-958-1111 🕐9:00~18:00(入園至17:30)，時間依設施而異，詳見官網 💰入場大人¥600、國高中生¥500、小學生¥400。體驗另計 🌐murasakimura.com 🅿300個 🅜33 851 317*30

> 欣賞建築以外還可以體驗傳統工藝，想感受傳統沖繩風情的話，可不能錯過這裡。

古意盎然的體驗王國Murasaki村，原先是NHK大河劇《琉球の風》搭建的拍攝場景地，共建**一萬五千坪的園區重現了琉球王朝的風華**，紅瓦屋頂的房舍、琉球石灰岩的石疊……遊走其間，彷彿回到過往。**園內也提供豐富的傳統工藝體驗**，還附設有餐廳及住宿，可玩上一整天。

©OCVB

「體驗王國」簡單好玩的體驗活動

吹玻璃體驗／吹きガラス体験

玻璃體驗算是所有手工藝體驗中最吸引人，也是最快速的，作業中實際吹製過程只要數分鐘，但是參與的人都對於能夠進去那個火熱的製作廠，及緊張地吹出自己的作品而興奮不已。相信每個人都想拿回自己的體驗作品，但是玻璃需要冷卻時間，對外國觀光客也不一定會有寄送服務，所以必須1~2天後來拿。

🕐30分 💰¥2,750~

① 戴上安全手套和護腕，站上指定位置後，師傅會送來一坨約300℃的軟玻璃，此時就要馬上握住一端有著軟玻璃的鋼管，一邊控制吹氣一邊不停轉動，你會看到那一坨玻璃逐漸膨脹，到差不多的大小後，工作人員就會喊停。

③ 加熱好的瓶口很軟，所以藉著左手轉動，右手固定鐵鉗的位置，便可以轉出漂亮的圓形瓶口，訣竅是一手要轉，一手要固定不動。

② 師傅會拿另一根鋼管黏住瓶底，把瓶口部份和前一根鋼管敲開，再到火爐中加熱瓶口的部份。此時你要到另一處位子上就定位，師傅會教你待會做瓶口的姿勢。

④ 最後師傅會將做好的作品放在火爐中讓它慢慢冷卻。

⑤ 噹噹噹噹！美麗的作品「出爐了」。記得，不能拿它來裝熱飲，會破掉唷！

彩繪風獅爺
シーサー色付け体験

彩繪風獅爺不需要甚麼技巧或教學，最需要的就是時間跟耐心，先從卡通版跟寫實版的風獅爺中挑選喜歡的款式，上色前可以先看看館內擺放的成品，選擇幾款造型拿到桌上慢慢參考，接下來就是依美感來上色，先上了喜歡的底色後，以吹風機吹乾，再描繪、勾勒細部，完成後還有個專供成品拍照的小小拍照處，當天就可以直接帶回家了。

🕐約1小時
💰¥1,200~(1隻)

OKINAWA

H 虹夕諾雅 沖繩

星のや沖繩

別冊P.15, A2 距那霸市區車程約1小時,也可於那霸機場預約直達飯店的接駁巴士(預約制、收費) 中頭郡読谷村儀間474 050-3134-8096 Check-in 15:00~、Check-out ~12:00 每間/每晚(餐費另計)¥136,000~ hoshinoya.com/okinawa/zhtw/

> 宛如旅居古御城宅邸內,感受沖繩的寧靜日常。

> 宛若海邊的琉球城堡般,帶來文化體驗與自然融合的沖繩居宿美好體驗。

充滿慵懶與自然美景的読谷一帶,遠離熱鬧的人群,展現最優雅日麗風和的沖繩面貌,**2020年7月甫於読谷沙灘海岸線開幕的虹夕諾雅 沖繩**,也成為虹夕諾雅最接近海岸線的一家。

以區域內遺世獨立的沖繩城堡(Gusuku)為設計靈感,為住客帶來住在古時城堡內的琉球生活風格體驗。飯店內琉球傳統的武術以及藝能文化天天上演,融入西西里島烹調技法的沖繩美食,則是味蕾感受最滿足的饗宴食光,而與自然的對話環境,更是舉目皆是,全客房都能以最親近的視角欣賞大海美景,與天光時序搭配的燈光設計,為日夜帶來最美的碧海晴空風景及滿天星斗的夢幻景致。

> 各式深淺不一的泳池區,在深度10cm的淺灘區,不用換泳裝也可在此坐下放鬆身心。

> 無論體驗一場琉球空手道或舞蹈演出,甚至只是放空看海,都是體驗沖繩日常的最佳度假方式。

> 這座建於15世紀的城跡於2000年被列為世界遺產。

◉ 座喜味城跡

別冊P.15, B2 石川IC開車約12公里,從読谷BT徒步約16分 中頭郡読谷村座喜味708-6 098-958-3141(読谷村立歷史民族資料館) 自由參觀、免費 免費 33 854 486*41

位於台地之上的**座喜味城,小巧的弧形城郭相當優美,也是琉球諸城中第一個建造出弧型拱門的城址**。從遺址結構可以看到,座喜味城不像其他城具有強烈的政治性格,相當可能作為貿易中心使用。從読谷地區傳統的編織與陶器,也透露當時海外貿易與交流的繁榮。

⬆ Indigo

別冊P.15, B3 沖繩北IC開車約10公里 読谷村楚边1119-3 098-894-3383 11:00~16:00、週六~17:00 週日~二 indigo-f.com 2個

店主人比嘉亮是家具工匠出身,所以店內整體設計,**木桌椅、書櫃、食櫥到沙發等都是一手打造**。開古董店一方面是喜愛這些**富有時光記憶的老舊物品**,但對比嘉先生來說,或許更重要的是再改造的過程,讓這些原本隨著時代前進,離人們越來越遠的事物,重新被看見。

那霸市
沖縄本島
読谷・残波
沖縄離島

👁 やちむんの里

📖 別冊P.15,B2，P17　🚗 石川IC開車約10公里；搭乘読谷村巡迴巴士西路線於「親志入口」站下車後徒步15分 📍 中頭郡読谷村座喜味2653-1 ☎ 098-958-6494(読谷村観光協會) ➤ 依各工房而異 🅿 有超過60個共用停車位，免費 🌐 www.yomitan-kankou.jp/culture/ 🗾 33 855 410*55 🕐 各工房間的距離均在徒步範圍之內，慢慢逛下來約2~3小時

原本只是陶器工房的聚落，因為緩慢閒適的步調，吸引旅人前來逛逛陶器、喝喝咖啡。

やちむんの里就是沖繩方言的「陶器之里」；30年前，那霸市壺屋一帶陶窯因為空氣污染而面臨搬遷的命運，其中不少工房——大部分是人間國寶金城次郎先生和他的後代——遷移到了位於読谷山間的此地。不同於其他觀光地區；陶器之里的步調安祥沉靜，也始終吸引著陶器愛好者前往拜訪。

來到這裡**除了探尋各個陶器工房外，亦有兼具藝廊與咖啡廳的店家**，例如ギャラリー喫茶まらなた或ギャラリー森の茶家，前者收集了當地約60位陶藝家的作品，後者則是陶藝家金城明光的藝廊兼咖啡廳。

沿著山勢向上延伸的「登り窯」是當地看點。

「登り窯」設計巧妙，在最低處燒柴，熱空氣就會順勢上升。

🏠 北窯共同売店

📖 別冊P.17,B1　📍 読谷村座喜味2653-1 ☎ 098-958-6488 🕐 9:30~13:00、14:00~17:30 🈳 不定休 🌐 kitagama.com

集合**包括松田共司、松田米司、宮城正享和與那正守四個北窯窯元的作品**。四個窯元共同使用的北窯為13層的登り窯，是やちむんの里中規模最大的一座。**北窯売店內有大大小小的日常器皿，顏色與質感**均俱厚重質樸，不論傳統或創新，都予人沉穩的感覺。

店裡提供多種口味選擇，甚至還有黑糖洋梨披薩。

不僅有販賣陶器，也有陶器製作體驗可參加。

☕ やちむん&カフェ 群青

📖 別冊P.17,C1　🚶 從「親志入口」站徒步6分鐘 📍 座喜味2898-21(やちむんの里) ☎ 098-927-9167 ➤ 9:00~17:30，披薩11:00~17:00(L.O.) 🈳 週三 💲 披薩¥850起、咖啡¥300 🌐 tousingama.com/gunjyocafe 🅿 5個 🗾 33 856 393*47

やちむん&カフェ 群青是由陶真窯開設的陶藝體驗咖啡，可以在這裡創作風獅爺、食器，或是來場簡單的上色體驗，當然，也可以單純前來享受美食。這裡提供**現點現烤的窯烤披薩，店內的披薩烤爐十分特別，有著風獅爺造型的可愛模樣**，美味披薩都是從風獅爺嘴裡出爐，頗有一番趣味。

🏠 ☕ Gallery森之茶家

ギャラリー森の茶家

📖 別冊P.17,B1　📍 読谷村座喜味2653-1 ☎ 098-958-0800 🕐 12:00~19:00 🈳 盂蘭盆節、年末年始 🌐 gallery-morinochaya.jimdo.com

綠樹包圍的小木屋是陶藝家金城明光的藝廊兼咖啡店，木頭長桌上擺著特別燒製的陶製menu，使用的食器也是金城明光先生的作品。陶器作品圍繞在店四周的架上，傳統技法加上陶藝家的創意，隱約帶著些許東南亞和非洲的影子。

🏯 常秀工房&ギャラリー うつわ家

📍別冊P.17,B2 🏠讀谷村座喜味2748 ☎098-958-6261 ⏰
9:00～18:00(週日10:00～18:00) ❌ 不定休 🔖
tunehidekobou.ti-da.net

位於小坡上的古民家內,為陶藝家島袋常秀的藝廊兼小店。陶藝家**選用薄綠、海藍、淺棕等色調輕柔的水玉和唐草裝飾**,讓咖啡杯、小皿等日常使用的陶器,染上了慢調而溫柔的生活光影,配合著木質色調的店內空間,十分動人。

> 融合傳統的獨創花樣,還帶有一點童趣色彩。

🏯 陶芸工房ふじ

📍別冊P.17,B2 🏠讀谷村座喜味2677-1 ☎098-989-1375 ⏰9:00～18:00 ❌ 不定休 🔖yachimunfuji.theshop.jp/

陶芸工房ふじ是由人間國寶金城次郎的孫女藤岡香奈子所開設,她以沖繩陶器的傳統色彩以及祖父經典的魚紋為基底,**增添上扶桑花、海豚、鯨魚等海洋生物,或是月桃葉的花紋**,每一件作品都有她**手繪的獨創圖案**,再施以或繽紛活潑或柔美的色彩,造就出這一個個帶有纖細個性的作品。

🏯 讀谷山燒共同賣店

📍別冊P.17,B1 🏠讀谷村座喜味2653-1 ☎098-958-4468 ⏰10:00～17:00

除了北窯的共同賣店,やちむんの里內還有一處共同賣店,就位在登り窯前方,這座以石頭堆砌出的房屋充滿樸實風格,**店內販賣的是山田真萬、大嶺實清、玉元輝政、金城明光的作品**,與北窯賣店的作品相較,這裡有更多偏向藝術的作品,傳統紋路之美展露無遺,當然也有雅緻的現代風格。

> 石砌的賣店光是外觀就很引人目光。

🏯 宙吹ガラス工房 虹

📍別冊P.17,B2 🏠讀谷村座喜味2748 ☎098-958-6448 ⏰9:00～17:30

虹是在やちむんの里之中較為少見的玻璃工房,這裡設有玻璃製作的工房,從外圍就可以看到工匠們燒製玻璃的身影,腹地內還設有藝廊賣店,可以看到色彩繽紛的琉球玻璃,不管是常見造型的玻璃杯、泡盛杯、盤、碗,或是特殊造型的作品,在這裡都可以找到。**逛陶器之餘,不妨到這裡找找美麗的玻璃藝品。**

那霸市

沖繩本島 · 読谷 · 残波 · 沖繩離島

🍴 パン屋 水円

🟢 おすすめ 薦

📍 別冊P.15,B2　🚗 石川IC開車約13公里
🏠 読谷村座喜味367　📞 098-958-3239
🕐 10:30~17:30(麵包售完為止)　🈳 週一~三　🌐 www.suienmoon.com　🅿 8個　🗺 33 854 097*54

> 限量出爐的麵包，是沖繩麵包界的逸品。

一間不起眼、在大樹旁的破舊小屋，主人養著一頭小驢，每天限量出爐的麵包，賣完就關店，以自己的步調緩緩過生活，只希望人們吃了自家麵包後，能在心中產生幸福溫暖的漣漪，如水波紋般一圈圈蔓延擴散，這也是「水円」店名的由來。

水円的男主人先前在沖繩知名麵包屋宗像堂當學徒，待了6年後自己獨立開店。店內麵包都是店主親手製作，最大特色就是天然酵母石窯麵包，**使用宮崎縣產的無農藥玄麥、裸麥，未添加任何蛋或乳製品，長時間發酵而成的麵團，經過石窯烤出特殊香氣**，外表樸實，拿起來很沉，吃來很紮實，也比一般麵包更有嚼勁。

也有座位區提供三明治等內用餐點。

瑰麗的琉球玻璃

玻璃在沖繩的歷史約從明治時代中期開始，因為缺乏原料，最初是以廢棄的可樂瓶為創作原料，到今日，玻璃製品的裝飾功能仍大於實用功能。沖繩最出色的玻璃製品稱為「宙吹玻璃」，就是所謂的「吹玻璃」，玻璃砂、石灰、蘇打等混合的原料，得在1,200℃的爐中溶合均勻，再挑出所需的部份降溫至600℃，在吹及形塑時的溫度大約是300℃。製作宙吹玻璃大多是先吹出瓶身和底部，再做瓶口，完成後需要8小時的冷卻時間。

此外，沖繩的玻璃製品全部都不耐熱，不能拿來裝熱飲，但拿來喝泡盛或啤酒卻是最佳選擇，因為透明的顏色和這兩種飲品都適合冰飲。如果拿它們來裝熱飲則會裂掉，這也是為什麼有些玻璃上有類似裂開狀的絲紋，那就是在玻璃冷卻時，適時地沾上一些冷水，而產生絲裂的紋路。

從染布、織布創作出縫工細緻的小巧布包。

🎁 エルサラ雑貨

📍 別冊P.15,A2　🚗 石川IC開車約24公里；巡迴巴士「大当」站下車即達　🏠 読谷村波平2171(うめの荘103)
📞 090-7984-2404　🕐 13:00~18:00　🈳 週二、四　🌐 elsala.ti-da.net　🅿 3個　🗺 33 883 092*17

由高井夫婦開設的紅色小店，舉目所見琳瑯滿目的雜貨，**除了沖繩最具代表的陶杯和陶碗之外，還有女生最愛的耳環、項鍊飾品**。因為男主人高井たつろう本身是設計師，因此除了用相機記錄下沖繩各地的美景之外，也會親手設計各種沖繩代表物產商品，火柴盒裡的迷你模型場景也讓人看到入迷。而女主人高井久美一直都有在沖繩的工藝教室教課，因此店內部份商品也出自其手。

🍴 島やさい食堂てぃーあんだ

📍別冊P.15,A3 🚗石川IC開車約16公里 🏠読谷村都屋448-1 ☎098-956-0250 🕐午餐11:00~15:00、晚餐(週五~日)18:00~21:00 ❌不定休 💲てぃーあんだ御膳￥2,200 🌐thi-anda.com 🅿8個 ❗因為座位有限，晚餐需一日前先預約

店名「てぃー」是手，「あんだ」是油，直譯的話就是「手油」，而在沖繩方言裡則是表達料理中含有愛情或用心的意思。進入店內就像將回到一間古老的沖繩民宅，屋旁的緣廊是連接庭院和屋內必備的放鬆空間，這間店也是主人伊波清香童年回憶的再現，店內每道手作料理都回應小時候母親與奶奶在紅磚屋裡，為一家七口每天投入滿滿愛心所製作的飯菜，除此之外，店主人也會向熟悉的農民直接進貨，保證都是安心無農藥的在地沖繩野菜。

坐在長廊上看著綠意盎然的庭院和碧空如洗的天空大海發呆，享受悠閒自在的沖繩時間。

🍡 鶴龜堂善哉

鶴亀堂ぜんざい

📍別冊P.15,B2 🚗石川IC開車約12公里 地址：読谷村字座喜味248-1 ☎098-958-1353 🕐11:00~17:00(售完為止) ❌週三(夏季不休息) 💲紅芋黑糖ぜんざい￥680 🌐www.facebook.com/tsurukame358/ 🅿共同停車位50個

薦 おすすめ

鶴龜堂不僅善哉是傳統滋味，就連店內擺設也都是懷舊的小物。

一般在日本看到善哉(ぜんざい)通常指的是熱紅豆湯加麻糬，但沖繩的善哉是煮透的甜紅豆(金時豆)和白玉，上頭加上刨冰的甜品，**鶴龜堂的善哉將金時豆燉煮6小時至軟而不爛，甜度也剛好**，還吃得到黑糖的香氣，非常消暑。店裡擺設了許多老闆收集的手動刨冰機，卡通造型的刨冰機讓人回憶起童年時光。

那霸市

沖繩本島

読谷・殘波

→沖繩離島

來這可以感受琉球慶典的熱烈氣氛。

🎯 琉球村

🚗別冊P.15,C1　🚌石川IC開車約9公里；那霸BT搭乘巴士20號在「琉球村」站下車　📍國頭郡恩納村山田1130　☎098-965-1234　🕙10:00~16:00(售票至15:00)　❌週三　💴大人(16歲以上)￥1,500，高中生￥1,200，兒童(6~15歲)￥600。體驗另計　🌐www.ryukyumura.co.jp　🆓免費　📱206 033 065

　以沖繩的歷史、自然和生活文化為題的主題樂園。宛如古代沖繩般的村內，除了可以參觀移建自沖繩各地的傳統沖繩民家建築、嘗試三線、貝殼飾品製作、風獅爺DIY、琉裝等文化體驗，連密室逃脫等冒險遊戲也有，週末還有太鼓舞、琉球舞、各種沖繩傳統的音樂歌舞演出及熱鬧祭典等，相當有看頭。

快速就能完成的文化體驗

琉裝變身

和風的浴衣、和服變裝體驗十分常見，沖繩則有傳統的琉裝可以換裝。顏色艷麗的琉裝是琉球王國時代的服飾，袖口大所以通風良好，穿來涼快舒適，男生還可選擇國王裝、エイサー(Eisa)裝扮以及琉球大臣三司官的造型。除了可選擇簡單、時間較短的換裝外，也可以選擇搭配衣服、髮型與化妝的全套變裝方案，全身造型完成後還可以穿著傳統服飾在園內散步拍照。

💴琉裝散步コース￥2,000

三線體驗

想要認識沖繩文化，不妨找間三線教室體驗三線彈唱。步入琉球村的三線教室，捧著那由中國福建傳來的弦樂器，努力記住琴譜上那工工四的音符記號後，輕撫著蒙在琴身的海蛇皮(雖然練習用琴大多為假皮)，隨老師口令撥動琴弦，琴音斷斷續續地流洩在空氣之中，不熟練，卻又令人為此感到悸動。從正派教學到路邊阿伯彈唱的淚光閃閃，沖繩三線那獨特音色不只襯出小島歌謠的節奏，更唱出島人率直的喜悲。

🕙30分　💴￥1,000

紅型體驗

紅型意為「有顏色的圖案」，沖繩紅型的圖案源於東南亞，技術則習自中國和日本，到了18世紀時，吸收了更多外來文化，產出了獨特的印染，顏色鮮豔，有其獨特的南國風味。傳統的紅型製作要先構圖、上膠，觀光體驗多半已省略前面的步驟，直接從著色開始，所以對小朋友來說，反而是種不錯的體驗！紅型體驗的方便處是你可以將半成品帶回家，再慢慢完成剩餘的步驟。半成品帶回之後，最好放在房間桌上。由於漿糊有米和糖等成分，需要盡快完成剩下步驟，顏料大致風乾後，用熨斗隔著報紙把作品燙一燙，讓顏色附著得更緊密，也讓膠軟化一些。燙完去報紙，用水噴濕作品，或泡在水中一晚。第二天將作品拿到水龍頭下沖洗，記得用手指頭輕輕搓去殘留的膠質就好，否則還沒固定的顏色會暈染開來。晾乾或陰乾後再用熨斗燙一下背面，即可將作品燙平整，這樣就完成囉！

🕙現場製作約50分

👁 真榮田岬

🔖別冊P.15,C1　🚗石川IC開車約6公里。從那霸市區搭乘20號巴士至「久良波」站下車後，往縣道6號縣道徒步約20分，或乘計程車約5分可達　📍國頭郡恩納村真榮田469-1　📞098-982-5339　⏰7:00~17:30。停車場大約7:00~18:00　❌1/1~1/3　💰淋浴￥200/2分鐘，置物櫃￥100/次　🌐maedamisaki.jp　🅿️￥100/1小時，入口左邊小巷可以路邊停車　❗冬日季風或海浪過大時，樓梯可能封閉

　　真榮田岬是沖繩具代表的潛水聖地，因為鄰近全世界只有沖繩和義大利才有的「青色洞窟」而知名。石灰岩海岸上有簡單的步道和瞭望台，可以欣賞海邊奇形怪狀的礁岩、清澈透藍的海水、寬闊綿延的珊瑚礁和浮潛的人們，另外也有簡單的淋浴設備。入口不遠處右側的長階梯可以通往海邊。

©AruGuide沖繩

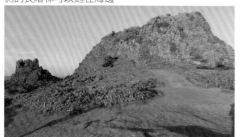

👁 青之洞窟

青の洞窟

おすすめ 薦

神秘湛藍的青之洞窟是沖繩數一數二的美景！

🔖別冊P.15,C1　🚗石川IC開車約8公里，一般會參加潛水或浮潛體驗前往　📍恩納村真榮田469-1

　　位於真榮田岬鄰近的「青之洞窟」，是**由琉球石灰岩構成的天然洞穴，當陽光由洞窟入口照射進洞窟時，海水是變幻多端的透徹青藍**，熱帶魚悠游其間，彷彿做夢般的畫面。青之洞窟現在是沖繩相當知名的景點，在旺季時還需排隊等候進洞呢！少部分潛水店家也提供英文或中文服務。

💡 青之洞窟的奇幻之旅

　　想要一訪青之洞窟之美，可以選擇當地的導覽行程。AruGuide店名中的Aru為店主人原田誠一的暱稱，直截了當地表示要帶領遊客遊覽沖繩之美，這裡主打的正是「獨木舟與青之洞窟浮潛」。出發後沿著斷崖絕壁前行，來到青之洞窟旁的大洞窟稍事休息，換上面鏡跟著教練游入青之洞窟，黑暗中散發著藍色光芒的洞窟神祕魔幻，出了洞窟，海中世界頓時繽紛了起來，小丑魚、河豚、熱帶魚優游其中。划獨木舟回到小屋沖洗後，還可到附設的咖啡廳點杯飲料、輕食，望著澄藍如洗的海洋，身心無比舒暢。

AruGuide沖繩／アルガイド沖縄

🔖別冊P.15,C1　📍恩納村山田3088-1（マリブビーチMalibu Beach內）　📞098-982-5605　⏰浜辺のTipi Cafe-10:30~18:00(L.O.17:30)　❌浜辺のTipi Cafe-不定休　💰シーカヤックと青の洞窟シュノーケルの冒険(獨木舟與青之洞窟浮潛)￥7,700，一天有4個時段可以選擇，全程約3小時　🌐www.aruguide.jp/lang_tw　🅿️30個，免費　📞206 034 669　❗可電話或從官網預約；需自備毛巾、泳裝

©株式会社まえだ

Ⓗ Hotel Nikko Alivila

🅐別冊P.15, A2 🚗沖繩北IC開車約34公里；或從那霸機場、那霸巴士總站搭乘利木津巴士至「ホテル日航アリビラ」站，車程約1小時40分 🅐中頭郡読谷村字儀間600 ☎098-982-9111 ◐Check-in 14:00~、Check-out ~11:00 ⑤附早餐方案，兩人一室約¥33,000起 🌐www.alivila.co.jp 🅟250個，1晚¥1,000

　　距離殘波岬不遠的日航系列飯店，**採用西班牙殖民風格的建築，以淡黃色為基調的內裝與隨處可見的招牌橘色，給人溫暖的感受**。這裡可以同時擁有在沙灘與花園泳池戲水的享受，位在飯店腹地內的Nirai海灘，有潔白的沙灘與透明度高的海水，喜歡水上活動的人可以體驗浮潛、香蕉船，不喜歡的人也可以靜靜躺在沙灘上或泳池畔，感受陽光與海風的美好。

Ⓗ Coral Garden 7 Pools

🅐別冊P.15, B2 🚗石川IC開車約12公里 🅐読谷村長浜718-3 ☎098-958-7565 ◐Check-in 15:00~21:00、Check-out ~11:00 ⑤1室1~3人，¥18,500起 🌐cg7-okinawa.com/ 🅟1間房間可停1輛車，免費

　　Coral Garden 7 Pools 位於讀谷村的山腰上，是由**三棟四層樓建築連在一起的白色度假民宿**。Coral Garden 7 Pools，**每一戶都有自己專屬的一樓停車場，以及獨立通往樓下公共空間的階梯**，較能保有個人隱私。大片落地窗外的無敵海景，加上居家感的客廳、設備齊全的廚房空間，以及舒適柔軟的大床、讓人有種真正回到家的放鬆。

獨立的住房設計讓這裡成為旅人在沖繩的家。

國頭・山原

2-57

那霸市

沖繩本島

西海岸

沖繩離島

國頭・山原
海洋博公園周邊・
本部・名護
讀谷・殘波・ 西海岸
美國村・北谷 本島中部
浦添・宜野灣
本島南部

西海岸
にしかいがん
West Coast

西部恩納村的海岸線，大概是所有人印象中純淨的沖繩海邊風景：純淨清透的海水、水裡觸手可及的珊瑚礁群、白色沙灘和晴空……除了入住度假飯店，也可以僅選擇拜訪海灘，盡興玩海。

交通路線 & 出站資訊

本區交通以開車較為方便。所有景點都在國道58號上，可以沿路順行拜訪。
巴士
可從那霸巴士總站或「県庁北口」站搭乘巴士20、120號，在沿線各飯店或景點下車。另外，那霸機場國內線航廈前有高速巴士直達各飯店，詳情請向飯店洽詢。

> 大象形狀的斷崖是遊客爭相合照的鬼斧神工。

> 這裡也是韓劇《沒關係，是愛情啊！》來沖繩的取景地。

> 可以欣賞角度廣闊的大海風景。

◎ 万座毛

薦 おすすめ

別冊P.16,B2 ＠屋嘉IC開車約6公里；巴士「恩納村役場前」站步行約15分 ⏺恩納村恩納2767 ☎098-966-8080 ⏺8:00~19:00 ⏹步道¥100，國小以下免費 ⏸315個 ⏺www.manzamo.jp/ ▦206 312 039*17

大象模樣的灰色斷崖、長滿綠草的絨絨地面，還有湛藍無邊際的大海，色彩豐富景致迷人。

万座毛是恩納海岸的知名景點，名字的意思是「可以坐一萬人的空地」。順步道繞行寬闊的珊瑚礁岬角上，兩側植物都是適合海岸地形的原生植物，沿途可以望見遼闊的海洋景色和北側的萬座海灘，附近大象形狀的斷崖，則是萬座毛的最具代表的一席風景。

那霸市 ▶
沖繩本島・西海岸 ▶ 沖繩離島

除了2樓有戶外座位區，3F的開闊觀景台，更能居高一覽海景。

舒適又開闊的空間，休息用餐外，也能滿足購物需求。

万座毛周邊複合設施

万座毛周辺活性化施設

🏠万座毛步道入口　☎098-966-8080　⏰8:00~19:00　💲設施免費使用；万座毛步道售票處(1F)　🌐www.manzamo.jp/

　廣受海內外遊客喜愛的万座毛，可說是恩那村最具代表的景點，為了完善景點的管理與遊客的便利性，**2020年10月全新落成啟用的這棟複合式功能建築空間，結合了觀光資訊、休憩座位區、置物櫃等服務外，更有購物、美食多達10個店鋪，3樓更有戶外觀景台**，讓更多來此遊覽的旅人可以更加輕鬆賞景、走步道。當然也因專業管理的加入，万座毛也開始必須購票入場。

元祖海葡萄 万座毛店

元祖海ぶどう万座毛店

🏠在万座毛周辺活性化施設內　☎098-966-2588　⏰11:00~18:00　💲元祖海ぶどう丼(元祖海葡萄蓋飯-小)¥1,300　🌐www.ganso-umibudou.co.jp

　店名元祖海葡萄本店直接道出了這家店的賣點，這裡是**海葡萄丼的創始店**，將沖繩名產海葡萄與醋飯結合，加上新鮮的海膽及山藥泥、鮭魚卵做成的招牌**「元祖海葡萄丼」相當美味**，店裡牆壁上滿滿的簽名版可看出海葡萄丼受歡迎的程度。推薦的吃法是先直接入口、感受海葡萄原有的鮮甜後，再依自己的喜好添加檸檬水果醋(レモンポン酢)攪拌。2020年店家隨著萬座毛新設施開幕，而從原址搬遷入駐營運。

滿滿海葡萄的丼飯吃得到海葡萄的特殊口感，更有著大海的鮮味。

加入水果醋後滋味更顯酸甜爽口。

部瀨名海中公園 薦 おすすめ

ブセナ海中公園

別冊 P.16,C1 許田IC開車約5公里；搭乘20、120號巴士「ブセナリゾート前」站下車徒步即達 名護市喜瀨1744-1 098-052-3379 海中展望塔9:00~18:00(11~3月~17:30)；入場至閉館前30分 海中展望塔：大人￥1,050，4歲~國中生￥530；玻璃船：大人￥1,560，4歲~國中生￥780；海中展望塔+玻璃船套票：大人￥2,100，4歲~國中生￥1,050 www.busena-marinepark.com 200個，免費 206 442 076*60

不論是搭上玻璃船或在海中展望塔內，都可以欣賞到繽紛的海底世界。

沿著美麗的部瀨名海灘前行，可以抵達海中公園的玻璃船碼頭和海中展望塔，一窺沖繩海底的美麗景緻。**海中展望塔是海中央的白色小塔**，展望的不是海面風景，而是順著環狀樓梯往海裡走，**透過圓形窗戶，欣賞海底的珊瑚礁和熱帶魚群**！另外，搭上一黑一白鯨魚造型的玻璃船透過中央的玻璃船底，可以看見海溝、滿滿的各式珊瑚礁、追著船跑的熱帶魚群和海星、海膽等海底生物，船上也有提供飼料販售。

玻璃船會在定點停下讓遊客觀察水中生物，建議航行中不要盯著海底，比較不會暈船。

從棧橋走進海中展望塔，透過窗戶欣賞海底風光。

H 星野集團 BEB5 沖繩瀨良垣 薦 おすすめ

星野リゾート BEB5沖繩瀨良垣

別冊P.16,B2 距那霸市區車程約1小時，也可於那霸機場預約直達飯店的接駁巴士(預約制、收費) 恩納村瀨良垣1860-4 050-3134-8096 Check-in 15:00~、Check-out ~11:00 兩人一室、一人(不含餐食)約￥9,000起 hoshinoresorts.com/zh_tw/hotels/beb5okinawaseragaki/

享受最無拘無束的住宿時光。

星野集團旗下的青年旅館品牌「BEB」，2022年7月在鄰近万座毛的西海岸邊開幕，**以「自由為本的青年旅館」為品牌概念**，結合了年輕族群的旅遊需求，**提供不受時間與框架限制的旅行樂趣。**提供各式豐富房型選擇外，便利機能又充滿舒適悠閒的公共空間，更是為旅遊帶來最棒的交流空間。

24小時開放的公共空間「TAMARIBA」，備有桌遊、書籍，是可自由享受的舒適空間。

©星野集團

以青年旅館品牌出發，也能享有飯店般的設備與高管理品質。

©星野集團

欣賞景色之餘當然也要玩熱門的水上活動。

白色的棧橋也是遊客拍照的熱點。

Kariyushi Beach

かりゆしビーチ

別冊P.16,C1 許田IC開車約4公里 名護市喜瀨1996 098-052-4093 9:00~17:00(依季節時間微調) 非住客大人￥550、小孩￥330(其他水上活動費用另計) www.kariyushi-beach.co.jp 30個，免費

擁有珊瑚礁和熱帶魚群的海灘Kariyushi Beach，是屬於鄰近飯店Okinawa Beach Resort Ocean Spa的飯店海灘。這裡的水上活動包括水上腳踏車、玻璃船、乘船出海等，**也有時下最熱門的Flyboard(水上鋼鐵人)、Hoverboard(衝浪飛板)**，綠樹與礁石環繞的海灘風景十分美麗。

Hawaiian Pancakes House Paanilani

おすすめ **薦**

堅果鬆餅可是數量限定的招牌餐點。

從裝潢到餐點都很美式。

🅐別冊P.16,B2　🚗許田IC開車約13公里　🏠国頭郡恩納村瀬良垣698　📞098-966-1154　🕐7:00~17:00(L.O.16:30)　🍴ナッツナッツパンケーキ (堅果鬆餅)¥1,000　🅿20個,專屬停車場在店鋪正對面　🗾206 314 567*55

正統的美式口味鬆餅,讓這裡成為食べログ上沖繩第一名的鬆餅。

位在國道58號線上,Paanilani是一家**充滿美式風格的鬆餅店**,不甚起眼的店鋪外觀裡是美式風情強烈的簡約裝潢,這裡**備受當地人喜愛**,假日時總是有許多爸媽帶小孩來用餐,店內提供多種口味的鬆餅,豪邁搭上特大培根、午餐肉、炸雞,再來顆雞蛋,就是道地的美式鹹食口味,**招牌的堅果鬆餅淋上滿滿的自製堅果醬汁,再搭配香蕉**,讓每一口鬆餅都有香濃滋味,好吃極了。

ハワイアンパンケーキ PANCAKES!

🎁 道の駅 許田

🅐別冊P.16,D1　🚗許田IC開車約2公里　🏠名護市許田17-1　📞0980-54-0880　🕐8:30~19:00　🌐www.yanbaru-b.co.jp　🅿97個,免費　🗾206 476 708*74

沖繩的「道の駅」兼具休息站和地方聯合物產中心的功能;位於**沖繩高速公路最北端的道の駅許田**,**販賣許多沖繩北部的物產**,如果無緣繼續北征,可以來這兒看看山原秧雞的明信片和北部各村產品過過乾癮,也有麵食、牛排、冰淇淋和小點心可以填飽肚子。

想買沖繩北部特產的話可別錯過。

©OCVB

👁 幸喜海灘

幸喜ビーチ

🅐別冊P.16,D1　🚗許田IC開車約2公里　🏠名護市幸喜674-1　📞0980-54-2567　🕐9:00~19:00(4~9月可游泳)　🍴入場免費,淋浴¥100/3分鐘　🅿30個　🗾206 443 148*82

同樣位於國道58線上的幸喜海灘是**西海岸一帶稀有的公營海灘**,有著棕櫚搖曳的海灘,因為處於本部半島內側而波浪平緩,白沙碧海一樣相當吸引人。沿著名護市民海灘向北望去,長長的白色沙灘可以一路延伸至部瀬名海中公園一帶。

恩納店規模更大，還有紅芋塔手作體驗可參加。

御菓子御殿 恩納店

別冊P.16,B2　屋嘉IC開車約9公里　恩納村瀨良垣100　098-982-3388　9:00~18:00，美ら海11:00~18:00　www.okashigoten.co.jp　80個

比起國際通店氣勢更加宏偉的御菓子御殿恩納店，光憑壯觀的門樓就可以輕鬆找到。寬闊店面內有豐富的自家商品、洋菓子和冰淇淋吧，**內側還能參觀紅芋塔的製作過程，甚至還有恩納店限定的紅芋塔手作體驗。**2樓的展望餐廳「美ら海」可以坐望眼前海景，品嚐美味料理，1樓工廠的上班時段，還能特別加點現場出爐的紅芋塔。

Mission Beach

ミッションビーチ

別冊P.16,C2　許田IC開車約8公里　国頭郡恩納村安富祖2005-1　098-967-8802　9:00~18:00(游泳至17:30)　11月~4月中旬　入場￥300　www.tryclub-okinawa.com　100個，1日￥300　206 349 693*34

位於國道58號一側的Mission Beach是由教會營運的海灘，也是**熱鬧的西海岸中難得一見的隱密海灘，**松樹、草地、細緻的厚厚白沙與湛藍海洋在艷陽下構成一幅充滿層次的安靜圖畫。附近的Marine Shop也有提供潛水、香蕉船、橡皮船等水上活動選擇。

因為是收費的私人海灘，遊客相對較少，也更悠閒。

萬國津梁館 café terrace

別冊P.16,C1　許田IC開車約4公里，搭乘巴士20號在「ザ・ブセナリゾート前バス」站下車，徒步20分可達　名護市喜瀨1792 (萬國津梁館內)　098-053-3155　10:00~17:00(L.O.16:30)　不定休　琉球トリコロールパンケーキ(琉球三色鬆餅)￥1,296(附咖啡或紅茶)　www.shinryokan.com　130個　206 442 608*01

位於萬國津梁館一側的咖啡廳，西洋風格的挑高空間優雅靜謐，當年曾是G8會議各國總統聚首的宴會廳。雖然這裡僅供應簡單的甜點和飲料，但不論琉球紅茶、或是**以沖繩黑糖鹹風為底的琉球風提拉米蘇，都獨具巧思，**而且相當美味。一旁設主館萬國津梁館也有部份空間開放參觀。

那霸市

沖繩本島

西海岸

沖繩離島

薦 ～琉球Dining～冨着58番地

おすすめ

別冊P.16,A3　石川IC開車約6公里
恩納村冨着58　098-979-5840
18:00~21:30(L.O.21:00)　不定休
あぐーの炭火焼(阿古豬炭火燒)¥1,580
akr1452386203.owst.jp　25個

> 一邊吃著美味沖繩料理，一邊欣賞現場演出，感受民謠居酒屋的熱鬧！

位在國道58號沿線、Sun Marina Hotel對面的冨着58番地，直接以地址當作店名，是一間提供沖繩當地料理的餐廳，店內開闊而充滿南國情調，**以琉球紅豬、石垣牛等食材創作的料理最受歡迎**，除了鼎沸的人氣讓這裡充滿朝氣外，每晚到了三線現場演奏的時候更是熱鬧無比。

H 麗山海景皇宮度假飯店谷茶灣

Rizzan Sea-Park Hotel Tancha-Bay

別冊P.16,A3　石川IC開車約6公里；或從那霸機場、那霸巴士總站搭乘利木津巴士至「リザン」站，車程約1小時40分　國頭郡恩納村谷茶1496　098-964-6611
check in 14:00~，check out~11:00　標準雙人房
¥12,800起　www.rizzan.co.jp

客房數在500間以上的Rizzan Sea Park Tancha Bay Hotel是規模數一數二的大型度假飯店，對家族或小朋友都相當友善。**綿延800公尺的飯店海灘曾入選日本快水浴場百選中的特選，清透海水的近處就能望見成片珊瑚礁**，水上活動的選擇也相當多元。夜晚倚在面海房間的陽台，聽著海邊小居酒屋的清亮島唄、伴著輕柔浪聲，讓人感受到另一種帶點奢華的沖繩慵懶。

島時間

別冊P.16,B2　屋嘉IC開車約4公里　恩納村字恩納
7335-4　098-966-1111
11:30~15:00(L.O.14:30)、
17:00~22:00(L.O.)　週四　沖繩炒苦瓜(ゴーヤチャンプルー)¥800、泡盛¥400起　30個

島時間是一間氣氛滿點的**古民家空間居酒屋**，不但沖繩泡盛的種類十分豐富，店員還會附帶詳細的推薦和說明，傳統口味中結合創意的沖繩料理也相當用心美味。夜裡，民家的木色窗櫺流洩出昏黃燈光，店內光線溫暖、人群喧鬧，彷彿呼喚著路過的旅人們。

Ⓗ Hotel Moon Beach

ホテルムーンビーチ

Ⓐ別冊P.16,A3 🚗石川IC開車約5公里;或從那霸機場搭乘利木津巴士至「ホテルムーンビーチ」站,車程約1小時30分 📍恩納村字前兼久1203 ☎098-965-1020 Ⓥ
Check-in 14:00~、Check-out~11:00 Ⓢ標準雙人房
¥21,600起 Ⓤwww.moonbeach.co.jp Ⓟ1晚¥500
📷206 096 617 ❶非住客使用沙灘¥500

　　位於恩納海岸的Hotel Moon Beach,是**沖繩本島各地擁有獨立海灘的飯店當中價錢較為親民的一間,同時也是沖繩第一間的Resort Hotel**。熱帶花朵與椰子樹環繞的海灘上,可以進行包括無人島探險和水底散步等各種海上活動,能望見海洋的餐廳風景也相當宜人。

©Hotel Moon Beach

Ⓗ ANA INTERCONTINENTAL MANZA BEACH RESORT

ANAインターコンチネンタル万座ビーチリゾット

Ⓐ別冊P.16,B2 🚗從屋嘉IC開車約8公里;或從那霸機場搭乘利木津巴士至「ANAインターコンチネンタル万座ビーチリゾート前」站,車程約1小時40分 📍國頭郡恩納村瀬良垣2260 ☎098-966-1211 Ⓥcheck in 15:00~、check out~11:00 Ⓢ雙人房¥18,000起 Ⓤ
www.anaintercontinental-manza.jp Ⓟ1晚¥1,000
❶非住客使用沙灘¥1000

　　與万座毛對望的**ANA INTERCONTINENTAL MANZA BEACH RESORT**,擁有美得令人羨慕的**万座海灘**,各種水上活動自然也十分豐富。2009年更名並全新改裝後,以白、青藍兩色為主調的內部裝潢十分清爽,多間餐廳、大浴場和三溫暖等公共設施也可以盡情使用。

海洋博公園周邊
かいようはくこうえんしゅうへん
Around Ocean Expo Park

國頭·山原
海洋博公園周邊
本部·名護
讀谷·殘波　西海岸
美國村·北谷　本島中部
浦添·宜野灣
本島南部

沖繩美麗海水族館是海洋博公園內最有名的景點，也是沖繩最受歡迎的景點之一，可以在世界最大的水槽前看著鯨鯊、鬼蝠魟和色彩鮮豔的魚群悠遊其中，公園內的海豚表演、美麗海灘、熱帶夢幻中心也都值得一遊，還有鄰近的備瀨福木林道，在樹影中信步遊走、欣賞聚落風景，最能體會島嶼的悠閒時間。

佔地廣闊的海洋博公園非常適合帶小朋友來。

交通路線 & 出站資訊

本區交通以開車較為方便，另外也有路線巴士、觀光巴士可利用。

巴士
◎要利用巴士前往，從那霸機場國際線航廈巴士站或那霸巴士總站搭乘高速巴士117號最為方便，117號巴士可直達海洋博公園，在「記念公園前」站下車即可。但是此巴士班次不多，若要利用，建議先確認好車次。
◎也可以在旭橋的那霸巴士總站搭乘20、120號巴士，或是搭乘經由高速公路的111號巴士，在「名護バスターミナル」站下車，轉乘65、66、70號巴士於「記念公園前」站下車可達。
◎**觀光巴士**
·那霸巴士推出了數條包含海洋博公園的觀光巴士路線(部分因疫情運休中)，其中B路線從那霸市區出發，會在海洋博公園停留3小時，也會造訪今歸仁城跡並停留70分鐘，車上備中文語音導覽，是一條1日遊的充實路線。
⑤大人¥7,000、小孩¥3,500(不包含城跡門票)
⑩daiichibus.co.jp/sightseeing-bus/b-course/
·沖繩巴士株式會社也有相關行程，除了會在海洋博公園停留2小時10分以外，還會遊覽今歸仁城跡、名護鳳梨園、萬座毛。
⑤大人¥7,000、小孩¥3,600(不包含水族館門票)
⑩okinawabus.com/wp/bt/bt_regulartourism_b
·除了上述兩家公司，Cerulean Blue也推出結合古宇利島、美麗海水族館、御菓子御殿、萬座毛、琉球村的觀光巴士，一天內就可以遍遊西海岸各大景點。
⑤大人¥5,600、小孩¥3,700(含水族館及琉球村門票、餐自理)
⑩www.cerulean-blue.co.jp/bus_tour

👁 海洋博公園

🅰別冊P.18,A1；P20　🚗那霸機場開車約2小時；許田IC開車約28公里，50分　🏠國頭郡本部町石川424　☎0980-48-2741
🕐10~2月8:00~18:00，3~9月8:00~19:30，依設施而異　❌2月第一個週三·四　💰免費　🌐oki-park.jp/kaiyohaku　🅿公園內共有9處停車場，全部免費　🗺553 075 409(中央入口)

1975年時國際海洋博覽會的舉辦會場，之後改建成佔地廣闊的國營紀念公園，光是每年入園人數就超過500萬人次，逐年創下造訪人次紀錄，可見其受歡迎的程度。除了吸引眾多遊客的沖繩美麗海水族館位於園區內，公園內還有海豚劇場、熱帶植物園、沖繩鄉土村、海洋文化館·天文館等各種人文與自然設施，而且其中**大部分都是免費**的唷。

👁 海豚劇場

オキちゃん劇場

📍別冊P.20,C1　🚶美麗海水族館步行約5分　🕐10:30、11:30、13:00、15:00、17:00。每次20分　💲免費

　　相當**難得的免費海豚**表演劇場。在這個表演場地，半開放的空間可以望見碧藍海洋和沖繩北部的象徵「伊江島」；表演池中活潑的瓶鼻海豚和伶俐的擬虎鯨輪番上陣，表演唱歌、跳舞、頂球、跳水等把戲，聰明可愛的模樣，讓觀眾讚嘆不已。

👁 海牛館

マナティー館

📍別冊P.20,C1　🚶美麗海水族館步行約5分　💲免費

　　傳說中美人魚的原型就是圓圓胖胖的海牛。這些體型龐大的草食動物可以長達4.5公尺，住在海牛館裡的海牛有兩隻男生、兩隻女生，平常的主食是萵苣和各種水草，溫馴的表情和緩慢游泳的慵懶姿態相當可愛。

遊園巴士

烈日下在廣達70公頃的海洋博公園步行也許太過辛苦，幸好園方有準備定點循環的遊園巴士，讓遊客可以輕鬆往返各景點間。依照前往地點的不同，遊園車共有3種路線、11個停靠站，以約10~20分的間隔來回運行。

💲小學生以上1次￥300、1日券￥500

🚌分為「水族館路線」、「水族館‧熱帶夢幻中心路線」及「園內周遊路線」

沖繩本島‧海洋博公園周邊
➡沖繩離島
那霸市

👁 熱帶夢幻中心

熱帶ドリームセンター

📍別冊P.20,B1　🚶美麗海水族館步行約15分　🕐10~2月8:30~17:30、3~9月8:30~19:00。入園至閉館前30分　💲大人￥760、中學生以下免費

> 以植物鮮豔色彩構築出的夢幻世界，是公園內除了「海」以外，屬於大地的繽紛魅力。

　名為熱帶夢幻中心的植物園擁有世界最大的溫室群，種植著2,000株以上的美麗蘭花、各種熱帶、亞熱帶植物和奇妙果樹。人潮不多的空間內，輪番綻放的各色花朵與高大樹木令人感覺心情平靜，舊紅磚砌成的牆垣走道、螺旋型展望塔、風中庭園和池水，交織出靜謐而夢幻的空間氣氛。

👁 海龜館

ウミガメ館

📍別冊P.20,C1　🚶美麗海水族館步行約5分　🕐8:30~17:30、連假及暑假8:00~19:00　💲免費

　玳瑁、赤蠵龜、綠蠵龜等8種沖繩近海海龜們的家，兩層的展場設計讓觀眾可以從水面上和水中看見可愛的海龜們。天氣晴朗時，在水中曬著太陽、邊揮動著四肢游泳的大海龜們，令人看了就開心，每年海龜們也會在旁設的小沙灘上產卵。

👁 翡翠海灘

エメラルドビーチ

📍別冊P.20,D2　🚶美麗海水族館步行約7分　🕐4~9月，游泳8:30~19:00(10月至17:30)　💲免費游泳、淋浴，寄物櫃￥100/1次

　入選日本快水浴場百選之一，名為翡翠的海灘水色澄綠，沙灘潔白，而且從美麗海水族館走出來，只要7分鐘即能抵達。翡翠海灘分為「遊之浜」、「憩之浜」和「眺之浜」三個區域，廣闊的沙灘可以容納3,000人，也是沖繩少數的免費海灘之一。

沖繩美麗海水族館

おきなわちゅらうみすいぞくかん

Okinawa Churaumi Aquarium

參 觀人數累計突破2,000萬人次的沖繩美麗海水族館，是全日本最受歡迎的水族館。館內參觀動線與海洋的深度相呼應；從3樓的珊瑚大廳入場後，可以從深度最淺的礁湖開始，一路走訪愈來愈深的水域，欣賞沖繩近海740種、21,000隻以上的美麗魚群。

🏛 位在海洋博公園內 🏠 本部町字石川424 ☎0980-48-3748 🕐 10~2月8:30~18:30(入館至17:30)、3~9月8:30~20:00(入館至19:00) 🚫 設施檢修日 💰 大人￥2,180、高中生￥1,140、中小學生￥710；16:00以後入場票價約打7折，大人￥1,510、高中生￥1,000、中小學生￥490。6歲以下免費 🌐 churaumi.okinawa 🅿 免費，北口的P7停車場最靠近水族館

冠以「美麗」之名，水族館名的寓意

沖繩美麗海水族館的日文是「沖繩美ら海水族館」，其中「美ら」一詞在沖繩許多地方都可以看到，其實「美ら（ちゅらう）」是沖繩方言中的「美麗」之意，當初水族館改建時從

日本各地募集新名稱，最後選定了「美ら」一詞，不只是因為方言感覺親近又好記，更希望讓遊客感受到屬於沖繩的個性，巧妙選擇也造就了今日大名鼎鼎的「美麗海」。

👁 鯊魚博士展廳

サメ博士の部屋

🏠 美麗海水族館
2~1F黑潮之旅

鯊魚博士展廳裡靜態展示著館內關於鯊魚的研究資料，可以穿過

鯊魚的大口實際感受到牠的嘴巴有多大，可以觸摸的各種鯊魚皮、以切塊斷面的方式介紹的鯊魚也很有趣。旁邊的兇猛鯊之海，住著因為太過兇惡、無法和其他魚群一起生活的危險鯊魚們。

👁 深層之海

深層の海

🏠 美麗海水族館1F 深海之旅

光線特別調暗的深層之海區，住著海底200公尺深處的深海魚，可以在這裡**一窺充滿神秘感的深海世界**。除了各種深海魚和稀有的珊瑚礁外，同位於深層之海區的海中萬象儀，更以近乎全暗的空間，讓觀眾可以看見深海發光魚和螢光珊瑚發光的樣貌。

☕ Cafe Ocean Blue

カフェ「オーシャンブルー」

🏠 美麗海水族館2~1F 黑潮之旅 🕐 8:30~18:00(3~9月至19:30)，店餐至打烊前30分 ❗ 水槽邊座位須加費￥500/40分

位於黑潮之海旁的咖啡廳，座位就在10公尺高水槽的正旁邊，透過海水，咖啡店裡籠罩著夢幻的奇妙藍光。這裡**最大的賣點，就是可以一邊喝著咖啡，一邊看著鯨鯊和魚群在身旁遊動**，供應餐點以飲料和沖繩風輕食為主。

那霸市

沖繩本島 海洋博公園周邊 沖繩離島

黑潮之海

黑潮の海

◎ 美麗海水族館2~1F 黑潮之旅

水族館最知名的景點黑潮之海位於2樓至1樓的展

區內，**高10公尺、寬35公尺、長27公尺的超大型水槽是全世界最大的水族箱**，大小是專為裡頭3隻有著可愛斑點的鯨鯊所量身打造。現場站在水槽前，看著巨大的鯨鯊和魟魚穿梭其間，不管之前看過多少次介紹與照片，還是會感受到壓倒性的震撼與感動。

巨大鯨鯊悠游的模樣。

珊瑚礁之旅

サンゴ礁への旅

◎ 美美麗海水族館3~2F 珊瑚礁之旅

　　總共分為30個獨立水槽的珊瑚礁之旅，飼養著生活在沖繩珊瑚礁地區的各種魚群。**這裡住著一些特別可愛的小魚**：包括很受小朋友喜歡的海葵和小丑魚、亮粉紅色的小魚ハナゴイ(漢字為「花鯉」)，還有像小蛇般從砂裡探出半個身子的花園鰻，每一種都有著討喜的外表。

熱帶魚之海

熱帶魚の海

◎ 美麗海水族館3~2F 珊瑚礁之旅

　　從珊瑚礁到沙灘，水缸裡再現了沖繩多變的近海地形，**裡頭居住著沖繩本島約200多種熱帶魚**，在天然陽光和流動海水的照拂下，鮮黃、黃黑條紋、橘紅、碧綠等各種顏色鮮豔的小魚們穿梭其間，好不熱鬧。

礁湖的生物

イノーの生き物たち

◎ 美麗海水族館3~2F 珊瑚礁之旅

　　小小的礁湖內重現了被珊瑚礁圍繞的潟湖(イノー)生態，在這裡可以親手摸摸看顏色亮麗的藍指海星、胖嘟嘟的饅頭海星、滑溜溜的海參和小型熱帶魚等生活在淺海的海中生物。**記得別把生物們拿離開水面**，牠們才能活得健健康康的唷！

觸碰海洋生物時記得溫柔一點。

◎ 備瀨福木林道

薦 おすすめ

備瀨のフクギ並木

綠葉與灑落其間的細碎陽光，就是福木林道最吸引人的一幅風景。

別冊P18,A1；P.19,E2 許田IC開車約29公里 本部町備瀨389 自由參觀 0980-47-3641(本部町觀光協會) www.motobu-ka.com/ 聚落內巷道非常狹窄，建議將車子停在外圍的免費停車場後徒步參觀，區域內亦提供租借腳踏車及搭乘水牛車觀光的服務 553 105 654*77

400多年前形成的備瀨聚落，利用福木（フクギ）作為家戶以及街道之間的區隔，福木具有防風林的作用，保護臨海聚落不被強風侵襲，**數百年來，福木形成了一條條的綠色隧道**，行走其間，陽光自樹葉的間隙流洩而下，穿越狹窄的小徑，眼前就是寬闊的海洋，還能遙望遠處海上的伊江島。

備瀨福木林道這麼玩

備瀨聚落的風光讓人想要深入其中探索一番，隨意的漫步自然很有情趣，但可別忘了聚落裡值得嘗試的體驗，還有不能錯過的風景。

輕搖慢晃的水牛車

聚落入口處都可以找到，水牛從前是沖繩的重要家畜，現在只有幾個地方可以體驗水牛車。坐上水牛車，欣賞沿路的蓊鬱林木與忽隱忽現的海景，和緩情調充滿舊時光的閒適。

週六日11:00~15:30(約20分鐘) 4人￥2,000(追加1人需加收￥500) www.motobu-ka.com/activity/

逍遙自在的單車遊

備瀨聚落其實不算大，徒步散策以外，騎上單車，就可以輕鬆遊玩聚落，不管是在福木林道內漫遊，還是騎一小段路前往備瀨崎、欣賞廣闊海景，都很迷人。

並木レンラルサイクル

8:00~18:00，冬季~17:00 1小時￥300 namikir.web.fc2.com 聚落內的一福茶屋也有自行車租借服務，1小時￥500(附地圖)

通往大海的綠色小徑

遊客停車後大多直接前往聚落，別心急，從免費停車場回頭，食堂「フクギ屋」旁有條通往海岸的小徑，茂盛樹葉圍出綠色小徑，盡頭就是海景，這可是備瀨的定番風景，怎能不拍張照呢。

無設防的備瀨海景

福木林道旁就是「備瀨海岸」，從入口開始，沿路上有搭乘前往伊江島船隻的棧橋，能夠從堤防下到淺灘的階梯，再往前就是浮潛聖地備瀨崎海灘，就算不浮潛，在淺灘就可以直接看到鮮豔的熱帶魚喔。

553 135 626*63

☕ Okinawasun Smoothie

オキナワサン

🅐別冊P.19,E3　🅐備瀨福木林道入口徒步約2分，靠近巴士「備瀨入口」站牌處　🅐国頭郡本部町備瀨224　☎090-9473-0909　🕐12:00~16:00　🅚週日~一‧例假日　💴果汁類飲品￥400起　🆄www.facebook.com/okinawasunsmoothie　🅿店面車位不多，建議停在備瀨福木林道的免費停車場　🗺553 106 510*13

Okinawasun Smoothie是專賣現打果汁、果昔等飲料的小店，**店家選用本部町農家出產的水果**，甜百香果、火龍果、扁食香檸……，**依照季節提供不同選擇**，現打出水果的新鮮，讓人一口喝到濃郁果香，還有販賣當地作家的首飾、小物等商品，也很值得逛逛。但其實這裡**最吸引人的，是從飲料到店內外裝潢的鮮豔色彩**，繽紛顏色搭配巧妙又可愛，讓人忍不住想大拍特拍。

> 繽紛色彩讓人心情愉悅。

🍴 cafe CAHAYA BULAN

🅐別冊P.19,D2　🅐許田IC開車約29公里　🅐本部町備瀨429-1　☎0980-51-7272　🕐午餐12:00~16:30‧Bar18:00~22:00　🆄www.cahayabulan.com　🅿10個　🗺553 105 714*03

CHAHAYA BULAN位在備瀨並木入口處附近，這座建在海邊的古民家，原本就有得天獨厚的海景，**老闆更將面海的一面改成可打開的落地窗**，坐在藤椅上，海風徐徐吹來，再搭配一份下午茶，真能讓人忘卻一切煩惱，只想好好感受這閒適的美好。

Ⓗ ちゃんや～

🅐別冊P.19,E1　🅐許田IC開車約31公里　🅐本部町備瀨624　☎098-6862-4712　🕐Check-in 15:00~‧Check-out ~11:00　💴一泊二食方案，兩人一室約￥20,560起　🆄www.chanyaa.com　🅿約4個(免費)

原本在度假飯店工作的老闆，因為希望來到沖繩的旅人能夠更深入體會沖繩文化，便將祖父母原本所居住的**古民家**整理後作為民宿，並以**提供一泊二食的方式，增加與旅人接觸，說明沖繩文化的機會**。這裡提供的餐食也相當美味，幾乎所有食材都是來自沖繩本島北部，老闆也積極地把關食物品質，就是要提供安心安全的美味。

> 入住古民家民宿，當一晚沖繩人吧。

本部·名護
もとぶ・なご
Motobu·Nago

國頭·山原
海洋博公園周邊。
本部·名護。
讀谷·殘波　西海岸
美國村·北谷　本島中部
浦添·宜野灣
本島南部

名護市是沖繩本島北部最大的城市，也是想旅遊本島北部的最佳根據地，各式美麗沙灘、主題遊樂園都在此。而鄰接名護向東突出的東海的半島──本部半島，有知名的海洋博公園(美麗海水族館)，包含古宇利島、今歸仁城跡在內的今歸仁村。擁有美麗的海岸線與時間彷彿靜止的鄉野風光，開車沿途慢慢繞會發現很多觀光客罕至的景點！

交通路線&出站資訊

本區交通以開車較為方便，另外也有路線巴士、觀光巴士可利用。

巴士

◎**本部循環線**⇨要在本部半島遊玩，65、66號的本部循環線十分實用。巴士從「名護バスターミナル(名護BT)」站開始，一路繞行名護城、宮里、今歸仁城周邊外，也有在海洋博公園這站「紀念公園前」停靠。但要注意部分班次標註經由「謝花」或「謝·高(高校前)」則不停紀念公園前。

🚌okinawabus.com/wp/rb/rb_routelist

◎**沖繩巴士**⇨聯絡那霸市區與本部的高速巴士，可從那霸機場搭乘111、117、120路線至「名護BT」，111、117也有到海洋博停靠。從那霸BT搭乘20、77路線也可至「名護BT」。

◎**觀光巴士**⇨許多巴士公司都有推出包含本部景點的觀光巴士，可以挑選喜歡的路線加以利用。

・那霸巴士的B路線：路線則會前往古宇利海灘、ワルミ大橋、海洋博公園、今歸仁城跡等景點。

💴B路線大人¥7,000、小孩¥3,500。(不含城跡門票)

🚌daiichibus.co.jp/sightseeing-bus/

・沖繩巴士的觀光巴士行程，除了會在海洋博公園停留以外，還會遊覽今歸仁城跡、名護鳳梨園、萬座毛。

💴大人¥7,000、小孩¥3,600。(不含美麗海水族館門票)

網址：okinawabus.com/wp/bt/bt_regulartourism_b

・Cerulean Blue也推出結合古宇利島、美麗海水族館、御菓子御殿、萬座毛、琉球村的觀光巴士，一天內就可以遍遊西岸與本部兩大景點。

💴大人¥5,600、小孩¥3,700。(含水族館及琉球村門票、不含餐)

🚌www.cerulean-blue.co.jp/bus_tour

◉ 瀨底大橋

🗺別冊P.18,A1　🚗許田IC開車約25公里　🏠本部町瀨底

連接本島的本部半島與離島瀨底島的青綠色鐵橋，**距離海面較高所以有著絕佳的視野**，全長約762公尺，比起海中道路和古宇利大橋多了種復古而樸實的氣氛：畢竟瀨底村的漁獲和農作，自1980年代起就靠著這條橋運進本島，比起觀光地，這裡更接近當地人日常使用的交通道路。

◉ 瀨底海灘

瀨底ビーチ

📖別冊P.18,A1 🚗許田IC開車約25公里；從名護搭乘76號巴士或YKB四島線，但都班次很少 📍本部町瀨底5750 ☎0980-47-7000、0980-47-2368 ⏰9:00~17:00(4~10月) 🚫11~3月 💰入場免費，淋浴(溫水)￥500、置物櫃￥200 🌐www.sesokobeach.jp 🅿￥1,000/日 ❶前往瀨底海灘必須先停在稍遠的停車場，再徒步約5~10分前往

　　熟悉沖繩的朋友都知道，沖繩離島的步調比起本島更加緩慢舒服，開車就可以抵達的瀨底海灘就具備了這樣的離島性格，而且**據傳是沖繩海水透明度第一的秘境海灘**。厚實而溫暖的白色沙灘上氣氛安靜，人潮並不多，不遠處海中點綴的小島則是伊江島和水納島。

> 晴朗時的景色也是一絕。

◉ ワルミ大橋

📖別冊P.18,C1 🚗許田IC開車約20公里 📍今帰仁村天底~名護市我部

　　2010年底啟用的ワルミ大橋連接本部半島今帰仁村與屋我地島，全長約315公尺，大大縮短了自美麗海水族館至古宇利島的路程，開車只需17公里即可抵達，橋本身是採用拱橋設計，**為日本第五長的拱橋**，橋上設有步道，橋下則可望見ワルミ海峽及運天港。

水納島一日遊

水納島有著月牙形狀，看起來也很像羊角麵包，所以又被稱為「羊角麵包島」(クロワッサンアイランド)，因為水納島更為清靜，純白的沙灘與清澈海水吸引玩家前去一訪，許多人都會參加水納島一日遊程，到島上享受浮潛、海上拖曳傘等活動，讓這座小小離島成為新興的玩水聖地。

🌐www.minna-beach.com/
❶相關行程可參考各家活動網站

那霸市

沖繩本島

本部・名護

沖繩離島

👁 今歸仁城跡

📕 別冊P.18,B1 🚗 許田IC開車約27公里；從「名護BT」站搭乘65、66號巴士在「今歸仁城跡入口」站徒步15分 🏠 今歸仁村今泊5101 ☎ 0980-56-4400 ⏰ 8:00~18:00、5~8月~19:00 💲 大人¥600、中高學生¥450、小學以下免費 🌐 www.nakijinjoseki-osi.jp/ 🅿 320個，免費 🔢 553 081 557

琉球王國統一之前北山國王的都城，背倚高山，遠眺大海，**六層綿延層疊的城郭規模之大媲美首里城，還擁有「攻不落城」的豪壯稱號，於2000年登錄為世界遺產**。沿著石階可以一路前往都城中心，古城中老樹盤根錯節，簡單的木牌標示出當年正殿、御嶽等重要場所的位置，附近的歷史文化中心則展出考古挖掘出的各種遺物。

從今歸仁城跡眺望沖繩北部秀麗的山海。

昭和年間修復的平郎門是古城的正門。

🔍 新垣ぜんざい屋

📕 別冊P.18,A1 🚗 許田IC開車約23公里 🏠 本部町渡久地11-2 ☎ 0980-47-4731 ⏰ 12:00~18:00(售完為止) 🈺 週一(遇假日順延) 💲 ぜんざい(蜜豆冰)¥250 🅿 附近有免費停車場

簡單的香甜是沖繩人最熟悉的夏天滋味。

位於市場一角的新垣ぜんざい屋，擁有**超過50年的歷史**，店面彷彿像是一般住家的一樓，販賣的甜點則是招牌蜜豆冰ぜんざい。熬煮得香甜軟爛的花豆，配上糖水和清冰，素樸而實在的傳承口味，加上相當平實的價格，是沖繩人從小到大最懷念的夏天味道。

可以選擇搭乘遊園車或從天空步道遊覽園內。

名護鳳梨園

ナゴパイナップルパーク

⛰別冊P.18,B2　🚗許田IC開車約12公里　🏠名護市為又1195　📞0980-53-3659　🕐平日10:00~17:00、週末例假日~18:00(最終入場閉園前30分)　💰大人¥1,200、4~15歲¥600、4歲以下免費　🌐www.nagopine.com/zh-CHT/　🅿200個，免費　🗺206 716 467*85

　　以鳳梨為主題，名護鳳梨園從入口的鳳梨像開始，到園內展覽、自動遊園車，到處都是鳳梨的身影，這裡其實是**鳳梨的觀光工廠**，園區內**除了寬廣的鳳梨田，還有一大片植物園**，可以看到色澤飽滿的大片綠葉、紅花，洋溢著鮮明的熱帶風情，逛完植物園以後，餐廳、甜點店、酒吧品鳳梨酒外，當然也不能錯過伴手禮商店，包括獲獎的鳳梨蛋糕、充滿鳳梨香的白酒、原創的鳳梨派等，甚至還有數量限定的鳳梨霜淇淋，都不容錯過。

☕ ハコニワ

🏠別冊P.18,B1　🚗許田IC開車約16公里　🏠本部町伊豆味2566　📞0980-47-6717　🕐11:30~17:30　🚫週三、四　www.facebook.com/769706586410087/

　　古民家改建成的ハコニワ是兩個女生開的小小咖啡店，**帶著沖繩舊式情調的老屋，在女主人的巧思打理下，多了種恬靜可愛的空間情調**，每扇打開的木造窗戶，都流進了滿滿的森林綠意。店內供應鹹甜食，食器都是店家親選的沖繩陶藝作家作品。遊走光線昏黃的店內，摸摸老式家具，觀察角落的悉心佈置，或望向前院的露臺上發呆……就用自己的方式，感受沖繩北部山林氛圍。

空氣中充滿著濕潤而清新的樹木味道。

岸本食堂 八重岳店

きしもと食堂 八重岳店

⚑別冊P.18, A1　🚗許田IC開車約20公里
🏠本部町字伊野波350-1　☎050-5493-
7117　🕐11:00~19:00(售完為止)　💲岸
本そば(岸本麵)大￥750、小￥600
kishimotoshokudo-yaedake.
gorp.jp/　🅿25個　❗總店位在
新垣ぜんざい附近

百年老店的清爽滋味可是赫赫有名，到北部遊玩絕不能錯過這一味。

香澄甘美的**清澈湯頭**帶著昆布柴魚與醬油的香氣，**配上帶點嚼勁的麵條、砂糖甜味的豬肉以及白綠的細切蔥花**……1905年(明治38年)創業的岸本食堂已有百年歷史，招牌的岸本麵風味清爽簡單，每個細節都配合得恰到好處，是吃了會感動的沖繩麵唷！

OKINAWA 水果樂園

OKINAWAフルーツらんど

⚑別冊P.18, B2　🚗許田IC開車約13公里　🏠名護市為又1220-
71　☎0980-52-1568　🕐10:00~17:00(最後入園16:30)　💲高
中以上￥1,200、4歲以上￥600　🌐en.okinawa-fruitsland.
jp/　🅿200個、免費　🗺206 716 585*48

OKINAWA 水果樂園可不只是水果公園，園方巧妙加入故事情節，讓這裡變成體驗式闖關樂園。在故事《Tropical Kingdom》中，這座熱帶王國的國王被妖精抓走了，遊客需要化身勇者，幫忙解救國王。到入口領取專用地圖、觀看解說、進入闖關，回答正確就能得到印章，蒐集完19個魔法印章之後，就可以操作機器與魔王對戰，救出國王了。闖關時還可以欣賞水果、蝴蝶、鳥等不同園區，而且問題都有提示，很適合帶著小孩一起同樂。

Cafe&Gallery ほるとの丘

⚑別冊P.18, C1　🚗許田IC開車約21公里　🏠名護市運天原
728-1　☎0980-52-8022　🕐11:00~18:00　🈺週一、四　💲
ワッフル(鬆餅)￥800　🌐www.horutonooka.com　🅿有

跨過ワルミ大橋到了屋我地島，在什麼都沒有的山間出現了ほるとの丘的招牌，沿著小路走進去，**一座被綠色草坪包圍的純白色建築**出現在眼前。結合陶燒與咖啡的店內擺設簡單、精緻卻不造作，女主人親手製作的點心，不論擺盤或味道都流露出一種纖細的品味，讓人不自覺的優雅了起來。

純白色的建築非常醒目。

那霸市
沖繩本島
本部・名護
沖繩離島

 DINO恐龍公園 山原亞熱帶之森

DINO恐竜PARK やんばる亜熱帯の森

別冊P.18,B2　許田IC開車約14公里　名護市中山1024-1　0980-54-8515　9:00~18:00(入園至17:30)　大人￥1,000、4~15歲￥600　www.okashigoten.co.jp/subtropical　有　206 775 882*25　須由國道84號路旁的御菓子御殿進入

　　這座公園是由御菓子御殿經營，前身其實是單純的植物園，2016年5月之後變身成為**恐龍出沒的原始森林**。在生長史長達一億年的巨大筆筒樹林遮蔽之下，巨大的恐龍藏匿轉角，就等著帶給遊客驚嚇，園內有腕龍、暴龍、劍龍等超過80頭恐龍，甚至還有恐龍蛋，不僅恐龍本身就帶有機關，還可以租借平板電腦，欣賞到AR技術下栩栩如生的恐龍身影。

> 園內還有重現大正年間「沖繩輕便鐵道」的小火車可以搭乘，乘車費大人￥660、4歲~小學生￥440。

名護自然動植物公園

ネオパークオキナワ・Neo Park Okinawa

別冊P.18,C2　許田IC開車約11公里　名護市名護4607-41　0980-52-6348　9:30~17:30(入園至17:00)　大人￥900、4歲~小學生￥500　www.neopark.co.jp　550個　206 689 725*11

　　名護自然動植物園雖然規模不是很大，卻可以**一次看到不同地區的熱帶動植物**。進到園內，最先看到的是紅鶴聚集的湖泊，彷彿是肯亞納庫魯湖的縮小版，接著是亞馬遜的熱帶雨林，還有水中隧道可以看到亞馬遜河中的生物，最後則可以看到鶴鴕、鴯鶓等大洋洲特有生物。欣賞以外，到ふれあい広場還可以近距離接觸象龜等動物。

Orion啤酒名護工廠

薦 おすすめ

到沖繩絕不能錯過Orion啤酒，要是喜歡啤酒的話，更不能錯過觀光工廠。

オリオンビール名護工場

別冊P.18,B2　許田IC開車約7公里　名護市東江2-2-1　0980-54-4103　9:00~17:00，工廠見學10:00~16:00(每整點1次)　三、四、12/3~1/3　免費參觀　www.orionbeer.co.jp/happypark　15個　206 598 867*32　可以現場登記等候，但最好事先以電話預約(説明人數及日期即可)

98%內銷沖繩的地產啤酒Orion，是來這裡不可錯過的獨特名產之一；清爽的口味和綿細的泡沫，最適合本地炎熱的夏季。Orion啤酒名護工廠平時開放給一般民眾參觀，除了**可透過約40分的導覽，了解Orion啤酒的誕生、發展與製作過程**，最後還有杯透心涼的Orion啤酒可以免費試喝。

🍴 花人逢

かじんほう

別冊P.18,A1　許田IC開車約27公里，Motobu Resort前的紅綠燈右轉往山上　国頭郡本部町山里1153-2　0980-47-5537　12:00~19:00　週二、三　披薩(中)￥2,600、本部産アセロラ生ジュース(西印度櫻桃汁)￥500、咖啡￥400

kajinhou.com　有專屬免費停車場　206 888 669　花人逢是名店中的名店，建議在開店前先來卡位，或近傍晚時前來，人潮相對較少

超人氣店家花人逢改建自古民家，環境十分舒適，但最重要的是它坐擁一整片蔚藍海景，天氣好時不僅可以看到瀨底島，就連伊江島也盡入眼底，**店內只提供單一口味的披薩與沙拉**，現烤的餅皮搭配香腸、青椒、玉米，還有滿滿起司，光是這道簡單滋味就征服許多饕客的胃。

那霸市　沖繩本島　本部‧名護　沖繩離島

👁 名護城公園

🅰別冊P.18,C4　🚗許田IC開車約8公里；從「名護BT」搭乘65、66號的本部循環線在「名護城入口」站下車，徒步10分
🏠名護市名護5511　☎0980-52-7434　�
自由參觀　🔄
www.nangusuku-osi.jp/　🅿500個，免費

名護城曾是14世紀的名護按司的居住地，城跡保存下來的部分並不多，所在地現已整建成為名護城公園，並以全日本最早舉行的櫻花祭聞名。每年1月下旬，人潮穿梭於盛開的寒緋櫻枝頭下，是名護中央公園最熱鬧的時候；園內的瞭望台則可以眺望名護市街景。

> 櫻花盛開的名護城別有一番風情。

☕ Subaco

🏠名護城公園內　�
10:00~17:00(L.O.16:30)
🈺不定休　📞485 300
450　🅿約8個

Subaco其實是公園設立的多功能休憩設施，因為位在名護城高處，透過大片窗戶就可以輕鬆欣賞名護的美景，尤其是天氣晴朗時，公園的大片綠意、市區街道的建築色彩、遠方層次鮮明的大海，一次盡收眼底，設施內還有販賣當地特產、甜點、咖啡區等，也可以帶外食入內，很適合作為小憩的地方。

日本櫻花最前線

名護城跡建在名護山的山腰處，其實名護山上除了古城遺跡，還有公園及神社，尤其是通往名護神社的參道，順著階梯而上，兩旁的樹木可都是櫻花樹，每到1月下旬，這些寒緋櫻(山櫻花)便會綻放，多達萬株的櫻花齊放，將山頭染上一片鮮豔嫩紅之時，還會舉辦櫻花祭，吸引遊客前來，也因為這片櫻花美景，名護城公園還是沖繩唯一的櫻花百選景點呢。

◯ 櫻花祭約在1月下旬舉辦

百年古家 大家

おすすめ
薦

📖別冊P.18,B2 🚗許田IC開車約14公里 🏠名護市中山90 ☎0980-53-0280 🕐11:00~16:30、18:00~21:00 ⓤufuya.com Ⓟ60個 Ⓜ206 745 056*82

舒適環境與美味食物不僅吸引遊客，韓劇《沒關係，是愛情啊！》也曾來此取景喔。

順著清楚的標示駛進蜿蜒小路，可以找到很受歡迎的古民家餐廳「大家」，綠意盎然的山坳裡，三間古意盎然的民家坐落其中，半開放室內的榻榻米座席、或餐廳內側面向瀑布的位子，都各有著不同的愜意景致，**以沖繩料理為主的菜單包括黑豬肉、沖繩麵和各種定食**，口味清爽道地。

Pain de Kaito

📖別冊P.18,A3 🚗許田IC開車約10公里 🏠名護市宇茂佐の森4-2-1 ☎098-053-5256 🕐8:00~19:00 ⓤwww.paindekaito.co.jp/ Ⓟ4個

儘管沒有座位，樣質又價格合理的歐式麵包依舊吸引人潮。

自橫濱麵包店修業、並在名護開設了第一家店，目前在沖繩已有2家店。Pain de Kaito以法國麵包起家，然而因地制宜，加上與附近農家合作，在這裡也能看到幾項沖繩最具代表的產物，其中**紫芋做成的脆皮泡芙，就像一朵嬌豔欲滴的深紫色花朵**，南瓜子是小綠葉點綴其上，紫芋味道濃郁，甜而不膩，底下千層脆皮層次分明，酥香爽口，是女孩會喜歡的一款甜點。

むかしむかし

📖別冊P.18,B2　🚗許田IC開車約13公里　🏠名護市中山694-1　☎0980-54-4605　🕐11:00~16:00(售完為止)　🚫每月第2、4個週四　💲ヒージャそば(羊肉麵)¥1,050(大)

　　由陶藝家父女經營的沖繩麵店，一切崇尚自然的老闆，除了內裝是自己一手打造，製麵用的鹼水也是自己撿拾草木燒製。這裡**除了沖繩麵以外還有另一項招牌——羊肉麵(ヒージャそば)**，沖繩的山羊肉味道嚐來比台灣的羊肉味重上許多，若非重度的羊肉愛好者，推薦可選擇沖繩麵。

Seaside Cafe BlueTrip

📖別冊P.18,B2　🚗許田IC開車約6公里　🏠名護市東江5-14-20　☎0980-54-3541　🕐12:00~22:00　🚫週二　💲咖啡¥350起，晚餐¥850起　🌐cafe.sunset-sea.com　🅿無，可沿著堤岸停車　📷206 598 038*80

　　來到名護港附近，如果想找個地方歇歇腳的話，Seaside Cafe BlueTrip是十分不錯的選擇。木造的二層小咖啡廳從外觀就十分南國，店內則幾乎都是木桌木椅，搭配上暈黃的燈光與裝飾的乾草，營造出**濃濃南洋度假氣息**，白天造訪時點上一杯咖啡，就可以飽覽眼前名護灣的蔚藍風景，夜晚造訪則充滿小酒館的浪漫氣圍，不同氣息都十分迷人。

カレーの店 たんぽぽ

📖別冊P.18,B4　🚗許田IC開車約8公里　🏠名護市大南1-11-7　☎0980-53-4073　🕐12:00~16:00　🚫週二(遇假日營業)　💲ビーフカレー(牛肉咖哩)¥1,200　🅿有，免費

　　カレーの店 たんぽぽ是**名護當地鼎鼎大名的咖哩店**，這裡的咖哩非常濃郁，吃得到濃濃咖哩香與蔬菜的甜味，份量也十分大方，還提供漬物讓客人搭配，喜歡辣的話，**甚至還有不同等級的辣度可以挑戰**，是在地人都十分推薦的咖哩名店。除了美味咖哩以外，店內裝潢也很有趣，用玻璃隔開的紅色皮椅、堆滿各式酒水的吧台，還有暈黃的吊燈，處處都是懷舊的復古風情。

那霸市

沖繩本島 本部・名護

沖繩離島

H FOUR ROOMS

📍別冊 P.18, A2 🚗許田IC開車約24公里 🏠本部町瀨底4588-1 ☎098-047-3404 ⏰Check-in 16:00~19:00、Check-out ~10:30 💲一泊二食，每人￥13,850 🌐four-rooms.jp 🅿免費 🗺206 793 384*47 ❗需兩個月前先預約

離開沖繩本島，開車跨越一座海中之橋，來到北部離島瀨底島，抵達了這間最小的度假旅宿FOUR ROOMS。室內空間的佈置**融合了沖繩與峇里島的熱帶風情**，房間陽臺上，一張白色吊床，就足以讓人輕鬆度過一個不被打擾的幽靜午後。來到頂樓，被接近360度的大海包圍，一個以木板架高的按摩浴池，讓人一邊放鬆紓壓，還能飽覽山海美景。

也有和風及中式早餐。

H 沖繩東方SPA度假村飯店
ORIENTAL HOTEL OKINAWA RESORT & SPA

📍別冊P.16,C1 🚗許田IC開車約4公里；那霸機場搭乘利木津巴士至「かりゆしビーチ前」站，再由飯店提供免費轉乘接送(需預約) 🏠名護市喜瀬1490-1 ☎0980-51-1000 ⏰Check-in 15:00~、Check-out ~11:00 💲附早餐方案，兩人一室約￥24,000起 🌐www.okinawa.oriental-hotels.com/ 🅿298個，1晚￥1,000 🗺206 412 127

飯店位在國道58號旁小山丘，走進房間，窗外的海景除了清一色的碧藍外，還多了點綠地襯托，落地窗旁還貼心地設有躺椅，可以賴在上面望著窗外的景緻發呆。**這裡最具代表的就是由5座游泳池所構成的花園泳池**，想要享受SPA水療或室內游泳池，也是樣樣齊備。早上也別忘了安排充裕的時間享用早餐，以沖繩在地食材展現豐富美味，不論島產各式肉類、野蔬都列，沖繩當地水果或特製的果醬等，洋食·和食·沖繩料理·中華及無國界風格皆有，光是煩惱要吃哪一樣就讓人興奮不已！

Ⓗ 今帰仁の宿 ハイビスカス

🅐別冊P.18,B1　🚗許田IC開車約26公里　🏠今帰仁村字今泊3571　☎0980-43-6943　⏰Check-in 16:00～、Check-out ~10:00　💲不附餐方案，兩人一室約￥14,000起　🅿20個(免費)　🗺553 112 665

這間民宿就是愛古玩成癡的老闆的收藏之一，當初一聽說附近有人要拆老房子，老闆馬上就跟對方買下，搬回家後與原本的房子組裝在一起，讓住宿的旅人**既可以享受古民家的氛圍，又能夠有舒適寬敞的現代化生活空間**。

老闆的創意還不只如此，民宿隔壁的居酒屋「北山食堂」更是他精心打造的「昭和」空間，從桌椅、餐具到所有的擺設、裝飾品，無一不是古董，店裡唯一不是古董的，就是一根根從天花板接下來的「泡盛水龍頭」，每個人只要付日幣1,000，就可以3小時無限暢飲唷。

Ⓗ The Ritz-Carlton, Okinawa

🅐別冊P.16,C1　🚗許田IC開車約5公里　🏠名護市喜瀨1343-1　☎0980-43-5555　⏰Check-in 15:00～、Check-out ~12:00　💲雙人房約￥38,000起　🌐www.ritzcarlton.com/en/hotels/japan/okinawa　🅿108個，免費　🗺206 383 810 *50

麗池卡登飯店集團第一間位於沖繩的奢華度假旅店，幅員遼闊，一望無際的開闊感，完全融入沖繩美好悠然的自然環境中。飯店外觀的設計概念是來自南部首里城，將沖繩歷史文化帶入，**飯店內所有客房皆為海景房，所以不論入住哪種房型都能享有被山與海包圍的滿滿幸福**。

古宇利島

古宇利島隸屬於今帰仁村，這裡有著沖繩本島最清澈的海水，相傳這座島就是琉球人的起源之地，島上留有沖繩版「亞當與夏娃」的故事，也因此被稱作「神之島」、「戀之島」，至今仍是重要的信仰之地。從前要前往古宇利島只能搭船，古宇利大橋興建之後吸引不少人前來，傑尼斯團體「嵐」在這裡拍攝廣告之後，更是讓古宇利島聲名大噪，成為沖繩北部的必訪景點。

📍別冊P.18,C1；P17

👁 美らテラス

Chura Terrace

📍別冊P.18,C1　🚗許田IC開車約26公里　🏠名護市字済井出大堂1311　☎0980-52-8082　🕐11:00~18:00　🚻
churaterrace.com　🗺485 601 800*51　❗2023年初部分重整，最新活動或餐飲請上網確認

抵達古宇利島大橋之前，不妨先到位在橋左側(屋我地島)的這處休息站，美らテラス裡有餐廳、雜貨紀念品店，可以在這裡享受沖繩麵、沖繩風味的漢堡、咖哩，甚至是自己動手烤BBQ，也有自行車出租，可以遊覽周邊景點，**從設施後方還可以欣賞古宇利島的正面景色**，小島與大海的風景非常秀麗。

👁 古宇利大橋

📍別冊P.18,C1　🚗許田IC開車約26公里　🏠今帰仁村古宇利　🗺485 632 635*10

沖繩**最令人嚮往的開車兜風路線之一**，也是全日本數一數二長的不收費橋。從本部半島開車，可以經過屋我地島、前往古宇利島，沿路上是寧靜無人的鄉間風景，點綴**海中的幾座小島襯著蔚藍晴天與無邊海洋**，美得如詩如畫，驅車穿越碧藍海水，還真會感覺豁然開朗，心中一陣爽快。

> 近距離感受古宇利之美。

👁 古宇利大橋南詰展望所

📍別冊P.18,C1　🚗許田IC開車約21公里，美らテラス旁　🏠名護市字済井出大堂　🅿約10幾個　🗺485 601 832*80

距離美らテラス不遠，有一處免費停車場，這裡就是**眺望古宇利島風景的最佳展望位置**。從此地可以在更近的距離欣賞古宇利島、古宇利大橋，將海灘、島嶼、大橋一次盡收眼底，遼闊又別具震撼力的風景讓人讚嘆，天氣好時絕對會吸引人拍下許多照片。

> 美麗的海景讓人讚嘆。

還有貝殼博物館，可以看到各種形狀的貝殼。

©Kouri Ocean Tower

©Kouri Ocean Tower

👁 古宇利海洋塔

📖 別冊P.17,C4　🚗 古宇利島大橋旁停車場開車約1公里　🏠 今帰仁村古宇利538　☎ 0980-56-1616　🕐 10:00~17:00、五&週末&例假日~18:00　🈺 颱風等惡劣天候時不定休　💲 大人¥1,000、6~15歲¥500、小學以下免費　🅿 200個　www.kouri-oceantower.com/tw　🗺 485 693 513*16

　古宇利塔位於古宇利島的最高處，海拔82m，1樓為貝殼博物館、賣店等，2、3樓則是室內展望樓層、咖啡餐廳，**屋頂則有甲板露台，能夠一覽連接古宇利島及沖繩本島的古宇利大橋。**此外，前往古宇利塔的方式十分特別，必須搭乘無人的自動車前往入口，沿途是有著茂盛亞熱帶植物的庭園，旅客可一邊欣賞亞熱帶風情林園，一邊遠眺湛藍的海景，享受古宇利的美妙。

🍴 Cafe t&c とうらく

📖 別冊P.17,A4　🚗 古宇利島大橋旁停車場開車約1.5公里　🏠 今帰仁村古宇利1882-10　☎ 0980-51-5445　🕐 10:00~18:00(L.O.17:30)　🈺 週三　🅿 8個　www.tc-touraku.com/　🗺 485 691 556*11

　Cafe t&c とうらく是由來自大阪的陶藝家石井女士所開設的**咖啡兼陶藝店**，在色調清爽、光線明朗的店內，部分展示石井女士和朋友們的陶器作品，另一部分則是咖啡餐廳，各式沖繩食材美味餐點外，也有供應甜食和飲料。從店內的陽台和落地窗，**還能望見古宇利大橋和海洋的美麗剪影。**

⼭頭・⼭原

2-85

那霸市
沖繩本島
本部・名護
沖繩離島

> 戀之島上戀人們必訪的景點。

👁 心型礁岩

ハートロック

🗺別冊P.17,B3 🚗古宇利島大橋旁停車場開車約3公里 🕐今帰仁村字古宇利 🔵自由參觀 🅿當地有數個私人停車場,1小時￥200~300不等

　心型礁岩位處古宇利島北側的「ティーヌ浜」,原本只是鮮為人知的秘密景點,在偶像團體「嵐」於此取景拍攝廣告後,瞬間爆紅。來到古宇利島北側,順著指標往下走,很快就能來到ティーヌ浜,而**兩塊薑狀岩「心型礁岩」即佇立在蔚藍的淺海上**,在嵐的廣告詞中提到,當兩塊岩石重疊時就能看到愛心。如果捕捉到心型礁岩的完美角度,也許心中所期待的戀情就會實現唷!

🍴 L LOTA

> 午茶時間的法式吐司也很誘人。

エル・ロタ

🗺別冊P.17,B4 🚗古宇利島大橋旁停車場開車約650公尺 🕐今帰仁村古宇利466-1 ☎0980-51-5031 🕐12:00~16:00(L.O.15:00) 🚫週四 💰農園サラダ ドリンクセット(農園沙拉+飲料)￥1,600、L Lota French Toast ￥1,400 🅿有 🌐llota.okinawa.jp 📧485 692 291*27

　L LOTA是**古宇利島上的精緻餐廳**,這裡提供法式餐點,午餐時間的農園沙拉大量運用了當地生產的季節蔬菜,吃得到蔬果最當季的滋味,**也有經典的馬賽魚湯**,限產海鮮、大蝦、淡菜的鮮甜濃縮其中,用麵包吸取湯汁,最能吃出美味。坐在餐廳裡,一邊享用精緻餐點,一邊欣賞窗外大片的古宇利風光,可以說是古宇利島上最奢侈的享受了。

> 原本餐車停靠處,現在也多了用餐的建築空間。

> 以美式餐車起家,充滿夏威夷風情。

🍴 KOURI SHRIMP

🏆おすすめ 薦

> 滋味濃郁的大隻新鮮蝦子搭配白飯,美妙滋味吸引遊客朝聖。

🗺別冊P.17,B4 🚗古宇利島大橋旁停車場開車約300公尺 🕐今帰仁村古宇利314 🕐11:00~17:00(L.O.16:30) ☎0980-56-1242 🚫不定休 💰Original Garlic Shrimp plate(原味蒜蓉蝦套餐)￥1,300 🌐lovesokinawa.co.jp/ 🅿有專用停車場

　來到古宇利島,千萬不能錯過**超人氣的蝦蝦飯**KOURI SHRIMP!從餐車起家,現在餐車位置多了內用餐廳空間&咖啡甜點店,原本的這台白色餐車販售著各式風味的蒜蓉蝦套餐,現在也停在餐廳門口,**鮮美多汁的蝦肉搭配紅薯片、沖繩苦瓜及飽滿的白飯**,美味得讓人忍不住一口接一口,另外也有古宇利島產烤海螺可享用,喜歡沖繩海鮮美食的話一定要來品嚐看看。

那霸市 沖繩本島 國頭・山原 ➡沖繩離島

國頭・山原
くにがみ・やんばる
Kunigami・Yanbaru

海洋博公園周邊・本部・名護
讀谷・殘波、西海岸
美國村・北谷、本島中部
浦添・宜野灣
本島南部

許多人到沖繩遊玩，最北就只到本部半島，其實還有國頭村、大宜味村等地，這片沖繩最北的土地被稱作「山原(やんばる)」地區，以山地、森林等自然景觀聞名，觀光客較少造訪這一帶，其實也有幾處值得一訪的壯麗景點，時間充裕的話不妨探索山原地區，擴張旅遊地圖。

交通路線&出站資訊

本區交通以開車最為方便。
巴士
◎觀光巴士：利用Okinawa Hip-Hop Bus的C路線，從那霸出發可遊玩國頭村(邊戶岬、大石林山)、東村(やんばるの森)等北部景點，有多國語言的語音導覽可用。
◎週二、四、五、六、日7:30出發(2022年10月~2023年3月)
◎大人￥12,000、小孩￥10,000、幼兒5,000(含各門票費及午餐)
⊕www.jumbotours.co.jp/okinawa-hip-hop-bus/chinese_hant

散步道十分平緩，可以輕鬆遊覽景色。

©OCVB

©OCVB

辺戶岬
邊戶岬

◎別冊P.19,C1 ●許田IC開車約56公里，1小時10分左右 ◎國頭郡國頭村辺戶973 ◎0980-41-2101(国頭村企画商工観光課) ●60個，免費 圖728 736 142 ❶斷崖邊並沒有設立護欄，在周邊拍照、賞景需特別注意安全

邊戶岬是沖繩最北的景點，這一大片奇形怪狀的海岬是由隆起的珊瑚礁形成，沿著散步步道前行，可以看到低矮的海岸植物，濃密的綠地與周邊的大片汪洋形成美景，這裡設有望遠鏡，不僅天氣好時可以眺望鹿兒島縣的與論島，據說1~4月還有機會眺望到座頭鯨的身影呢。

おすすめ
薦

邊戶岬位在沖繩最北端，壯麗絕景是給辛勤旅人的饋贈。

大石林山

◎別冊P.19,C1 ●許田IC開車約56公里 ◎国頭郡国頭村宜名真1241 ◎0980-41-8117 ◎9:00~17:30(最後入園16:30) ●大人￥1200、小孩(4~14歲)￥550、65歲以上900 ⊕www.sekirinzan.com ●80個，免費 圖728 675 895*56

大石林山是相當有名的能量景點，據說琉球創世之神「阿摩美久」最先創造的就是大石林山所在的「安須杜(アシムイ)」，故此地**自古以來就是當地人的聖地**。由石灰岩地形造就的險峻山林擁有2億年歲月，在**2016年9月被指定為沖繩縣立的「山原國立公園」**。進入園內，可以依照不同散步路線，欣賞大石林山的奇岩巨石、巨大的亞熱帶植物，遠眺邊戶岬的壯麗風景。

©OCVB

大石林山裡還有日本最大的榕樹(細葉榕)。

©OCVB

👁 鹽屋灣

塩屋湾

📖別冊P.19,A3 🚗許田IC開車約25公里 📍大宜味村字塩屋 🗺485 615 068*44 ❶欣賞鹽屋灣的最好角度就在六田原展望台(むたばるてんぼうだい)，從展望台將海灣、山丘、宮城島盡收眼底

　　鹽屋灣位在大宜味村，因為出海口處有宮城島鎮守，這一座海灣總是風平浪靜，也因此過去水產養殖業十分興盛。**鹽屋灣寧靜的海水，與周遭圍繞的綠色山丘彼此襯托，被譽為沖繩八景之一**，從灣口的鹽屋灣大橋開車兜風，就能欣賞到鹽屋灣的景色了。

> 想要一覽鹽屋灣的秀麗，到「六田原展望台」就能看到最美的角度喔。

👁 茅打斷崖

茅打ちパンタ

📖別冊P.19,C1 🚗許田IC開車約54公里 📍国頭郡国頭村字宜名真 ☎0980-41-2101(国頭村企画商工観光課) 🅿有，免費 ❶周邊僅有木製圍欄，請特別注意安全 🗺728 675 030*01

　　距離大石林山不遠，還有一處山原地區的天然絕景，那就是險峻的茅打斷崖。**茅打斷崖約有80公尺高，往下仔細看的話，還可以看到海中的珊瑚礁或是魚群**，從這裡可以一望廣闊深藍的大海，晴朗時還能夠望到伊平屋島與伊是名島。據說地名由來是因為就算將茅草綁得再紮實，從斷崖拋下的話也會被強風打散，由此可以想見斷崖的風有多強，賞景之餘千萬要注意安全。

鹽屋灣海神祭

塩屋湾のウンガミ

每年盂蘭盆節後舉行的海神祭(ウンガミ)已有約500年歷史，是當地祈求五穀豐收、無病息災的重要行事，已被列入日本的國家重要無形民俗文化遺產。祭典會在海灣沿岸村落舉行，由女性祭司主持，供奉祭品感謝大海，同時也敬拜山神，在屋古的祭拜儀式結束之後，會轉到鹽屋舉行祈願龍舟競賽，熱烈的氛圍是祭典的重頭戲。

❶祭神儀式不開放參觀，但可觀賞龍舟競賽

沖縄離島

おきなわりとう

沖繩離島怎麼玩：
慶良間群島・久米島

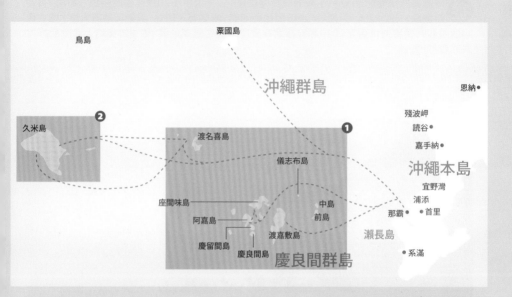

鳥島

粟國島

沖繩群島

恩納●

久米島 ②

殘波岬
読谷●
嘉手納●

渡名喜島

沖繩本島

儀志布島

宜野灣
浦添

座間味島

中島
前島

那霸 ●首里

阿嘉島

渡嘉敷島

瀨長島

慶留間島

慶良間群島

慶良間島

●系滿

① 慶良間群島

　慶良間群島是離沖繩本島最近的離島，最有名的是渡嘉敷島、阿嘉島、座間味島，其實慶良間群島是由20幾座大小島嶼組成，島上人口也不多，因此擁有純淨透明的美麗海域，也因此被指定為國家公園，想要感受離島之美，慶良間群島可說是最便利的選擇。

② 久米島

　久米島是一座火山島，島上有許多山，也形成了多變的景觀，可以看到火山熔岩形成的龜甲疊石，也能夠看到壯麗的斷崖景色，這裡同時也是著名的浮潛聖地，Eef Beach是最具代表的海灘，除了在島上享受海灘，也很推薦搭船前往位在東方海上的終端之浜，欣賞令人讚嘆的海中沙灘美景。

慶良間群島
けらましょとう
Kerama shoto

久米島
慶良間群島

從 沖繩本島搭船約35分~1小時的慶良間群島,由大大小小20餘座島嶼組成,其中只有渡嘉敷島、座間味島、阿嘉島、慶留間島與前島5座島有人居住,其他皆為無人島。這片透明度超群的美麗海域更在2014年被指定為慶良間群島國家公園,吸引許多海上活動愛好者來此潛水、賞鯨。

交通路線&出站資訊

前往離島
慶良間群島是距離沖繩本島最近的群島,從那霸市的泊港搭乘渡輪,即可抵達度慶良間群島各島嶼。(詳見P.A-23~27)

島上交通
沖繩本島最適合的交通方式就是自駕,但離島上出租車數量有限,旺季時建議還是事先預約比較保險。此外,若有報名參加水上體驗活動的話,對方通常會詢問是否需要港口接送,不必擔心交通問題。

◎渡嘉敷島
除了租車、租摩托車外,在渡嘉敷島也可以利用渡嘉敷觀光巴士,巴士只停靠渡嘉敷港、役場前及阿波連海灘3站。

一天約3~4班,單程車資為大人¥400、小學生¥200。
🕸www.shimanavi.com/tokashiki/transport/

◎阿嘉島
到阿嘉島遊玩,除了依賴體驗活動業者接送外,較推薦租借電動車,租借自行車當然也可以,但阿嘉島地勢起伏,電動車相對來說較為輕鬆。

◎座間味島
跟渡嘉敷島一樣,在座間味島也可利用巴士來移動,但停靠站只有座間味港、古座間味海灘、阿佐公民館、阿真露營場4處,1天約6~8班車(依季節調整),單程車資為大人¥300、小學生¥150。
🕸www.vill.zamami.okinawa.jp/info/trans.html

慶良間鹿
慶良間群島是賞景、海上活動的絕佳場所,同時也是天然紀念物——慶良間鹿的棲息地。慶良間鹿是瀕臨絕種的保育類動物,主要棲息在阿嘉島與慶留間島上,島上茂密的原始森林就是牠們的家,因為是夜行性動物,通常要日落前才比較有機會看到牠們,若是幸運巧遇這些野生鹿,可別驚嚇到牠們喔。

阿嘉島
あかしま

位 在座間味島西南方3公里外的阿嘉島，面積約為3.82平方公里，東南部的阿嘉大橋與慶留間島相接，而慶留間島再往南則以慶留間橋與外地島相接，來這裡租車或租腳踏車就可以一次遊覽三座小島。阿嘉島約有半數面積為森林，島上只有約350位的居民，因此開發不多，也維持著鄉間的純樸氣息與純淨的海域，來到這裡一定要試試水上活動，親眼看看令人驚嘆的海中世界。

👁 阿嘉海灘
あかビーチ

📖 別冊P.21,B2 🚗 阿嘉港開車約5分 🏠 座間味村阿嘉 ⏰ 自由入場 🅿 無，可停在阿嘉港

阿嘉海灘就位在港口旁邊，這裡並不如北浜海灘熱鬧，因為這片海灘不僅有防波堤、消波塊，漲潮時還會被淹沒，但其實阿嘉海灘可是個浮潛的好地方，**在這裡浮潛可以看到海底的珊瑚，還有非常高的機會能夠遇到海龜**，也因此在當地教練眼中可是浮潛的秘密基地呢。

在地人才知道的浮潛聖地。

👁 北浜海灘
ニシ浜ビーチ

📖 別冊P.21,B1 🚗 阿嘉港開車約5分 🏠 座間味村阿嘉 ⏰ 自由入場 🅿 免費

薦 おすすめ

這裡珊瑚礁生態豐富，非常適合浮潛。

說到**阿嘉島最具代表的景點**，絕對非北浜海灘莫屬，清澈見底的大海從海岸到海平線有著深淺不一的漸層色，從混合著沙灘白的淺藍到水藍、湛藍，在水平線上則是碧綠的座間味島，有著優美如畫的自然風景。海底下的世界也一樣多彩，是知名的浮潛與深潛聖地。

那霸市→沖繩本島→

沖繩離島 慶良間群島

座間味島
ざまみじま

說 到賞鯨就會聯想到座間味島；因為位於座頭鯨繁殖的溫暖海域，**每年冬天的12月到4月間**，都有機會在這裡看見鯨魚在海上跳躍或甩尾的巨大身影。除了賞鯨，島上海灘也十分美麗，並有海上獨木舟和潛水等活動行程。

🌐 www.vill.zamami.okinawa.jp/

👁 阿真海灘
阿真ビーチ

📍別冊P.21,B1　🚗座間味港開車約6分　🏠間味村座間味　⏰自由入場　🅿免費

　在古座間味海灘可享受豐富多樣的水上活動，而在阿真海灘則是主打露營與獨木舟。從阿真海灘向海望去，正面為嘉比島，左手邊則是無人島安慶名敷島，這裡**水淺、波浪平穩，所以相當適合在此體驗獨木舟與海水浴**，一旁則設有林間露營場，家族可來此遊樂、輕鬆度假。

美麗海景曾獲得米其林二星的高度評價。

👁 古座間味海灘
古座間味ビーチ

📍別冊P.21,B1　🚗座間味港開車約5分　🏠間味村座間味　⏰自由入場　❗海灘上有海邊小屋，於4~11月間營業，可來此享用輕食點心，或是報名海上活動、租借活動用具　🅿免費

　晴朗無雲的藍天與耀眼奪目的陽光，再加上**雪白的沙灘與透明度拔群的海水**，悠閒的海島度假風景就完美地呈現在眼前。清澈見底的海水內有著許多色彩鮮豔的熱帶魚優游於珊瑚礁之間，和平緩慢的海中世界相當療癒，讓人忘卻現實的快節奏與一切煩憂。

渡嘉敷島
とかしきじま

以美麗海灘聞名的渡嘉敷島,是慶良間群島當中最大的島嶼,距離本島僅需35分～1小時左右的船程。島上最知名的景點是島嶼西側的阿波連海灘以及渡嘉敷海灘,透明度極高的純淨海水,適合浮潛及各種水上活動,能感受到離島特有的寧靜慵懶和祕境氣氛。

🌐 www.vill.tokashiki.okinawa.jp/

餐飲店集中在海灘到村落的路上。

👁 阿波連海灘

阿波連ビーチ

📖 別冊P.21,C2 🚗 渡嘉敷港開車約15分 🏠 渡嘉敷村阿波連 ☎ 098-987-2333(渡嘉敷村商工観光課) ⊙ 自由入場 🅿 有

阿波連海灘是**渡嘉敷島上最熱門的景點**,同時**也是規模最大的海灘**,白色沙灘上五顏六色的洋傘密集地排列其上,而遊客們或是在此曬太陽,或是在岸邊戲水、浮潛,盡情享受海島的水上風情。從海灘徒步不到3分鐘就可以來到一旁的阿波連集落,無論是想吃冰、用正餐或是來杯冷飲都可滿足你的需求。

👁 渡嘉敷海灘

トカシクビーチ

📖 別冊P.21,C2 🚗 渡嘉敷港開車約15分 🏠 渡嘉敷村渡嘉敷 ☎ 098-987-2426(Tokashiku Marine Village) ⊙ 自由參觀 🌐 www.tokashiku.com (Tokashiku Marine Village) ❶ 海灘上的 Tokashiku Marine Village提供住宿、用餐及水上活動體驗 🅿 有

從港口搭車翻過山嶺,沿途絕美的海岸景色讓人驚嘆,不久便來到西側的海岸景點。位在渡嘉敷島中央西側位置的**渡嘉敷海灘,是島上規模第二大的海灘**,從海面上望去,可看到連結阿嘉島與慶留間島的阿嘉大橋,因**遊客不若阿波連海灘那麼多**,可以享受比較安靜閒適的海島度假時光。

那霸市↓沖繩本島↓

沖繩離島　慶良間群島

從展望台欣賞小島的悠閒風光。

◉ 港の見える丘展望台

🅰 別冊P.21,C2　🚗 渡嘉敷港開車約8分；或從渡嘉敷港步行約30~40分，沿著渡嘉敷川走，過了くんみ橋後繼續往山上走即可抵達，上坡道路約走20分鐘　🏠 渡嘉敷村渡嘉敷　☎ 098-987-2333(渡嘉敷村商工観光課)　⏰ 自由參觀　🅿 有

位在山腰處的展望台有著規劃完善的兩層式木製看台與座椅，顧名思義，這個展望台就是可欣賞到港口的景色，港口旁的民家聚集的渡嘉敷聚落，被綠意山林及澄澈海水所環繞，**雖然沒有超廣角的視野或是無敵海景，但卻有著島嶼的獨特風情**，在此休息賞景感覺無比暢快悠閒。

不要一直盯著船底以免暈船。

◉ Ⓗ Marine House Aharen

マリンハウス阿波連

🅰 別冊P.21,C2　🚗 渡嘉敷港開車約15分，提供港口接送　🏠 嘉敷村字阿波連106　☎ 098-987-2335　⏰ 8:30~22:00　💲 シュノーケリングツアー(浮潛行程)¥5,500。體驗時間加上行前説明報到、體驗後沖洗換裝，總計約3小時左右　🌐 www.aharen.com　❶ 集合後會一同搭船出海，若怕相機弄濕或不想帶著換裝衣物，可寄放在投幣式寄物櫃　🅿 免費

おすすめ
薦

不管是什麼海上活動都有，到這裡就可以輕鬆體驗渡嘉敷島之美。

這間兼營民宿的Marine House Aharen，提供了獨木舟、水上摩托車、香蕉船等各水上活動，其中除了深潛體驗外，**最受台灣遊客歡迎的就是浮潛**。在做好行前準備後便會帶著大家**搭乘玻璃船出海**，沿途遇到珊瑚礁還會停下來讓大家欣賞。抵達定點後教練便讓大家下海自由欣賞水中景色，清澈透明的海底有著無數的鮮豔魚兒四處悠游，不諳水性的人也可拉著教練的游泳圈，讓教練帶著你遊覽。

🍴 まーさーの店

🗺 別冊P.21,C2　🚗 渡嘉敷港開車約15分
🏠 渡嘉敷村字阿波連176　☎ 098-987-2911　🕐 11:30~15:00、18:30~22:00
🚫 週三　💲 タコライス(Taco Rice)￥900
🅿 無

　深受當地居民喜愛的まーさーの店，就位在阿波連海灘出入口的那條道路上，白天**販售Taco Rice、沖繩麵、酥炸島魚定食**等，大份量無論男女都能飽餐一頓，晚上則化身成為居酒屋，若有在渡嘉敷島過夜的話，除了可以買罐裝酒回住宿處小酌外，也可以來這裡感受島嶼夜晚的放鬆。

🎁 新垣商店

🗺 別冊P.21,C2　🚗 渡嘉敷港開車約15分
🏠 渡嘉敷村字阿波連97　☎ 098-987-2347　🕐 7:00~21:00　🅿 無

　位在阿波連集落的新垣商店是**集落內唯一的一間商店**，從阿波連海灘出入口直走不到5分鐘即可抵達，店內從日用雜貨、釣具、飲料、餅乾、當地土產等應有盡有，所以無論是對當地居民或是來阿波連海灘戲水的遊客來說，這裡都是最佳的生活用品及點心補給處。

島上的重要補給站。

🍴 海の家HAUOLI

海の家ハウオリ

🗺 別冊P.21,C2　🚗 渡嘉敷港開車約15分
🏠 渡嘉敷村字阿波連170-6　☎ 098-987-2335　🕐 8:30~22:00　💲 刨冰￥300；寄物櫃￥200、淋浴￥500　🅿 無
🌐 www.aharen.com/beach-house-hauoli/

　海の家HAUOLI就位在阿波連海灘出入口的附近，店內裝飾得相當有**南洋度假的情調**，供應咖哩、章魚燒、**刨冰、酒類與各式飲料**等多樣料理，在2樓的座位可欣賞到海景，穿著泳衣也可以直接進來用餐。另外，這裡也設有寄物櫃與淋浴間，還有提供洋傘與海上活動用品租借。

那霸市沖繩本島➔沖繩離島 久米島

久米島
くめじま
Kume-jima

久米島為沖繩第五大島，也是著名的潛水聖地。位在本島以西約100公里，久米島曾獨立於琉球王國，以海上貿易為生，島上留有百年歷史的宮殿、古城和宗教遺跡，也擁有自己的泡盛酒造。以跨海橋樑相連的奧武島以火山溶岩形成的龜甲狀疊石聞名，東面的海上沙灘終端之浜則可由島上搭船前往。

交通路線&出站資訊

前往離島
由沖繩本島前往久米島可搭乘飛機或渡輪。飛機由那霸機場出發約35分，每天有4~7班。也可由泊港搭乘渡輪「フェリー琉球」或「フェリー海邦」號，每天上下午各1班往返，船程約3~4小時。
🌐www.kanko-kumejima.com

島上交通
◎久米島上有町營巴士可以搭乘，也有汽車、腳踏車的租車處。
◎島上景點分散，遊玩時建議還是優先考量自駕，不過若是想去的景點不多，也可以考慮利用計程車或町營巴士前往，島上有多條巴士路線運行，主要會利用的是「空港線」與「一周線」(分左迴與右迴)，平均一天各有5~6班，車資依乘車距離變動，出發前記得先確認時刻表。
🌐www.town.kumejima.okinawa.jp/docs/bus/timeline.html

◎ 女岩

ミーフガー

🔺別冊P.21,B3　🚗久米島機場開車約15分；巴士「仲村渠」站步行約20分　🏠久米島町字仲村渠　☎098-896-7010(久米島町觀光協會)　◎自由參觀　🅿免費　❗男岩(ガラサー山)位在兼城港附近　🗺669 765 800*05

　　被稱為女岩的岩石看似中間被侵蝕了一個岩洞，但其實是由兩塊岩石靠在一起而成，靠海的一側為石灰岩，裡頭的一側是400萬年前形成的火成岩「凝灰角礫岩」，**據說女性來此祈拜便能順利求子**。而每到**夏至前後，還可看到旭日從岩洞中升起的特殊日出景象**。

宇江城跡

📍別冊P.21,B3 🚗久米島機場開車約30分 🏠久米島町宇江城 ☎098-896-7010(久米島町觀光協會) ●自由參觀 💰免費 📮669 737 824*33

2009年被指定為國家歷史遺跡。

久米島上過去擁有超過10處的古城，現在島上留下最主要的城跡為具志川城跡、宇江城城跡、登武那霸城跡以及伊敷索城跡4處。宇江城城跡位在宇江城岳山頂處，標高約310公尺，**有著360度的全景視野**，不只可欣賞島上景色，**天氣晴朗時還可遠眺終端之浜及渡名喜島等鄰近小島**。宇江城據信是由久米仲城按司所建，在16世紀初遭尚真王攻擊摧毀。

久米島海洋深層水開發 海葡萄養殖場

久米島海洋深層水開発 海ぶどう養殖場

📍別冊P.21,B3 🚗久米島機場開車約15分，兼城港開車約6分 🏠久米島町真謝486-11 ☎098-985-5300 ●8:00~17:00，見學需先預約 14:00、14:30、15:30 ⊗週末及例假日 💰免費參觀 🌐www.kuminomizu.com/ 💰免費 📮669 682 049*61 ●欲參觀工廠須事先寄信告知參觀時間及人數

久米島的海葡萄生產量居全日本之冠，所以來到這裡不只要吃，更要一窺其生長過程。驅車來到**海葡萄養殖場**，可看到裡頭整齊排列著800個以上的大型水槽，海葡萄就密集地生長在裡頭專用的網架上，並引用612公尺深的海洋深層水，不斷流動換水，讓海葡萄吸取其中的微量元素，提升其品質與營養價值。

參觀完後還可以試吃，喜歡的話也可買回去品嚐。

具志川城跡

ぐしかわじょう

📍別冊P.21,A3 🚗久米島機場開車約20分，兼城港開車約15分 🏠久米島町仲村渠クメシ原 ☎098-896-7010(久米島町觀光協會) ●自由參觀 💰免費 📮669 765 488*58

具志川城建於15世紀初，是為統治久米島的真達勃按司的居城，因靠著斷崖而建，所以擁有**三面環海**的地理優勢，**向外望去即是遼闊無際的東海**。具志川城最大的特色就是善用安山岩與石灰岩巧妙堆砌而成，1999年起開始挖掘調查，中國古代錢幣、陶器等大量出土，可見過往海外貿易的興盛；此外也於同年開始城壁的修復工程，過去城池的風貌逐漸重現。

那霸市➔沖繩本島➔沖繩離島➔久米島

久米島そば処 やん小～

📍別冊P.21,A3 🚗久米島機場開車約10分 🏠久米島町字仲泊509 ☎080-3226-3130 🕐11:30~14:00(L.O.13:30) 🚫週日 💲島味噌もやしそば(味噌豆芽菜沖繩麵)¥930 🌐www.facebook.com/NAOKI1967/ 🅿️免費

　走過花木圍繞的庭園，會來到這間沖繩麵專賣店「やん小～」，民家改建的餐廳外觀相當古色古香，富有當地情調的用餐環境讓人一眼就愛上。這裡的沖繩麵食材選自沖繩與久米島當地，**招牌的味噌豆芽菜沖繩麵湯頭，以縣產豬、雞以及昆布、鰹魚等熬煮而成**，過程完全不添加化學調味料，濃郁順口的滋味更濃縮了這些食材的菁華，略粗的麵條沾著湯汁大口吸入，好是滿足。

麵條是用海洋深層水手工製作成。

比屋定山崖

比屋定バンタ

おすすめ **薦**

📍別冊P.21,B3 🚗久米島機場開車約30分 🏠久米島町比屋定 👁自由參觀 🅿️免費 🗺669 739 415*65

　比屋定バンタ名稱中的「バンタ」為當地方言「斷崖」的意思，**這個絕壁上的觀景展望台位在久米島上的東北方，200公尺的海拔高度視野十分遼闊**，往近處望，有著深淺變化的藍隱隱透出底下的珊瑚礁，碧藍如洗的美麗色彩讓人驚艷，天氣晴朗時遙望遠方，還可以看到終端之浜、慶良間群島與渡名喜島等島嶼，甚至也可以望見沖繩本島。

不僅能夠眺望周邊島嶼、遠望沖繩本島，湛藍的海洋與若隱若現的珊瑚礁更是美麗。

房內的時間彷彿停留在百年前。

上江洲家

うえずけ

別冊P.21,A3　久米島機場開車約5分　久米島町西銘816　098-985-2418　9:00~18:00　不定休　大人￥300、國中生￥200、小學生￥100　免費　669 675 122*64

上江洲家是**具志川城城主後裔的舊居**，其後裔將茶葉栽培、製紬等技術推廣普及，對久米島的發展有著極大貢獻。這棟福木圍繞的古民家**約建於1700年中葉**，以琉球石灰岩砌成的石牆、赤瓦屋頂完整地保存下來，可一窺過往的生活樣貌與歷史文化，為國家重要文化財。

イーフビーチ

Eef Beach

別冊P.21,B4　久米島機場開車約20分；巴士「イーフビーチホテル・民宿村前」站下車步行即達　久米島町宇謝名堂　098-896-7010 (久米島町觀光協會)　自由入場　免費　669 592 435*83

久米島東側的白色沙灘Eef Beach**曾入選為「日本海岸百選」**，是久米島代表的海灘之一，延伸約2公里，每到夏季就成為遊客們最愛的消暑勝地，可以在這裡玩風帆、香蕉船、浮潛，也可以在岸邊做做日光浴，讓這片海灘熱鬧不已。海灘周邊聚集許多餐廳及飯店，玩累了就可到一旁餐飲店飽餐一頓。

豐富的展品讓遊客能夠了解久米島。

久米島博物館

別冊P.21,B4　久米島機場開車約15分；巴士「久米島公立病院前」站步行約2分，「久米島高校」站步行約5分　久米島町字嘉手苅542　098-896-7181　9:00~17:00(入場至16:30)　週一、12/29~1/3　常設展大人￥200、高中及大學生￥150、中小學生￥100　sizenbunka.ti-da.net　45個　669 616 506*05

原名為自然文化中心的久米島博物館於2000年開幕，參觀動線依序以**「久米島的大自然」、「時代的遷移」、「久米島的遺產」與「島上的生活」為主題分區介紹**，利用模型、標本及各種歷史文物，讓參觀者對久米島的自然、歷史、民俗與文化有更深一層的認識。也常舉辦免費的特展。

沖繩離島

那霸市▶沖繩本島

久米島

終端之浜

おすすめ 薦

はての浜

📖別冊P.21,C4 🚢從「泊フィッシャリ
ーナ港」(Tomari Fisharina)搭船約
20~30分 🏠久米島町(謝名堂沖合)
098-896-7010(久米島町觀光協會) ⏰沒有定期航班，需
參加行程才可前往(分為半日、一日行程) 💰依各家公司、
行程內容而異 🌐Island Expert：ie-kumejima.com、
Eef Sports Club：www.aqua-navi.com、はての浜觀光
サービス：inhatenohama.wixsite.com/hatenohama
⚠島上只有一間洗手間，建議在出發前先如廁。另外，島
上幾乎沒有可以遮蔽陽光的地方，需注意防曬與水份補充

在蔚藍海中迤邐
的純白沙灘上散
步，是終端之浜
的夢幻體驗。

雖然現場無法俯瞰
這片美景，但光是感
受四面海水環繞，就
讓人身心舒暢。

只要搜尋久米島，一定會看到以空拍取景、浮現於
海面上的不規則雪白海灘，這讓人震懾的美麗風景，
正是久米島東方外海約5公里處、需搭船才可抵達的
終端之浜，也是**久米島最受歡迎的景點**。

從Eef Beach附近的港口乘船約30分鐘，就可以來
到**由三個沙洲組成並延伸7里的終端之浜**，店家大
多會停靠在中央的沙洲，但沙洲形狀每天都在變化，
所以每次下船的地方都會不同，下船時水深約到大
腿，再涉水上岸。來到這可以只是漫步賞景，但**大力
推薦一定要玩玩浮潛或深潛**，光是浮潛就可看到無數
可愛小魚，潛水後更能近距離欣賞水中的繽紛世界。

4月底、5月初還可
看到螢火蟲四處
飛舞的美麗景色。

五枝の松

📖別冊P.21,A3 🚗久米島機場開車
約10分；巴士「西銘」站步行約6分
🏠久米島町字上江洲771 ☎098-
896-7010(久米島町觀光協會) ⏰自
由參觀 🅿免費

這棵被選為國家指定天然紀念
物的五枝の松，是**樹齡超過250年
的琉球松**，高度達6公尺、延伸面
積約250平方公尺，可順著遊步道
走到樹下近距離欣賞，樹的枝幹
與不斷向外延伸的樹枝宛如放大
版的松樹盆栽般，有著相當優美的
身形，充滿了源源不息的生命力。

👁 幽靈坡

おばけ坂

📖別冊P.21,A3 🚗久米島機場開車約10分 🏠久米島町貝志川 ☎098-896-7010(久米島町觀光協會) ◐自由參觀 ❷免費 📷669 735 161*37

　　來到讓人聞之生怯的「幽靈坡」，開車行進於這段下坡道路時，若切換為空檔，車子竟然會自己上坡？不用害怕，這裡並不是鬧鬼，其實在日本多處都有被稱作「幽靈坡」的坡道，原理都是一樣，因**道路坡道與兩旁景色等原因引起視覺上的錯覺**，才會以為自己受到不知名的外力所控制。

> 因為視覺錯視而引起的傳説。

👁 久米島紬的故里 Yuimaru館

久米島紬の里 ユイマール館

📖別冊P.21,B3 🚗久米島機場開車約20分、兼城港開車約15分 🏠久米島町字真謝1878-1 ☎098-985-8333 ◐9:00~17:00(入館至16:30) ❌年末年始、農曆1月16日、盂蘭盆節等 💰大人￥200、中小學生￥100 🌐www.kume-tumugi.com/ ❷免費 📷669 681 178*22

　　起源自15世紀後期的紡織品「久米島紬」，**其紡織技法從久米島逐漸流傳至沖繩本島及日本各地，開啟了日本紬的歷史**。久米島紬的原料為蠶絲線，依需要的顏色以天然草木提煉的染料或泥染來染色，再以織布機一線線紡織而成，完成後還需以大木槌用力鎚打，才能讓織目均勻整齊，每一項成品都是製作者的心血結晶。來到Yuimaru館，可以參觀養蠶、染色、機織等過程，也可以實際參加體驗織紬，在賣店則可以到購買以久米島紬製作的各項優質商品。

Ⓗ Kumejima Eef Beach Hotel

久米島イーフビーチホテル

📖別冊P.21,B4 🚗久米島機場開車約20分；巴士「イーフビーチホテル」站下車步行即達 🏠久米島町字謝名堂548 ☎098-985-7111 ◐Check-in 12:00~、Check-out ~10:00 ⑤附早餐方案，雙人房約￥14,814起 🌐www.courthotels.co.jp/kumejima ❷42個，免費

　　Kumejima Eef Beach Hotel面Eef Beach而建，**從海景客房就可以將翡翠綠的東海與雪白海灘盡收眼底**，且從飯店步行約50步即可抵達，是愛好海上活動者絕佳的下榻處。飯店內除了餐廳、酒吧外，也設有泳池和Eef Sports Club，可在此報名參加終端之浜的行程。

那霸市→沖繩本島→

沖繩離島 久米島

スリーピース

Three Piece

📍別冊P.21,B4 🚗久米島機場開車約20分、兼城港開車約10分 🏠久米島町字比嘉160-3 ☎098-985-7037 ⏰11:00~15:00 💲ピリ辛味噌そば(微辣味噌沖繩麵)¥800 🅿免費

位在Resort Hotel久米Island對面的スリーピース，用餐區都是半露天的座位，但因有強勁的海風吹拂著，所以即使大晴天也不會覺得太熱。這裡**提供多樣的菜色選擇**，包含正餐類的沖繩麵、Taco Rice，消暑點心類的蜜紅豆冰(ぜんざい)、刨冰，以及豬耳朵、炸薯條等各色小菜，**以平實的價格就能飽餐一頓**。

疊石

📍別冊P.21,C4 🚗久米島機場開車約30分；巴士「西奧武」站步行約3分 🏠久米島町奧武 ☎098-896-7010(久米島町觀光協會) ⏰自由參觀 🅿免費

位在奧武島西南側海岸，退潮時可看到**幾近平滑的岩石表面有著直徑約1~2公尺六角形紋路**，在約2千萬年前，火山熔岩在地底下冷卻時裂成規則的六角形，長年累月經海浪的侵蝕，原本高低不規則岩石也逐漸平坦，延伸範圍則近3,000平方公尺，讓人感受到大自然造物的神奇。

天后宮

📍別冊P.21,B3 🚗久米島機場開車約30分、兼城港開車約20分 🏠久米島町真謝66 ⏰自由參觀 🅿免費 🗺669 652 842*08

中國傳統信仰與寺廟竟然出現在日本的久米島上？原來在琉球王朝時代，從中國渡船來首里的冊封使一行人途中遭遇颱風，在久米島的真謝港外海擱淺，經當地民眾熱心救助才得以平安登陸，為感謝島上居民的幫助而建造了這座小廟，裡頭供奉著媽祖神像，又稱作「菩薩堂」，**被指定為沖繩縣的有形文化財**。

👁 日本對蝦養殖場 久米綜合開發

車エビ養殖場 久米総合開発

📖 別冊P.21,A3　🚗久米島機場開車約15分　🏠久米島町
字北原1　☎098-985-3254　🕐9:00~12:00、
13:00~17:00　🌐kumesougoukaihatsu.com　Ⓟ免費

　沖繩縣的對蝦(日文為「車海老」)產量為全國第一，其中久米島甚至占了全日本總產量的15%，是當地必嚐的美食。這間對蝦養殖場在東海海岸設立了6個養殖池，總面積達66,000平方公尺，引入低溫純淨的海洋深層水，從幼苗到成蝦約經7個月的時間，培育出肉質Q彈，滋味鮮甜的可口對蝦，每年可生產60~70噸的產量，在養殖場還可以遠低於市價的平實價格購入。

可以參觀養殖場作業過程。

🍴 波路

📖 別冊P.21,B4　🚗久米島機場開車約20分；巴士「民宿村前」站步行約1分　🏠久米島町謝名堂548-32　☎098-985-7046　🕐11:00~14:00、17:00~23:00，週一11:00~23:00　🈹週一晚上休　🍴刺身盛り(綜合生魚片)梅￥1,100、1人份￥770　Ⓟ免費

　當地居民在下班後喜歡來此聚餐暢飲的居酒屋波路，超豐富的菜單上有沖繩當地料理、生魚片、炸物、沙拉、燒烤等選擇，**包括久米島雞、海葡萄等道地料理，季節對了的話還可以吃到久米島產的「對蝦」(車海老)**，店家不僅上菜速度快，份量更是給得澎湃大方，無怪乎總是高朋滿座。

料理新鮮，價格也十分合理！

Ⓗ Resort Hotel久米Island
リゾートホテル 久米アイランド

🅐別冊P.21,B4 🅒久米島機場開車約20分、兼城港開車約15分；巴士「久米アイランドホテル」站下車步行即達 🅐久米島町字真我里411 🅣098-985-8001 ◗Check-in 15:00~、Check-out ~11:00 🅢附早餐方案，雙人房約¥14,000起 🆄www.kumeisland.com Ⓟ100個，免費

　　擁有200間客房的大型飯店就**位在Eef Beach附近，步行約3分鐘就可以抵達**，而且主街道上餐飲店聚集，無論是吃晚餐或是宵夜都有許多選擇。**飯店內設施完善**，包含有屋外游泳池、簡易遊樂場、網球場、撞球場(收費)、餐廳、賣店等，在飯店內就可悠閒地消磨半天時光，如果想到久米島最知名的景點終端之浜遊覽的話，也可以在飯店大廳的海上活動櫃台報名參加行程(最晚於前一天19:30前)，從飯店的活動櫃台前集合出發，對於來此住宿的人來說相當方便。

Ⓗ Cypress Resort久米島
サイプレスリゾート久米島

🅐別冊P.21,A3 🅒久米島機場開車3分、兼城港開車約10分；有搭配久米島船班及空港航班時間的免費接駁服務(需預約) 🅐久米島町大原803-1 🅣098-985-3700 ◗Check-in 15:00~、Check-out ~11:00 🅢附早餐方案，雙人房約¥15,925起 🆄www.cypresshotels.jp/kumejima/ Ⓟ80個，免費

　　位在島嶼西部的Cypress Resort久米島，距離久米島機場只需3分鐘的車程，飯店內全84間**客房皆為海景房，往窗外凝望即是讓人沉醉的美麗海景**。為了讓住客享受到完美的度假時光，飯店也設有游泳池、健身房、餐廳、酒吧及賣店，也提供終端之浜行程以及星空觀測、三線教室、海釣、獨木舟等體驗，讓住客能盡享久米島的自然與人文之美。

沖繩離島怎麼玩：
宮古島・八重山群島

石垣島

由布島

西表島　小浜島　●石垣市中心

竹富島 ③

新城島　黑島

波照間島

宮古島 ①

③ 竹富島
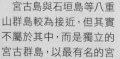

竹富島是八重山群島中的一座島嶼，一般都是從石垣島乘船前往，雖然只是面積不到6平方公里的小島，但島上保留有傳統的風貌，以珊瑚礁岩砌成的矮牆、斑駁磚紅的屋瓦，還有於小路中漫步的水牛車，這些特色景觀就是最吸引人的元素。

① 宮古島
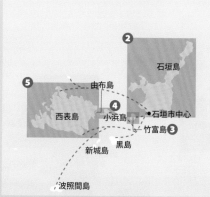

宮古島與石垣島等八重山群島較為接近，但其實不屬於其中，而是獨立的宮古群島，以最有名的宮古島為中心，周邊還有池間島、伊良部島、來間島、下地島、多良間島等小島，也因此除了宮古藍讓人沉醉以外，還可以自駕通過跨海大橋，前往離島一遊，欣賞比宮古島更為純淨的蔚藍海景呢。

④ 小浜島

小浜島與竹富島有些相像，也是需要從石垣島搭船前來，島上的景點更為簡單，但光是靠著透明度足以傲視各地的美麗海水，就足以讓許多遊客前來。純樸的田園風光與美麗海景，最適合在島上騎著單車，自由自在地慢慢欣賞。

② 石垣島

或許是因為石垣島與台灣有飛機直航，甚至也有郵輪會停靠於此，說到沖繩的離島，相信大部分人都會最先想到石垣島，其實石垣島的確很熱鬧，這裡是沖繩的第三大島，市中心熱鬧程度與本島不相上下，島民的熱情之外，還有美麗自然與人文風景，濃濃的南國風情讓人難忘。

⑤ 西表島

西表島雖然是沖繩第二大島，但因為位在八重山群島，距離本島遙遠，還需要從石垣島搭乘渡輪前來，也因此島上人口並不多，或許正因如此，讓島上豐富的自然生態得以保存。乘船尋訪紅樹林、深入探索瀑布、浮潛欣賞美麗珊瑚礁，都是島上熱門行程，多樣的自然景觀也讓西表島被譽為「日本最後的秘境」！

沖繩離島　宮古島

那霸市→沖繩本島

宮古群島
小浜島
　石垣島
西表島　石垣市中心
　　　竹富島

宮古島
みやこじま
Miyako-jima

宮古島，這座離台灣只有300公里不到的小島，多颱風，地型平坦，無山無河。被稱為「療癒之島」的宮古島有著豐富自然與純厚人文，因此在島上也發展出多面向的觀光設施；想要充分享受南國風情的話，不妨選家度假酒店，並參加高爾夫球的體驗行程吧。

交通路線 & 出站資訊

前往離島
從台灣沒有飛機直達，建議可至沖繩那霸機場搭乘日本國內線航班。
島上交通
島上路線巴士由八千代巴士、協榮巴士兩間公司營運，前者負責池間島方面的路線，後者則負責其他區域，因班次少，建議是以自駕作為移動工具，若選擇搭乘巴士則一定要事先查好時刻，以防花過多時間等車。
・協榮巴士
🚌385kyoei.com/
・八千代巴士
🚌yachiyo-bus-taxi.jp

◉ 与那霸前浜海灘
よなはまえはまビーチ

🏠別冊P.25,B2　🚗宮古機場開車12分　🏠宮古島市下地字与那霸1199　☎0980-73-1881(宮古島觀光協會)　🅿有

　　与那霸前浜是宮古島最知名的海灘之一，這裡**曾連續三年被旅遊網站Tripadvisor選為日本最佳海灘，2017年時也獲得第二名的高評價**。与那霸前浜擁有雪白的沙灘，沙灘綿延將近7公里長，而蔚藍的海水前方，正是宮古群島中的來間島，雖然這裡的魚群與珊瑚都較少，不那麼適合浮潛，但光是在沙灘上欣賞美麗風景、悠閒度過，就已讓人十分難忘。

おすすめ
薦

不僅是宮古島的代表海灘，更被譽為「東洋第一美」的海灘。

宮古島まもる君

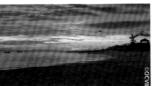

開車行走在宮古島的路上，也許你會被路邊的人形嚇到，不過不用怕，這是宮古島警察署為了要防止島民發生交通意外，特地製作警察人形放置在容易發生交通事故的路口，提醒人們減速慢行，取名為「まもる君」(守護君)，另外自2011年起，身著紅衣白褲的妹妹「まる子ちゃん」也一同加入守護交通安全的行列。因為一些觀光客在網路上流傳，まもる君竟成了來到宮古島必一起合影的著名景點，也算是奇觀了。

🏠宮古島市平良字西里1092 宮古島警察署內
☎0980-72-0110
❗まもる君遍佈全島，目前共有20個

> 燈塔附近還有人力車店家,可以搭車輕鬆賞景。

東平安名崎

ひがしへんなざき

從展望台可以將太平洋的壯麗盡收眼底!

別冊P.25,C2 宮古機場開車約30分 宮古島市城辺町保良平安燈塔 090-8294-4010 燈塔9:30~16:30 燈塔:大人¥300,小學以下免費 天候不佳時 50個 310 176 820*30

　東平安名崎位在宮古島東南端,離繁華的平良市街約有40分鐘車程。**被列為日本百景之一的東平安名崎面對太平洋**,從高地向下望去,壯麗的美景盡收眼底。立在崖邊的燈塔已成為這裡的地標,環繞燈塔的步道貼近海岸,望去十分有迫力。

椰子蟹・星空觀察行程
(ヤシガニ・星空観察ツアー)

來到宮古島,晚上可以參加生態行程,了解宮古島的自然魅力。嚮導會一路解釋生態、領著遊客步入林中,熟練地尋找各種生物的蹤影,幸運的話,不但可以看到爬在樹上的椰子蟹、縮著身子不肯出來的紫色寄居蟹、在草叢間一閃一閃的螢火蟲、還有倒掛在樹上休息的狐蝠,每一種生物都令人感到十分新奇。

20:00出發(約1.5H),詳細請洽網站 大人¥3,000、3~11歲¥1,500 miyatabi.com 島上度假飯店大多也有相關行程,若有住宿也可參考

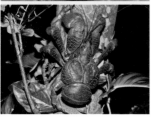

宮古島市 體驗工藝村

別冊P.25,B2 宮古機場開車約7分 宮古島市平良東仲宗根添1166-286 (宮古島市熱帶植物園內) 0980-73-4111 10:00~18:00 依工房而異 免費入園:各項體驗不一,織布體驗¥2,200 miyakotaiken.com 陶藝成品無法寄回台灣 免費 310 457 598*16

　體驗工藝村裡**可以體驗藍染、陶藝(可惜無法寄回台灣)、織布、草編等多項宮古島的傳統工藝**,也設有餐廳、料理體驗教室等,不管大人小孩都很適合造訪。其中「東越後,西宮古」的宮古上布,指的是以宮古產的苧麻線所織成的布匹;400年前女紅喀喀曳織的是要進貢首里的布匹,為了要求成品的精細,從紡線、藍染到織布等技巧,光是熟練就得要花上2年時間,來到這裡不妨參觀體驗。

那霸市中沖繩本島

沖繩離島

宮古島

🎁 島の駅みやこ

📖 別冊P.25,B2 🚗 宮古機場開車約15分 🏠 宮古島市平良久貝870-1 ☎ 098-079-5151 🕐 10:00~19:00
simanoeki-miyako.com

這是一間專賣宮古島商品的店家,店內提供的農產品、加工品、酒類、零食,**不論名產或雜貨全部都來自宮古島**,包括島上最有名的雪塩系列商品,還有宮古島サイダー的周邊商品,全都一應俱全供遊客挑選。店內還設有飲食區,遊客挑累了可以坐下來休息,挑選各式美味熟食或是來一支雪塩冰淇淋、水果、飲料,可以悠閒享用剛買到手的宮古島名產。

素樸卻忠實呈現宮古島民家的日常生活。

👁 Emerald Coast Golf Links

📖 別冊P.25,B2 🚗 宮古機場開車約15分 🏠 宮古島市下地字与那霸1591-1 ☎ 0980-76-3232 🕐 7:00~18:30 🈺 6~9月的週一(遇假日順延) 💴 17,900起(依季節、平假日而異) 🌐 www.emeraldcoast.jp/ 🅿 150個 🗺 310 183 839*76

沖繩是日本的度假天堂,設有許多高爾夫球場,而Emerald Coast Golf Links中**沿著特殊海岸地形而造的球場,更是令高爾夫球玩家注意的特色**。不管是初學者還是老手、想要挑戰自然壓迫感的進階玩家,或只是想邊欣賞美景邊輕鬆享受高爾夫樂趣的高爾夫體驗遊客,來到這裡都能朝向大海爽快地揮杆、盡情品味宮古島高爾夫的樂趣。

🏠 民宿津嘉山莊

📖 別冊P.25,B2 🚗 宮古機場開車15分、平良港開車20分 🏠 宮古島市下地字与那霸149 ☎ 0980-76-2435 🕐 Check-in 15:00~、Check-out ~10:00 🌐 tsukayamaso.wixsite.com/index 🅿 10個

津嘉山莊是宮古島上最有名的農家民宿,房間沒有華麗現代的裝潢與擺設,窗外也看不到奢華絕景。但在食堂與民宿的牆上,處處貼滿客人寄回來給千代奶奶的書信與繪畫,其中也摻雜著一些外國文字。擺滿餐桌的豐盛料理,炒木瓜、滷豬肉、麻醬紅鳳菜、炸苦瓜、花生豆腐等,每一口都能深深體會千代奶奶料理菜餚時注入的愛心。

伊良部大橋

📍 別冊P.25,B2 🚗 宮古機場開車10分 🏠 宮古島市平良久貝(252號線上) 📞 721 163 339*17

伊良部大橋於2015年完工開放，連接宮古島與伊良部島，全長3,540公尺，這座大橋不僅是沖繩最長的橋，也是日本

宮古島不可錯過的開闊美景。

最長的免費橋梁，更讓人稱道的是伊良部大橋的美景。**沿著橫跨海洋的大橋前行，一路上兩旁都是蔚藍的海水**，為了讓船隻運行，靠近伊良部島一段的橋樑甚至還向上拔高，景色也因此增添變化。在翡翠般的大海環抱中兜風，美麗景色讓大橋迅速竄紅成為宮古島必遊景點。

通り池

📍 別冊P.25,A3 🚗 宮古機場開車35分 🏠 宮古島市伊良部字佐和田 📞 0980-78-6250(伊良部町役場商工觀光課) 🅿 20個，免費

通り池位在下地島，據說這裡以前是鐘乳石洞，受到雨水長期侵蝕後，才形成了這兩個幾乎一樣大的缺口，被稱為「通り池」。説是「池」，**其實通り池下方有一處高45公尺、寬20公尺左右的巨大洞窟，讓通り池與廣闊海洋相通**，也因此成為**深潛的絕佳地點**，但因為水深45公尺，較適合有經驗的潛水愛好者挑戰。

從陸上欣賞通り池倒映的風景。

牧山展望台

📍 別冊P.25,B4 🚗 宮古機場開車25分 🏠 宮古島市伊良部字池間添923-1 📞 0980-73-1881(宮古島觀光協會) 🅿 有 🌐 miyakojima.net/irabu/kankou/makiyama.html

牧山展望台距離伊良部大橋不遠，是前往伊良部島的順遊景點之一，因為宮古島沒有高山，**登上展望台就可以一覽宮古島景色**，天氣好的時候，可以看到大海深淺變幻的美麗色澤，襯著腳下伊良部島的綠意，再加上伊良部大橋的身影，壯闊景色也是一絕。

展望台本身是灰面鵟造型。

被暱稱為「17 END」的秘密絕景。

下地島空港RW 17エンド

17 END

📍 別冊P.25,A3 🚗 宮古機場開車12分 🏠 宮古島市下地字与那霸1199 📞 0980-73-1881(宮古島觀光協會) 🅿 無，可路邊停車

位在下地島空港外圍的道路，有一處被許多人認為是宮古島絕景的景觀，只要沿著機場外的道路行進，就會來到這裡──下地島空港RW 17エンド。RW是指飛機滑道，而此地就是17號滑道的終點，在看似棧橋的引導燈附近，**可以看到一望無際的透明大海**，陽光下呈現的碧藍色讓人難忘。

石垣島

いしがきじま
Ishigakijima

宮古群島
小浜島
石垣島
西表島　●石垣市中心
竹富島

石垣島是八重山諸島的政治、經濟和交通中心，總面積約228平方公里，只比金門大1.5倍左右，是沖繩群島當中第三大島。美麗的海灘與山林風景，樸質無華的島嶼風光，交織出這裡的南國情調，令人心情放鬆。

交通路線&出站資訊

前往離島
由沖繩本島可乘船或飛機前往石垣島。從台灣前往石垣島比從沖繩本島前往更近，直航班機從台北出發，幾乎只要1小時左右。5至10月Club Med亦可能推出包機直航。

島上交通
在石垣島最推薦的移動方式就是自駕，但除了自駕外，善用巴士及計程車也可輕鬆遊覽石垣島上的觀光名所。
◎巴士
石垣島上的巴士系統巡迴於各大景點間，每個系統一天也有多班次運行，但建議還是事先查好時刻表，以防錯過班次。
◎觀光巴士：島上的定期觀光巴士也很推薦，不用事前預約，只要當天出發前15分鐘左右到巴士總站的售票窗口購票即可參加(疫情期間則需前一日先預約)。石垣島一周的路線，9:30出發，會遊覽桃林寺、川平公園、唐人墓、玉取崎展望台等景點。
Ⓢ大人¥4,700、小孩¥3,730，含午餐
Ⓦwww.azumabus.co.jp/(東運輸)
◎計程車
石垣島上有許多計程車公司，若是4人座的小型計程車，一般從¥430起跳，1.167公里後則每365公尺加¥60，譬如從新石垣機場到石垣港離島碼頭約25~30分，車資約¥2,500~3,000。除了A點至B點的連結外，也可參考計程車公司推出的觀光行程，視路線約2~7小時不等，若多人出遊可考慮其行程。
Ⓦwww.ishigakijima-kotsu.com(石垣島交通)

曾被選為日本八大名景，也時常成為日劇和電影的取景地。

◉ 川平灣

かびらわん

Ⓐ別冊P.22,B2　Ⓐ新石垣機場開車約40分，從石垣市中心開車約30分　Ⓖ石垣市川平934　Ⓒ0980-82-1535(石垣市觀光文化課)　Ⓒ玻璃船9:00~17:00　Ⓢ自由參觀，玻璃船大人¥1,030、小孩¥520　Ⓟ約15個(亦設有收費停車場)　🗺366 422 630*82　❶在平川公園展望台這側有乘船處及提供各式水上活動的店家

位於石垣北端的川平灣，碧綠淺藍的海水、柔細潔白的沙灘，四周還浮著幾座綠林茂盛的小島。川平灣因潮流關係，**無法下海游泳潛水，但可以選擇搭乘玻璃船，一覽海底美景**。登上展望台能夠一眼望盡海灣美景，這裡同時也是日本唯一的黑珍珠養殖地，眺望川平美景時，就可清楚看見海灣上飄浮一排排的珍珠筏，下面就繫著養殖黑珍珠的黑蝶貝。

石垣島最西端的海岬。

👁 御神崎

おがんざき

📖 別冊P.22,A2 🚗 新石垣機場開車約1小時,從石垣市中心開車約25分 🏠 石垣市崎枝 🅿 約10個 🗺 956 699 552*53

　沿著石階登上雪白燈塔時,左邊可眺望澎湃洶湧的海景,右邊則是雄偉嶙峋的奇岩峭壁,強烈對比的景觀令人讚嘆。**每年4月至5月麝香百合滿山遍野**,燈塔周圍綠草如茵,更是美不勝收。**這裡同時以夕陽與晚霞美景著稱**,夜晚也可在此欣賞到滿天星斗的美麗星空。

天氣晴朗時還可看到多良間島。

👁 石垣民俗村

石垣やいま村

📖 別冊P.22,B3 🚗 新石垣機場開車約25分,從石垣市中心開車約20分 🏠 石垣市元名藏967-1 📞 0980-82-8798 🕘 9:00~17:30(入園至17:00) 💰 大人¥1,000、3~12歲¥500 🌐 www.yaimamura.com/ 🅿 100個

　石垣島不時飄散著一股淳樸風情,在由八重山民俗村改名而成的石垣民俗村尤其能感受得到。**民俗村裡保留了舊時八重山諸島的房舍、漁船以及舊時生活用品**,重現了1900年代的八重山時光。村內可以穿上傳統琉球服飾,也能體驗三板的響音樂趣,但最受歡迎的則是松鼠猴之森,小猴子們自由地在樹梢來去,有時甚至會爬到遊客身上,模樣惹人憐愛。

可愛的小猴子是村內的明星。

👁 平久保崎

📖 別冊P.22,C1 🚗 新石垣機場開車約50分 🏠 石垣市平久保 📞 0980-82-2809(石垣市觀光交流協會) 🕘 自由參觀 🅿 約8個 ❗需注意強風

　位於**石垣島最北端的岬角**──平久保崎,平久保半島上高低起伏的丘陵造就絕佳賞景地點,站立在緩坡上往北方望去,腳下綠色草原形成一方天地,佇立其上的白色燈塔後映襯著一片無垠的藍天碧海,是石垣島代表的景色之一。

◎ 玉取崎展望台

📖別冊P.22,C2　🚗新石垣機場開車約25分　🏠石垣市伊原間　☎0980-82-1535(石垣市觀光文化課)　⊙自由參觀　🅿20個　🗺366 558 192

　位在石垣島東北沿岸的玉取崎展望台，座落在綠意環繞的小山丘上，從停車場沿著規劃良善、鮮豔木槿夾道的步道行走，不消幾分鐘即可登上展望台，**從北方望去即可看到石垣島上最大的半島——平久保半島**的美麗景色在腳下展開，並且可同時看到東海及太平洋，生長繁茂的草木與澄澈的海灘形成絕美的景觀，讓人驚嘆於大自然的壯闊之美。

🍴 石垣屋

📖別冊P.22,B3　🚗新石垣機場開車約17分　🏠石垣市真榮里547-7　☎0980-82-4400　⊙11:30～14:00(L.O.13:30)、17:00～21:30(L.O.21:00)　⊗週二(遇假日營業)　💲特選牛アダン盛合せ(2種和牛特選)¥3,900　🌐ishigakiya.com/　🅿30個

說到石垣島的美食，十之八九會先想到石垣牛，來到石垣屋正是要大口享用石垣牛烤肉。

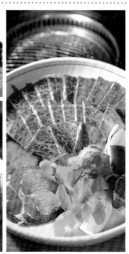

　石垣屋**以琉球瓦和300年歷史的吉野杉建造**，裡裡外外皆富有古色古香的傳統情調，坐進地爐旁的座位後，可以選擇單點或是點選組合套餐，呈上的食材皆為當地生產的蔬菜、土雞與黑毛和牛等，**柔嫩的牛肉入口後有著鮮甜肉汁**，讓人意猶未盡。用餐空間除了大廳外還設有可9個可容納4~10人的個室，相當適合三五好友或一家大小成群前來用餐。

◎ 石垣島鐘乳洞

📖別冊P.22,B3　🚗新石垣機場開車約10分　🏠石垣市石垣1666　☎0980-83-1550　⊙9:00～18:30(入洞至18:00)；食堂11:00～16:00(L.O.15:45)、賣店9:00～18:00　💲大人¥1,200、小孩¥600　🌐www.ishigaki-cave.com　🅿35個

　石垣島上有個**由海底珊瑚礁隆起形成的鐘乳洞**，全長約3,200公尺，裡頭石柱及貝類化石數量豐富，石筍更高達50萬株，是全日本第7大的鐘乳石洞。目前洞內已有8分之1部份規劃成觀光步道，透光各式燈光布景，營造出幻化景致，遊客可循著階梯一一觀賞鐘乳石景的千姿萬態，走一趟下來約20分鐘。

半露天座位前就是清澈無暇的海洋。

☕ PUFF PUFF

🏠 別冊P.22,B3 🚗 新石垣機場開車約20分 🏠 石垣市真栄里193-1 ☎ 0980-88-7083 🕐 10:30~21:00(L.O.20:30) 💲 午餐￥1,400起、飲料￥450起 🌐 puff2.com 🅿 約20個

與島野菜カフェRe:Hellow BEACH比鄰的PUFF PUFF，同樣是海景咖啡廳卻有著不同的氛圍，來到這**可以選擇坐在半露天式的座位區，或是選擇室內的沙發椅**，靜靜沉入舒適的座椅中放鬆。PUFF PUFF**午餐是採取半自助式**，自選主餐後，其他的沙拉、湯品、甜點、飲料等則從沙拉吧自取，下午茶時段則推出甜點與各式輕食料理，一邊品味美食，一邊望向眼前湛藍的大海，這就是度假旅遊的醍醐味。

🍴 島野菜Cafe Re:Hellow BEACH

🏠 別冊P.22,B3 🚗 新石垣機場開車約20分 🏠 石垣市真栄里192-2 ☎ 0980-87-0865 🕐 8:00~21:00 💲 島野菜の冷製バーニャカウダ(熱沾醬生菜)￥1,296 🌐 lit.link/en/hellowinc 🅿 約20個

薦 おすすめ

不管是生菜沙拉，還是其他料理，都可以吃到蔬菜的原味清爽！

島野菜Cafe Re:Hellow BEACH十分有海島情調，木造小屋為樓中樓設計，陽光自天井與窗台灑入，耳畔則傳來柔和樂聲，與店內營造的度假氛圍相當吻合，室外用餐區還有椰子樹從桌子中間冒出，空間舒適得讓人忍不住放空。店家**以島蔬菜為中心食材創作料理**，最具代表的就是熱沾醬生菜，可嚐多款島蔬菜的原味鮮甜與清脆爽口，沾上熱沾醬後則多了香醇的滋味，讓人一口接一口。

👁 Banna公園

バンナ公園

🏠 別冊P.22,B3 🚗 新石垣機場開車約30分，從石垣市中心開車約10分 🏠 石垣市字石垣961-15 ☎ 0980-82-6993(バンナ公園事務所) 🕐 9:00~21:00 🅿 50個 🗺 366 155 446*01

Banna公園以Banna岳為中心，佔地相當廣闊。這裡**有約2,500種天然植物生長其間，還有數量眾多的珍貴野鳥**，是石垣島的自然寶庫。廣大公園內的景點還需靠開車連結，除了吊橋步道、賞鳥等設施外，還有不止一處能看見大海的展望台，可在此逛上半天的時間。

還可以現場報名工廠見學喔。

👁 高嶺酒造所

📖別冊P.22,A2 🚗從新石垣機場或石垣市中心開車約30分 📍石垣市字川平930-2 ☎0980-88-2201 🕐9:00~17:00，工廠見學約20分鐘(不需預約) 🌐omoto-takamine.com 🅿4個 ⌖366 421 536*53

　説到沖繩的代表酒飲，非泡盛莫屬。與一般常喝到的日本清酒不同，泡盛在釀造過程中會加以蒸餾，所以酒精濃度較高，喝起來也較為辣口。高嶺酒造所的泡盛品牌「於茂登」，便是由用水源自石垣第一高峰茂登連山而取名，**創業於1949年，傳至第三代仍然遵循古法**，利用直火式的蒸餾法，全程手工製作，在沖繩已很少見。高嶺酒造的商品分為一般酒與6年老酒，有25度、30度、43度，每一款的喉韻與香氣都不一樣，令許多泡盛迷狂熱不已。

石垣島

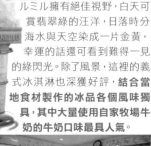
香濃的牛奶口味最受歡迎，但也別錯過芒果口味喔。

🧁 ミルミル 本店

mirumiru

📖別冊P.22,A3 🚗新石垣機場開車約38分，從石垣市中心開車約15分 📍石垣市新川1583-74 ☎0980-87-0885 🕐10:00~19:00 🍦冰淇淋任選兩種口味￥396(含芒果￥506) 🌐mirumiru1583.com/ 🅿50個 ⌖956 434 027*63

　位在山丘上的ミルミル擁有絕佳視野，白天可賞翡翠綠的汪洋，日落時分海水與天空染成一片金黃，幸運的話還可看到難得一見的綠閃光。除了風景，這裡的義式冰淇淋也深獲好評，結合當地食材製作的冰品各個風味獨具，其中大量使用自家牧場牛奶的牛奶口味最具人氣。

🎁 米子燒工房

📖別冊P.22,B2 🚗新石垣機場開車約30分 📍石垣市米原447-1 ☎0980-88-2559 🕐9:00~16:50 🌐yonekoyaki.com 🅿免費

　店門口幾隻造型奇特的陶製怪物，原來是工房主人一時好玩的作品，沒想到因此名聲不逕而走，也讓米子燒工房成為**石垣島最有名的陶器工房之一**。工房裡的風獅爺以黏土捏製後經1,000度高溫燒製而成，顏色與造型俏麗討喜，很適合作為家中擺飾。

琉球真珠 川平本店

別冊P.22,B2　新石垣機場開車約35分　石垣市字川平934　0980-88-2288　9:00~18:00　www.ryukyu-shinju.co.jp　25個

品質絕佳的珍珠飾品。

川平灣是世界首處大量繁殖黑珍珠之地，而且黑珍珠的品質名列全球第一。琉球真珠 川平本店就位於養殖黑珍珠的川平灣旁，各種大小等級的黑珍珠從2、3萬日幣到上百萬不等，除了黑珍珠以外，白蝶貝會養出白珍珠，少見的黃珍珠品質更是優良。

HANA InterContinental Ishigaki Resort

石垣島全日空洲際度假飯店

別冊P.22,B3　新石垣機場開車約20分；從新石垣機場搭乘巴士約28分　石垣市真栄里354-1　0980-88-7111　Check-in 15:00~、Check-out ~11:00　一泊二食方案，兩人一室約￥35,000起　www.anaintercontinental-ishigaki.jp　300個(免費)

這間外型猶如一艘頂級郵輪的度假飯店就佇立在海灘旁，總計有255間客房及4間套房，**所有房型都擁有40平方公尺的廣闊空間，且皆面向碧藍如洗的大海**，露天陽台上還貼心地設有座椅，可以悠閒地在微風中眺望眼前的無敵海景。

遼闊的飯店腹地設有餐廳、商店、泳池、SPA、小型健身房等多樣化的設施，光是在飯店內就可消磨掉一天時光，而**飯店也有推出許多自費的體驗活動**，包含各項水上活動、夜間星空觀測、島上巡遊、夕陽帆船遊艇等，讓住客能盡情享受沖繩的大自然與傳統文化。

職人耗盡心力才做出的珍貴作品。

石垣燒窯元

別冊P.22,B2　新石垣機場開車約30分　石垣市名藏1356-71　0980-88-8722　9:00~17:00，體驗陶藝教室10:00/13:00/15:00(每天3場次)　陶藝品￥2,500起，陶藝體驗￥5,000起　www.ishigaki-yaki.com

石垣燒窯元的創始人金子晴彥吸收了一ノ瀨燒與小石原燒的特長，並結合本家的天目技術，**將玻璃與油滴技法發揮於陶藝之上，在日本的陶藝界中獨樹一幟**，十分受到推崇。石垣燒的特色除了一眼就能看見作品中心、那如大海般綻藍的玻璃質材外，油滴技法而形成的銀色小點「天目」更是一大特色，由於溫度的掌控十分困難，窯燒的成功率很低，所以每一件成品都是十分珍貴的藝術收藏品。

白保集落

位在石垣市東邊的白保集落留存著許多傳統建築，石垣與赤瓦讓這靜謐的村落更添懷舊氣息。集落中有許多人家利用住家空間開設餐館、賣店，來此逛逛走走的同時，也可走入當地居民的生活。白保集落一旁的白保海岸也值得一瞧，海底下有著北半球規模最大的青珊瑚礁群，可參加浮潛行程，一探海底的美妙。

🅰別冊P.22,B3
🚗從石垣市中心向東開車約20分
📍石垣市白保

👁 白保珊瑚礁村

しらほサンゴ村

🅰別冊P.22,B3　🚗新石垣機場開車約10分；巴士「白保小学校前」站步行約8分　📍石垣市字白保118　📞0980-84-4135　🕐9:00~13:00(週日市集10:00~13:00)　📅週六　💲免費
🌐www.wwf.or.jp/activities/activity/1635.html　🅿免費　❗聚落內道路狹小，開車到路口時務必停車確認無人後再行通過

白保海岸內孕育著120種以上的珊瑚與300種以上的魚類，為維護這豐富的生態環境，WWF珊瑚礁保護研究中心便在此設立了「白保珊瑚礁村」，並在館內詳細介紹其海洋內的生態。這裡每週日還會有「白保日曜市」市集，當地居民們在此擺售起自家栽種、製作的作物、料理及玩具等，充滿了當地暖暖的人情味。

🧁 PAPIRU

パピル

🅰別冊P.22,B3　🚗新石垣機場開車約10分；巴士「白保小学校前」站步行約6分　📍石垣市白保191-8　📞050-3760-1622　🕐10:00~售完為止　📅週一，週日、例假日不定休　🌐papiru-ishigaki.com/　🅿有

大阪出身的安井夫妻在10多年前搬到石垣島定居，在白保這裡開設了甜點店PAPIRU(為白保方言「蝴蝶」之意)，一開張就深受當地居民喜愛。安井祐策先生利用地產的季節盛產水果製作各色蛋糕與飲品，使用大量水果的蛋糕不過份甜膩並保有水果本身的風味，每一口都是滿足。

> 依照季節變化的甜點口味。

🍴 旬家ばんちゃん

🅰別冊P.22,B3　🚗新石垣機場開車約10分(在A-21標示旁的道路右轉入白保集落)；巴士「白保小学校前」站步行約10分　📍石垣市白保13-1　📞0980-87-0813　🕐8:30~15:00(L.O.14:00)，晚上不定時營業　📅不定休　💲ひるごはん(午間套餐)¥1,900　🌐www.shun-ya-banchan.com/　🅿有

長年在飯店廚房工作的坂東秀祐，在2013年將自家改裝餐飲店，食材嚴選自沖繩各地，除了產地，也儘量探究其生產者來源，以求提供用餐者安心安全的飲食。旬家ばんちゃん沒有固定菜單，也不拘泥於和洋食等分類，而是視當天購入的食材再決定烹調方式，每次來都會有不同的驚喜。

石垣市中心
いしがきし・ishigakishi

石垣島上最熱鬧的區域就在石垣港離島碼頭附近、商店街ユーグレナモール(Euglena Mall)的周邊一帶，以平行的銀座通及中央通為中心，聚集了超過100間的餐飲店、雜貨舖與土特產店等商家，是來到石垣島不可錯過的地區。

🚩 別冊P.22,B3；P23
🚌 市中心距新石垣機場開車約30分，市中心區域可徒步散策

生鮮食品以外也有在地特色商品與食堂喔。

花子 2,310

🔵 石垣市公設市場

🚩 別冊P.23,C2　🚶 石垣港離島碼頭步行約9分　🏠 石垣市大川208　⏰ 9:00~17:00、六日11:00~15:00　🌐 ishigaki-kousetsu-ichiba.com/

想了解當地居民的生活方式，最好的方式就是到市場轉一圈。在店家聚集的商店街「ユーグレナモール」(Euglena Mall)上，可找到這處石垣市公設市場，2021年重新整裝後，煥然一新，原本的生鮮店舖外，也有年輕新店舖加入，1樓販售蔬菜、魚肉等生鮮與加工食品及飲食店，2樓則專門販賣石垣當地特色商品，3樓則設有食堂。整體規模雖不大，新舊融合店舖也相當有趣。

卍 桃林寺
とうりんじ

🚩 別冊P.23,B1　🚶 石垣港離島碼頭步行約15分　🏠 石垣市石垣285　📞 0980-82-2142　⏰ 7:00~19:00(冬季至18:00)　💰 免費參觀　🅿 10個

建於1614年的桃林寺是**沖繩最古老的木造建築**，門口兩側用八重山杉木建造的兩尊仁王像：金剛力士及密述力士，也是沖繩縣內現存唯一與人等身的仁王像。與它相鄰的是權現堂，建於1614年，是過去琉球王朝時期王府的所在地，目前也是國家重要保護古蹟。

什麼是「仁王」

在佛寺入口常會看到兩尊神像，這兩尊護法神像正是「執金剛神」，相傳是天界的守衛，被尊稱為「金剛力士」，日文則通稱為「仁王」，因為仁王坐鎮佛寺山門，佛寺山門也被稱為「仁王門」。另外，日本佛寺常常會在仁王門掛上大草鞋，這是因為仁王身形健美被奉為「健腳之神」，因此可以向仁王祈願身體健康、旅途平安。

🍴 辺銀食堂

📖 別冊P.23,C2　🚶 石垣港離島碼頭步行約10分　🏠 石垣市字大川199-1　📞 0980-88-7803　🕐 午餐11:30起、晚餐18:00起，售完為止　⛔ 週日、不定休　💲 じゃーじゃんすば(炸醬麵)¥1,000(附湯)、石垣島辣油50g¥420　🌐 penshoku.com

> 幾乎已是沖繩伴手禮代名詞的辣油，就是產自這家小食堂。

辺銀食堂由中國出身的辺銀曉峰與妻子愛理所開設，會取名為辺銀是因為婚後愛理小姐想改從丈夫姓崔，但因日本無此漢字，本來就喜愛企鵝的愛理小姐便開玩笑地説要改姓企鵝(辺銀日文發音同企鵝)，後來兩人就真的取了這世上獨一無二的姓氏，兩人的愛情故事與其石垣島辣油的產生過程還曾翻拍成電影《企鵝夫婦》。**名聲響亮的辣油以等島辣椒、黑砂糖、大蒜、白芝麻、島胡椒等多樣素材製作調配**，溫潤而層次豐富的辣味讓人一吃上癮；而辺銀食堂的**菜單為中華料理**，有炸醬麵、水餃、麻婆丼等台灣人熟悉的菜色，用餐時可任意添加桌上放置的辣油與大蒜油，香氣與風味更上一層。

> 店內的一角開設的「石垣ペンギン」雜貨舖，可以買到辣油。

🎁 ひらりよ商店

📖 別冊P.23,C2　🚶 石垣港離島碼頭步行約9分　🏠 石垣市大川203　📞 0980-87-0797　🕐 10:00~19:00　⛔ 不定休　🌐 hirariyo.jimdofree.com/

位在商店街「ユーグレナモール」(Euglena Mall)上的ひらりよ商店，店內集結了沖繩**當地工藝家創作的各項雜貨商品**，像是以石垣島風景為意象的Sima Aroma Soy Candle、古典紅型花色的布包、草木藍染提袋等，種類相當多元。事先網路預約的話，也可以在此體驗紅型製作。

🎁 南南paipai 本店

📖別冊P.23,B2 🚶石垣港離島碼頭步行約10分 🏠石垣市大川281 (石川大樓1F東) ☎0980-88-7584 ⏰11:00~19:00 🈚週日 🌐ishigaki-paipai.com/ ❓首飾的手作體驗請事先上網預約

　　在沖繩方言中「南」的發音為Pai，而店名Pai-Pai就是將對沖繩人而言為吉位的「南」重複兩次，感覺因此便會有好運發生。以**「家內制手工藝」為座右銘，Pai-Pai店內陳列著各種品味獨具的手作特色商品**，也提供天然石、夜光貝與貝殼的飾品製作體驗，想要親手製作專屬於自己的首飾的話，不妨來這裡試試看。2021年也在石垣市公設市場開了新分店。

🍴 島の食べものや南風

📖別冊P.23,B2 🚶石垣港離島碼頭步行約6分 🏠石垣市大川219 ☎0980-82-6027 ⏰16:00~22:00 🅿免費

　　到日本旅遊一定要體驗一次居酒屋，感受當地的庶民氣息，南風居酒屋店內利用島上木材製成的餐桌充滿了木質的溫潤，推出的料理則是**從道地沖繩家庭料理到創作料理應有盡有**，運用島產蔬菜、豬肉、豆腐等食材製作的佳餚，再搭配上泡盛或地產啤酒，就是最豐盛的享受。

🧁 石垣島布丁本舖

石垣島プリン本舖

📖別冊P.23,B2 🚶石垣港離島碼頭步行約5分 🏠石垣市美崎町3 ☎0980-87-5741 ⏰10:00~19:00 🈚週三 💲石垣島布丁￥450~650 🌐www.ishigakijima-purin.com

> 還有沖繩特有的紅芋口味。

　　開幕於2014年的布丁專賣店，有著可愛的精靈吉祥物きじむん(Kijimun)，店內使用的食材幾乎都來自石垣島，**布丁以娟珊牛(Jersey)現榨牛奶、新鮮雞蛋、砂糖與100%產自名藏灣海水的「石垣の塩」等製作而成**，再加上砂糖與頂級和三盆糖手工成的焦糖，滋味濃郁香醇。

沖繩離島
石垣島

🍴 euglena GARDEN

🔵別冊P.23,B2 🚶石垣港離島碼頭步行約8分 🏠石垣市字大川270-2 ☎0980-87-5711 ⏰11:00~20:00(L.O.19:30) 🍹ユーグレナ・ゴーヤ・スムージー(眼蟲藻苦瓜冰沙)¥800 🌐www.euglena.jp/midorijiru/garden/

　這間咖啡廳由專門研究euglena(眼蟲藻)的公司所開設,以眼蟲藻結合地產蔬菜、海鮮創作料理。雖然這奇妙的微生物具備動物的移動能力,但它其實也可以進行光合作用,**被視為昆布、海帶芽的同類**,並且具有高度營養成分與使用價值。**euglena GARDEN以眼蟲藻入菜**,像是與苦瓜一起打成冰沙或是做成綠咖哩、綠蛋糕等,製作成甜點時嚐來有點像抹茶的味道,喜歡嚐鮮的人可來此嘗試看看。

shimaai
shigakijima cultivate blue

若時間充裕也可到10分鐘車程中的島藍農園,參觀農場及工房。

新奇的眼蟲藻讓人好奇味道。

在結帳處一旁還可用顯微鏡觀察眼蟲藻。

🎁 shimaai

🔵別冊P.23,C2 🚶石垣港離島碼頭步行約8分 🏠石垣市大川205 ☎0980-87-5580 ⏰11:00~19:00 🎁托特包¥4,400起 🌐shimaai.net/

　由石垣島上的「島藍農園」開設的包包及雜貨賣店shimaai,**主力商品帆布包一律由白、藍、靛、黃四種顏色組成,分別代表著石垣島的天空、海洋與太陽**,其中藍、靛色的染色原料取自野木藍,從栽種、收成、提取染料到染色皆由自家農園親力親為,過程中**一律不使用化學肥料等傷害土地的藥劑**,而黃色的染料則取自福木的樹皮。這一個個充滿大自然能量的提袋,飽含著島藍農園的用心與滿滿心意。

🎁 箱龜

ART WORKS Hacogame

🔵別冊P.23,C2 🚶石垣港離島碼頭步行約7分 🏠石垣市大川10-1 ☎0980-87-9772 ⏰10:00~19:00 🌐www.hacogame.okinawa/

　店內**收集了滿滿數不清的可愛沖繩小物**,除了有沖繩當地藝術家製作的首飾、布製品、明信片之外,店內還有紅型圖案的T恤、充滿沖繩特色的南洋風手拭巾、創意造型的陶製風獅爺吊飾,商品選擇非常豐富,而且每一個都滿載著製作者的個性與巧思,絕對值得來此細細挖寶。

FREE FOWLS

別冊P.23,B2　石垣港離島碼頭步行約8分　石垣市字大川212（ロクビル3F）　0980-83-5023　10:00~19:30　不定休、冬季及12月有長休　島藍イリオモテヤマネコ中型（島藍西表山貓小型18cm布偶）¥2,480　freefowls-okinawa.com

　　隱身在建築物3樓的FREE FOWLS，店內販售的商品幾乎都是店主人水鳥広之先生親手製作，東京出身的他在1998年到嚮往已久的沖繩旅遊了4個月之後，深深被當地的海島生活所吸引，自此便長住在沖繩直到現在。店內以「西表山貓」的周邊原創商品為中心，因為許多人都是隻身來石垣島等八重山群島旅遊，所以水鳥先生便以此為發想，製作了這些旅途上的可愛小旅伴，每一隻的花色與身型都有微妙的不同，特殊的造型相當逗趣。

也與島上工藝家合作推出了藍染、紅型的西表山貓。

村內有各式精彩活動，可依每天公告的開放時間自由參加。

也有結合日式按摩與放鬆療程的SPA行程可供自費參加。

Club Med石垣島Kabira

別冊P.22,A2　石垣市川平1　0800-258-263(台灣區訂位專線)　Check-in 15:00~、Check-out ~10:00，各項設施、活動的時間請見Club Med給的資料袋以及村內張貼的時程表　依淡旺季不同，4天3夜行程標準房စ台幣30,800起、麗景房စ台幣32,900起　www.clubmed.com.tw　費用包含來回機票、食宿與村內設施。Club med石垣島的行程只與機位一起賣，5~10月中每週三、六有包機直航，可洽台灣各大旅行社，或直接上官方網站訂購

　　主打全包式假期的Club Med，在每年5至10月都會有從台北直飛石垣島的包機，從台灣只需飛行時間55分即能到達這悠閒的度假天堂。度假村內有開闊的海景、美食、G.O.精彩歌舞秀、無限享用的酒品點心與各種有趣活動，在Club Med裡能回歸到最原始的吃喝玩樂，被自然光喚醒的早晨、一望無際的藍綠大海美景、渴了到酒吧小酌、餓了至大餐廳享受美食、倦了窩在露台上小憩，4天3夜重覆做一樣的事也不覺厭倦。

造訪日本之最！
波照間島、與那國島旅遊重點

從石垣島除了可以前往小浜島、竹富、西表島以外，還有波照間島(はてるまじま)以及與那國島(よなぐにじま)，這兩座島也都屬於八重山群島，雖然距離石垣島更遠，但這兩座島分別是日本最南端、最西端的島嶼，也因此吸引不少人參加行程前往一遊，就為了到極南之地、極西之地拍照留念，也是石垣島跳島小旅行的熱門目的地。

👁 波照間島

📍別冊P.2,B6 🚢從石垣島搭乘高速船前往，船程約1小時 ❗建議利用石垣島出發的一日行程前往遊玩

波照間島是**日本最南端的島嶼**，島上最著名的景點要屬「日本最南端之碑」，從最南端之碑展望，眼前是一大片湛藍的海景，這片海景美則美矣，卻無法親近，想要近距離感受波照間大海的美，那麼「ニシ浜」也是不可錯過的景點，這裡不僅有雪白的沙灘，還有**透明的碧色大海**，美麗的「**波照間藍**」讓人心醉。參加觀光行程的話，大多都會到這兩處景點一遊。

👁 与那国島

📍別冊P.2,B6 ✈可從那霸或石垣島搭乘飛機前往，或是在石垣島乘坐渡輪前往，一週2班，船程約4小時 ❗因為船班不多、船程太長，建議利用飛機前往較為方便

与那国島是日本最西方的島嶼，說來有趣，其實與那国島離台灣比沖繩更近，有時候還會有臨時從台灣出發的航班，島上最西方的地區稱為「西崎」，這裡的燈塔旁設有「**日本最西之碑**」，自然也是造訪的重要景點，附近還有可以看到日本最晚夕陽的山丘。与那国島除了是日本最西端，還有一處神秘景點，島嶼南方海面下約100公尺深的地方，有一片範圍廣大的巨石群，這就是**鼎鼎大名的「与那国島海底遺跡」**，雖然目前尚未確認這片遺跡究竟是不是人工建築，但海中的巨石群依舊讓人讚嘆，**島上也有推出遺跡的潛水觀光行程。**

竹富島
たけとみじま
Taketomi-jima

宮古群島
小浜島
石垣島
石垣市中心
西表島
竹富島

自 石垣島乘船約10分鐘的距離，竹富島總面積不到6平方公里，井然有序的古民家磚紅屋簷和白色細砂鋪成的小徑，刻劃出質樸又夢幻的鄉村風景。搭乘水牛車、聽著車夫哼著歌，彷彿走入時光隧道回到過去，風也和緩，心也和緩。

通路線&出站資訊

前往離島
由石垣島前往竹富島可搭乘高速船，另外從西表島、小浜島也有船班可到，可以先上網預約。(詳見P.A-27)

島上交通
◎如果只想在度假村內放鬆，只要事前預約、告知船班時刻，抵達港口後便會有飯店人員前來接送，就算只是預約水牛車、玻璃船觀光行程，業者也會提供接送服務，以上狀況的話，交通大多不成問題。

◎若是想感受島上的傳統風貌，強力建議到集落逛逛，因竹富島面積不到6平方公里，除了巴士，也很適合騎自行車慢行慢逛。

腳踏車

腳踏車出租公司多設在集落內，有各式單車，會提供港口接送服務，各店價格統一。
🕐9:00~17:00
💲普通單車1小時¥400、1日(5小時~營時結束)¥2,000

路線巴士
竹富島上的巡迴巴士運行於港口、集落與海濱地區，共4個方向路線，
① 港→ 集落·ビーチ(星砂の浜) ②ビーチ(星砂の浜)→ 集落·港③集落ビーチ(星砂の浜)④ 集落→港，每個路線1小時2班次。除了路線①外，其他路線都是預約制。
💲搭乘一次，大人¥300、小學生¥150
🌐takekou.info/

觀光巴士
路線巴士以外，竹富島交通也有推出觀光巴士路線，會由導遊介紹景點，從港口出發後開往カイジ浜、コンドイビーチ、集落散步，最後回到港口，車程約1小時，需事先預約。
💲大人¥1,300、小學生¥650
🌐takekou.info/

👁 西棧橋

にしさんばし

🏝 別冊P.24,A1　🚶 竹富港步行約25分
🏠 竹富町竹富207　📞 0980-82-5445(竹富町觀光協會)　🕐 自由參觀
painusima.com/899/

> 延伸到大海之中的景色,可說是島上最美的景點。

　　2005年列入國家登錄有形文化的西棧橋,位在竹富島西岸,長約100公尺的棧橋向湛藍的晴空與大海延伸而出,優美如畫的景色常成為廣告、戲劇的取景地。西棧橋過去是與西表島有船隻往來的棧道,現在除了欣賞海景,**也是島上知名的賞夕陽與星空的景點。**

> 搭配じゅーしー(沖繩炊飯)的組合也很受歡迎。

📓 散步尋找石敢當

被各式珊瑚石垣圍繞的傳統民居,可說是漫步竹富島時,最令人醉心的優閒風景,不論以何種方式散策這個島嶼,都別忘記仔細找找牆垣角落的石敢當。各式造型不同的石敢當,就低調地嵌在石垣內,靜靜守護著聚落的安康。由於島上無高山遮擋,當颱風或東北季風降臨,強風宛如直入無人之地,其作用就跟金門的石敢當一樣,大都位於路口或建築下方角落,抬頭欣賞風景時,也不妨好好看看這當地風土文化下產物。

🍜 そば処 竹の子

🏝 別冊P.24,B3　🚶 竹富港步行約20分　🏠 竹富町竹富101-1　📞 0980-85-2251　🕐 10:30~15:30、18:30~21:30
🚫 不定休　🍽 そーきそば(八重山麵)¥1,000、じゅーしー(炊飯)¥300　🌐 soba.takenoko-taketomi.com　❗較常休六日,可事先確認

　　そば処 竹の子是**竹富町的八重山麵老店**,創立於1975年,現在的店內雖然經過翻修,依然保留著竹富島傳統的赤瓦屋頂面貌,充滿懷舊風情的店內只有少少的6張桌子,天氣好的話也可以坐在庭園的露天座位,送上桌的麵條上放著煮得軟嫩的排骨肉,搭配上清爽的湯頭,就是傳承已久的樸實滋味,店家還準備了**以島辣椒製成的特製辛香料「クチュ」**,喜歡辣的話別忘了試試看。

H 虹夕諾雅 竹富島

星のや 竹富島

🅐 別冊P.24,C2 🚢 依船班時間接送，從竹富港搭乘飯店接送巴士約8分 🕐 竹富町竹富 📞 050-3134-8096 🕐 Check-in 15:00～、Check-out ~12:00 💰 每間/每晚 ¥112,000~(不含餐食、預約至少2晚) 🌐 hoshinoya.com/taketomijima/zhtw/

> 純樸度假村風情，將自己融入島民生活，沉浸悠閒步調之中。

承襲了竹富島傳統古民家的風貌，**按照竹富島「重要傳統建築保護區」的嚴格規定打造出這座度假村**，將碧海藍天、白色珊瑚細砂、紅磚瓦屋頂的傳統屋宅，全都納入度假村的居住風格內。**以擁有獨立圍牆、花園的48棟別墅型態，讓人擁有悠閒不被打擾的度假時光**，不論在度假村內漫步，或是跟著老師學習撥動三線琴，亦或享受SPA、大啖融合法式料理精神的沖繩美食，讓人忘卻時間，是能盡情耽溺在濃濃的沖繩小島風情裡的低調奢華居宿。

> 每間別墅的四周都圍有矮牆、私人花園，享受不被打擾的度假時光。

> 運用法國料理技法所呈現的沖繩食材饗宴，讓人驚豔。

> 跟著島民的日夜晨昏作息，深刻體驗最棒的島嶼度假時光。

👁 皆治浜

カイジ浜(星砂の浜)

🅐 別冊P.24,A2 🚶 竹富港步行約30分 🕐 竹富町竹富 📞 0980-82-5445(竹富町觀光協會) 💰 自由參觀

傳說中能喚來幸運的星砂海灘，是**竹富島最浪漫的景點之一**，純白潔淨的秘密海灘，捧起細砂凝神注視，竟是一顆顆迷你的星星形狀，其實這些並不是沙子，而是有孔蟲的外殼，遊客不可擅自帶走星沙，但在沙灘上的賣店還可購買星沙鑰匙圈等紀念品。

> 這裡禁止下海游泳，需特別注意。

那霸市➡沖繩本島

沖繩離島

竹富島

塔樓本身也是日本的登錄有形文化財。

👁 なごみの塔

Nagomi之塔

🚶別冊P.24,B3　🚶竹富港步行約22分　🏠竹富町竹富　☎0980-82-5445(竹富町觀光協會)　ℹ塔樓封閉後，鄰近的賣店將屋頂改為「あかやま展望台」，入場需￥100

　　在集落中心位置的赤山公園，高達4.5公尺的Nagomi之塔就佇立在6公尺高的山丘上，1953年由集落的居民出資建造，是欣賞竹富島原鄉風景最好的觀景點，也是在集落遊覽時認路的地標，可惜**塔樓因老朽而於2016年9月下旬封閉，不能再登上塔樓賞景了。**

水牛車

　　來到竹富島一定要體驗水牛車，島上兩間營運公司分別規劃出不同的繞行路線，行走在白砂小徑上，道路沿途兩旁為珊瑚咾咕石堆疊起的外牆，桃紅色的九重葛與草木茂盛地從牆中探出身來，裏頭的紅瓦古宅也延續沖繩鄉間的古樸韻味，伴著導覽員的三線樂聲，極富情調。

🚶竹富港巴士接送約5分　☎0980-85-2103(新田觀光)、0980-85-2998(竹富觀光中心)　🕐水牛車約9:00~16:00(隨時出發)，全程約30分　🚫種子取祭期間、颱風天　💰大人￥1,500~2,000、小孩￥750~1,000　🌐www.nitta-k.net(新田觀光)、suigyu.net(竹富觀光中心)

👁 コンドイビーチ

Kondoi Beach

🚶別冊P.24,A4　🚶竹富港步行約25分　🏠竹富町竹富　☎0980-82-5445(竹富町觀光協會)　🕐自由參觀

　　這片海灘不只是竹富島知名的海灘，**在整個八重山群島中也是景色數一數二優美的海灘**，岸邊的水深相當淺，且幾乎沒甚麼海浪，所以相當安全，適合一家大小來此戲水，但因為外海海底以砂地為主，珊瑚礁跟魚群都不多，所以比較不建議在這裡浮潛與潛水。

©竹富島觀光協会

小浜島
こはまじま
Kohama-jima

宮古群島
小浜島
石垣島
石垣市中心
西表島
竹富島

小浜島，距石垣島高速船程25分鐘，擁有日本最大規模的珊瑚礁，海水透明度更是世界首屈一指。小浜島至今還保有著鄉村田園的純樸景色，只見道路兩側幾乎都是草原與甘蔗等作物，不時還可見牛隻在其中低頭吃草，而這個原本默默無聞的小島，在2001年由國仲涼子主演的NHK晨間日劇《水姑娘》(ちゅらさん)播放後開始受到矚目，美麗的海島風景吸引許多遊客慕名而來。

交通路線 & 出站資訊

前往離島
由石垣島前往小浜島可搭乘高速船。另外從西表島、竹富島也有船班可到，可先上網預約。(詳見P.A-27)
島上交通
◎小浜島上沒有計程車跟路線巴士，再加上島上道路起起伏伏，體力不佳的人也不適合騎一般的自行車，最推薦的移動方式就是租車或機車，再者電動腳踏車也是不錯的選擇，出租店家則都集中在小浜港。
$ 機車-50c.c.機車1小時￥800。單車-1小時一般￥300、電動￥550。車子-1小時￥1,500。(以上為價格參考，各家略有不同，另有不同時數及日計費用)
🌐 www.kohamajima-marine.com
・焬浜島綜合案內所/小浜島レンタカー
⊕ 竹富町字小浜3400-38
☎ 0980-85-3571
🌐 tourist-information-center-1461.business.site/
◎若在小浜島預定的停留時間有限，也有串起島上主要景點的觀光巴士行程可以參加。

吹著海風感受小島悠閒。

👁 海人公園

🗺 別冊P.22,A4　🚗 小浜港開車約15分　⊕ 竹富町細崎　🕐 自由參觀

　　位在小浜島最西端的海人公園就在細崎港旁，遠遠地就可以看到此地的招牌地標——有著巨大魟魚屋頂的展望台，**登上展望台可將小浜島的海景與西方的西表島風景盡收眼底**，公園內也設有長椅，可一邊迎著徐徐海風，一邊在海景環抱中靜靜品味小島的自在優閒。

星空散步

除了白天的活動，夜晚之美也不可錯過。曾舉辦國際星空會議，可觀測到最多星座與一等星的八重山群島，擁有日本最美星空的美稱，而小浜島繁星密布的絕美星空更是鼎鼎有名。深水藍的夜幕降下，星羅棋布的滿天星斗佔滿了視線，數不盡的璀璨星子向你眨眼，銀河星帶優美地劃過天際，輕倚在沙灘躺椅上，毫不費力就能享受眼前這片如夢似幻的美景。
❗ 可向度假村詢問相關行程

©南十字星度假村

👁 Sugar Road

シュガーロード

🚩 別冊P.22,B4　🚗 小浜港開車約5分
📍 竹富町小浜　●自由參觀

小浜島上的兜風必遊路線，田園風情讓人心情暢快。

　Sugar Road就如同其名稱所指，高低起伏的筆直道路兩側種滿了甘蔗(Sugercane)，而且一旁還有放牧中的牛隻在草地中漫步吃草，十足的田園情調，也**曾是晨間日劇《水姑娘》的取景地**，騎腳踏車的途中相當推薦在這裡稍做停留，感受小浜島的閒適自在。

🏨 南十字星度假村

はいむるぶし

🚩 別冊P.22,C4　🚌 有搭配船班的免費接送巴士，車程約5分　📍 竹富町小浜
2930　☎ 0980-85-3111　●Check-in 15:00~、Check-out ~11:00　🌐 www.
haimurubushi.co.jp

　「はいむるぶし」(Haimurubushi)是沖繩方言「南十字星」的意思，以身心的療癒為宗旨，打造了一處讓人能夠盡情徜徉在大自然懷抱，從中獲得能量的桃花源。南十字星度假村**提供旅客各種活動行程選擇**，包含由瑜珈專門雜誌《Yogini》的老師和專家共同研究開發的**瑜珈課程、各種海上活動、夜間生態導覽**等，從早到晚都有不同的冒險與體驗。

👁 大岳

🚩 別冊P.22,B4　🚗 小浜港開車約8分
可達登山口，從登山口到山頂展望台
約步行10~15分　📍 竹富町小浜　●自由參觀

　來到**小浜島上最高的山──**海拔高度99公尺的大岳，雖然只是座小小的山丘，但**山頂的展望台擁有360度的全景視野**，腳下是甘蔗田與牧草地組合而成的田園景色，向遠方眺望則是優美海景，除了可欣賞到海天一色的絕美景色外，更可看到四周的石垣島、竹富島、西表島等八重山群島。

⒣ 星野集團 RISONARE 小濱島

星野リゾート リゾナーレ小浜島

🏠別冊P.22,C4 🚌從小浜港搭飯店接送巴士約10分(依船班時間接駁，免預約) 🏢竹富町小浜2954 ☎050-3134-8096 ⏰Check-in 15:00~、Check-out ~11:00 💰兩人一室(附早餐)1人¥24,000起 🌐hoshinoresorts.com/zh_tw/hotels/risonarekohamajima/

可享受私人沙灘及各式精彩海上活動。

私人海灘滿足從日昇到日落，各式濱海活動與景致獨賞。

被廣大榕樹林圍繞的飯店，設有架於樹頂的觀景台，提供悠閒觀景視野。

2020年7月新開幕，**擁有廣闊的區域及大型私人沙灘，但卻僅提供60間宛如私人別墅般的住宿度假空間**，奢侈私人度假想望在此實現。住客可24小時享受緊鄰的私人濱海沙灘外，也有晨光沙灘瑜珈、夜間星空野餐、手做課程，或是參加北半球最大珊瑚礁群「石西礁湖」的潛水之旅、各式離島之旅等，或動或靜、全憑喜好。

退潮時才會出現的美麗風光。

👁 夢幻之島

幻の島(浜島)

🏠別冊P.22,C4外 🚤可從小浜島、竹富島、石垣島參加行程乘船前往 💰約¥3800~8000，依行程內容而異 ❗夢幻之島沒有定期船班，想前往一遊必須參加當地行程。活動網站或當地飯店都會有相關行程

不僅景色如夢似幻，退潮時間限定讓浜島美景的夢幻程度更上一層。

有著「夢幻之島」之稱的浜島，就位在石垣島與小浜島之間的海面上，**由珊瑚砂自然堆積而成的白色彎月狀沙洲，是只有在退潮時才會出現的夢幻島**，每天隨著沖上岸的貝殼、珊瑚變換形狀，純白如新雪的海灘最長可延伸200公尺。迎著艷陽與海風走在沙洲之上，四周是360度的大海圍繞，白砂碧海的動人色彩令人沉醉，其海面下的療癒海底世界更是人氣浮潛景點。

西表島
いりおもてじま
Iriomote-jima

自 石垣島搭乘高速船約45分鐘,即可抵達位於西邊的沖繩第二大島西表島。西表島是八重山群島中的最大島,面積約290平方公里,山多、森林多,其中約有90%被亞熱帶森林所覆蓋,不僅擁有最原始神祕的自然景觀、獨特的生態系統,還有被列入國家特別天然紀念物、目前僅存100隻的西表山貓,都是看點。

交通路線 & 出站資訊

前往離島
西表島上有兩個主要對外的港口,分別是位在島嶼東南部的大原港(仲間港),以及位在北部的上原港,從石垣島、小浜島皆有船班可達。(詳見P.A-27)

島上交通
西表島面積約達290平方公里,想要自己掌握行程與時間的話以租車最為方便,但記得島上的限速為時速40公里,也要隨時注意路上是否有西表山貓等野生動物出沒。對於時間有限的旅人,觀光巴士與計乘車都是不錯的選擇。另外,島上也有路線巴士可以利用。

◎租車
西表島上有多間出租車公司,大多集中在大原港與上原港附近,可依抵達的港口選擇,其中西表山貓Rent-a-car(やまねこレンタカー)在上原與大原都設有據點,可以甲地租、乙地還。

🌐 iriomote.com/top/rentacar-2/

◎路線巴士
西表島上的路線巴士運行區間為「白浜~上原港~大原港~豐原」,每天來回各4班。上車付費,若購買1日、3日券也是在上車時出示。另外,巴士採自由乘降制,看到巴士時招手即可上車,只要提前告知司機,也可以任意下車。
💰 依距離而異。1日券大人¥1,050、小孩¥530;3日券大人¥1,570、小孩¥790(車上購買)
🌐 iriomote.com/top/routebus/

◎觀光行程
西表島觀光中心推出了許多遊覽行程,內容包含紅樹林獨木舟、水中觀光船、由布島遊覽等,由專業導覽員帶領,並貼心附有午餐便當與每人2公升的冰茉莉花茶,為參加者補充營養與水分。如果行程不是從石垣島而是從西表島出發解散的話,需要在前往西表島前,先到石垣港離島碼頭內的西表島觀光中心(西表島觀光センター)索取行程參加券以及完成付款等手續,否則無法參加。
📍 石垣市美崎町1番地(石垣港離島ターミナル内)
☎ 0980-82-9836(西表島觀光中心)
🕐 7:30~18:00
💰 依行程而異
🌐 www.yamaneko-tours.com/

©OCVB

◉ 星砂の浜

⚲ 別冊P.23,B3　🚗 大原港開車約50分、上原港開車約5分　🏠 竹富町字上原　◷ 自由參觀

星砂の浜位在西表島的北側，因有著星星造型的美麗「沙子」而得名，雖然這些源自有孔蟲外殼的化石，並非什麼令人抱有浪漫遐想的成因，但可愛的造型還是吸引許多遊客來此「摘星」。**星砂の浜的海岸浪平水淺，走入其中就可看到小魚在腳邊跟岩縫間悠游**，是浮潛與海水浴的熱門景點。

◉ 西表野生生物保護中心

西表野生生物保護センター

⚲ 別冊P.23,C4　🚗 大原港開車約15分、上原港開車約30分　🏠 竹富町字古見　📞 0980-85-5581　🕙 10:00~17:00　🚫 週一(遇例假日延至隔日休館)、慰靈之日(6/23)、12/29~1/3　💲 免費參觀　🌐 iwcc.jp/

西表野生生物保護中心是西表山貓的保育活動的據點，館內**完整介紹了以西表山貓為主的當地動植物生態**，來這裡走一趟便可更加深對西表島自然的**認識**。西表島對西表山貓的保育不遺餘力，除了以自動攝影記錄其活動及繁殖狀況，也致力於其棲息地的保存，在開發與生態維持中保持平衡，就連道路的水溝也是為保護島上動物們而特別設計，來到西表野生生物保護中心還可看到西表山貓的標本以及目擊情報。

了解這日本特別天然紀念物之餘，也提醒人重視生態保育。

壯闊的珊瑚礁群、鮮艷的熱帶魚都是這裡的住民。

◉ Ida海灘

イダの浜

⚲ 別冊P.23,A4　🚢 從白浜港乘船約10分抵達船浮集落後，徒步約10分　🏠 竹富町西表　❗ 建議利用套裝行程前往

島嶼西側的白浜村為西表島的道路終點，在白浜村之後的區域因**人跡罕至**，所以又被稱作「奧西表」，而這片淨白的美麗海岸就位在奧西表，一般需從白浜港乘船前往才可抵達，需耗費不少交通時間，因此有業者推出行程讓遊客輕鬆前往。

登上Ida海灘，**乾淨如新雪的白沙上可找到許多寄居蟹在上面行走，眼前是壯闊海景，海面下則是讓人更驚豔的世界**。終年水溫穩定加上河川帶來的營養，讓這片海灘擁有多樣生物，充滿了動人色彩與充沛的生命力。

👁 仲間川

なかまがわ

🅰 別冊P.23,B4　🚗 大原港開車約1分、上原港開車約40分　🏠 竹富町南風見201　📞 0980-85-5304　⛵ 遊船9:30、14:00，全程約1小時10分　💰 遊船大人￥2,000~、小孩￥1,000~(依行程價格不同)　🌐 iriomote.com/top/onlycruize/　⚠ 遇強風、大雨、潮位過低等狀況時可能會停止取消行程

全長約17.5公里的仲間川，擁有**全日本面積最廣閱的紅樹林**，約佔日本總面積的四分之一，被指定為國家的天然紀念物。乘坐遊船穿梭其間，欣賞有別於我們熟悉的低矮水筆仔紅樹印象。也能參加步行遊程，參觀高挑修長的木欖紅樹林，以及經歷400年歲月的雄偉銀葉板根樹，另外還有期間限定的獨木舟行程。

超過400年的巨大銀葉板根樹，波浪般的板狀樹根十分特殊。

西表島

保有原始的自然美景的「NARA瀑布」，是相當受歡迎的祕境探險之旅。

星野集團西表島飯店也有提供NARA瀑布行程，但僅限住客可以報名參加。

👁 Nara瀑布

ナーラの滝

🅰 別冊P.23,B4　🚗 須參加行程前往　🏠 竹富町西表　💰 ￥13,000起，依各行程而異　🌐 sotoasobi. net/10/47/112　⚠ 表西島上各飯店大都有提供行程，需事先預約

Nara瀑布是**深獲戶外玩家肯定的一級祕境**。要前往這座保留遠古樣貌的神祕叢林，必須坐上小船，沿著西表石垣國立公園內的仲良川往深處前行，兩側濃密茂盛的叢林景象讓人看得入迷，有如貼著水面長出的綠色森林，在寧靜河面折射出對稱的世界，形成一條絕美的綠色通道。下船後就是重頭戲瀑布健行，由專業嚮導帶領，一路踏著山林小徑、攀岩涉水，一邊聽著嚮導介紹島上獨特的亞熱帶植物生態，傾瀉而下的滂沱瀑布有如萬馬奔騰之姿，俯身迎來沁涼水氣，分外舒暢。

Ⓗ 星野集團 西表島飯店

おすすめ 薦

星野リゾート 西表島ホテル

🚗 別冊P.23,B3 🚌 搭配船班時間,從上原港搭程飯店接送巴士約10分 📍 竹富町字上原2-2 ☎ 050-3134-8096 🕐 Check-in 15:00~、Check-out ~11:00 💰 兩人一室(含早餐)約¥14,000起 🔗 hoshinoresorts.com/zh_tw/hotels/iriomote/

與自然生態共舞的熱帶雨林度假村。

被大自然與河海圍繞的飯店腹地。
©星野集團

各式享樂自然生態的活動,是入住這裡的最大魅力。

©星野集團

2019年10月在充滿原始雨林與豐沛生態的西表島上,開幕了這家**以「西表山貓棲息之島的熱帶雨林度假村」為主題的度假飯店**。島上最引人的生態自然魅力要屬西表山貓及秘境瀑布等,可參加飯店的免費「山貓學校」、或是跟著導覽員來一趟了解西表島生態的「西表島散步」,還有秘境瀑布行程等,**讓體驗生態、度假充分結合**。

搭上水牛車度過潟湖,是相當獨特的體驗。

◉ 由布島

おすすめ 薦

🚗 別冊P.23,C4 🚗 大原港開車約17分、上原港開車約36分 📍 竹富町字古見694(表西島-由布島ゆき水牛乗り場) ☎ 0980-85-5470 🕐 9:30~16:00,平均30分鐘一班 🌀 颱風時可能停駛 水牛車來回+入園費大人¥1,760、小學生¥880；徒步+入園費大人¥600、小學生¥300,小學以下免費 🔗 yubujima.com/

由布島雖然只是座小島,但搭乘水牛車穿越海上淺灘前往的路程,就是最特別的體驗。

緊鄰西表島西側的由布島,是西表島與那良川帶來的河沙沖積而成的小島,海拔1.5公尺、面積只有0.15平方公里,**全島被規劃為售票入園的亞熱帶植物園區。必須坐上水牛車渡海(潟湖)、或是徒步前往由布島**,看看來自台灣的水牛如何為這座因地勢過低遭政府禁止居住的迷你小島,帶來觀光繁景。

沖繩旅遊情報

沖繩縣與台灣相距約642公里,飛機僅僅75分鐘便可到達。沖繩主要產業以觀光為主,得天獨厚的豐富歷史與自然風光,每年都吸引著無數遊客自日本本島和世界各地來訪。

基本資訊

日本概要

◎國名:日本

◎正式國名:日本國

◎行政中心:東京

◎語言:雖有沖繩傳統方言,但主要以日文為主,大部分的觀光地及飯店都可以用英文溝通。

◎宗教:以信奉神道教者佔最多數,其次為佛教、基督教、天主教等。沖繩還有琉球王國流傳至今的御嶽信仰(琉球神道)。

◎地理環境:位於北緯26度、東經127度,日本九州南部到台灣之間。沖繩縣由沖繩本島、宮古群島、八重山群島等160多個大小島嶼所組成,島嶼總面積為2,267平方公里,其中本島面積佔118平方公里;有人居住的島嶼約為48個。

時差

日本比台灣快一個時區,也就是台北時間加1小時。

氣候

沖繩屬亞熱帶海洋性氣候,年平均氣溫為22.4度。冬季比台北溫暖,夏季雖然陽光較為強烈,但氣溫比台北稍低,並不似台北般的悶熱。

◎4~10月:白天氣溫較高、陽光較強,遊客須自備太陽眼鏡或長袖襯衫防曬,此時也是前往沖繩體驗海水浴的最佳季節。每年約5月中旬至6月底為梅雨季,出梅後便進入高溫多濕的夏天,需注意7~9月間的颱風動態。

◎11~3月:氣溫較低,需準備外套或毛衣,而此時海水浴場大多也不開放,其中1月因東北季風而經常下雨,寒流來時最冷還會到10℃左右。另外,沖繩的櫻花為全日本當中最早開的,約從1月份開始便有緋寒櫻的報到。

習慣

日本的一般商店街和百貨公司,除了特賣期間,通常都從早上11點左右營業到晚間7點到8點之間。行人行走方向是靠左行走,車輛行進方向也與台灣相反。而近來日本各處實行分菸制度,在公共場合都不可以吸菸,想吸菸必須要到有標識能吸菸的地方才行。

貨幣及匯率

◎匯率:台幣1元約兌換日幣4.2圓(2023年1月)

◎貨幣:日幣¥。紙鈔有1萬圓、5千圓、2千圓及1千圓,硬幣則有500圓、100圓、50圓、10圓、5圓及1圓。

兌換

除美金可在沖繩縣內兌換成日幣外,其他幣值較少相關之兌換處,建議務必先在台灣將台幣兌換為日幣後帶入使用;國內各家有提供外匯服務的銀行都有日幣兌換的服務,中正國際機場內也有銀行櫃台可快速兌換外幣。

此外那霸國際機場大廈TISCO櫃檯,有提供日幣與新台幣互相兌換的服務,服務時間至21:00止;國際通上販賣沖繩縣產品的商店「WASHITA SHOP」內,也有TISCO的日幣兌換處,營業時間14:00~19:00。

小費

日本當地消費無論用餐或住宿,都不用額外給小費,服務費已內含在標價中。

用餐

除了小餐館、路邊攤和投幣拿券式的拉麵店等小商家只能使用現金,大部份的地方可以刷卡(門口會有可否刷卡的標示)。一般店家都在店門附近擺放料理模型,可以按照模型選餐。不少大型居酒屋也都推出圖文並茂的菜單,讓不會日文的外國朋友可以按圖點餐。

購物

日本的大折扣季是在1月和7月,每次約進行1個半月的時間,跟台

灣一樣會折扣愈打愈低，但貨色會愈來愈不齊全。1月因逢過年，各家百貨公司和商店都會推出超值的福袋。

另外因應全球環境保護減塑趨勢，日本自2020年7月起零售、便利店也推行塑膠袋收費制，一個大約1~3圓不等，建議隨時自備環保袋在身上。

消費稅

日本現行消費稅為10%，2020年退稅計算及退稅方式也有所更新，詳細的退稅條件及方式請見B-7。
🌐 tax-freeshop.jnto.go.jp

簽證及護照規定

2005年8月5日通過台灣觀光客永久免簽證措施，即日起只要是90日內短期赴日者，皆可享有免簽證優惠。(疫情期間會有入境檢疫需求等規範更動，請出發前再確認)

◎免簽證實施注意事項

對象：持有效台灣護照者(僅限護照上記載有身分證字號者)。

赴日目的：以觀光、商務、探親等短期停留目的之赴日(如以工作之目的之赴日者則不符合免簽證規定)。

停留期間：不超過90日期間

電話

台灣行動電話雖和日本系統不同，但目前4G、5G手機已可漫遊日本地區。投幣式話機可使用10圓、100圓。能撥打國際電話的公用電話越來越少，請特別注意。

◎打回台灣的國際電話：
例：010－886－＊(區碼)－＊＊＊－＊－＊＊＊＊
日本國際碼-台灣國碼-區域號碼-受話號碼

◎打回台灣的行動電話：
例：010－886－9＊＊－＊＊＊－＊＊＊
日本國際碼-台灣國碼-受話行動電話號碼

電源

電壓100伏特，插頭為雙平腳插座。如果筆電的電源線為三頭插座的話，記得要帶轉接頭，以免到

日本後無法使用。

郵政

郵筒分紅、綠兩色，紅色寄當地郵件，綠色寄外國郵件(有些地區只有一個紅色郵筒兼收)。市區主要郵局開放時間，週一~五為9:00~19:00，週六為9:00~17:00。

航空明信片郵資日幣70圓，航空郵件郵資日幣90圓(限10公克以下，寄往亞洲國家，不包括澳洲、紐西蘭，10公克以上，每10公克加日幣60圓)。

信用卡掛失

◎VISA信用卡國際服務中心：
☎ 00531-44-0022

◎Master信用卡國際服務中心：
☎ 00531-11-3886

◎JCB日本掛失專線：
☎ 0120-794-082

◎美國運通日本掛失專線：
☎ 03-3586-4757

在沖繩本島中南部和都市地區，信用卡很普及，但本島北部及離島等地方，信用卡並不普及。另外，2022年11月起持台灣的悠遊卡也能在沖繩做小額消費扣款，使用方式跟台灣一樣。(詳見PA-18)

當地旅遊資訊

◎那霸空港觀光案內所
位於那霸機場國際線一樓的觀光案內所，提供沖繩的好玩情報諮詢。
🕘 9:00~21:00 ☎ 098-857-6884

◎台北駐日經濟文化代表處 那霸分處
遭遇到任何問題與麻煩，如護照遺失、人身安全等，可與辦事處連絡。
🚃 單軌電車県庁前駅、美栄橋駅步行約6~8分 🏠 那霸市久茂地3-15-9 (Alte大廈6樓) 📞 一般098-862-7008，緊急電話090-1942-1107 🕘 週一~五9:00~12:00、13:00~18:00

◎日本觀光協會台灣事務所
提供旅遊諮詢與資料、地圖等。
🏠 台北市慶城街28號(通泰商業大樓)
☎ 02-2713-8000#2717(日本旅遊服

務中心)

◎財團法人沖繩觀光會議局台北事務所
提供旅遊諮詢與資料、地圖等。
🏠 台北市中山區松江路148號4樓E室
☎ 02-2541-1011 🕘 9:00~17:45
📅 週末、例假日

沖繩旅遊實用網站

◎沖繩觀光情報資訊網站 沖繩物語
🌐 www.okinawastory.jp

◎那霸市観光協会
🌐 www.naha-navi.or.jp

◎北谷町観光協会
🌐 www.chatan.or.jp

◎読谷村観光協会
🌐 www.yomitan-kankou.jp

◎今帰仁村観光協会
🌐 www.nakijinson.jp/

◎竹富町観光協会
🌐 www.painusima.com

◎石垣市観光交流協会
🌐 www.yaeyama.or.jp

◎久米島町観光協会
🌐 www.kanko-kumejima.com

◎宮古島観光協会
🌐 www.miyako-guide.net

◎島んちゅNAVI
🌐 www.shimanavi.com

國定假日

12月29日~1月3日	新年假期
1月第二個週一	成人之日
2月11日	建國紀念日
3月20日或21日	春分之日
4月29日	昭和之日
5月3日	憲法紀念日
5月4日	綠之日
5月5日	兒童之日
7月第三個週一	海洋之日
8月11日	山之日
9月第三個週一	敬老之日
9月22日或23日	秋分之日
10月第二個週一	體育之日
11月3日	文化之日
11月23日	勤勞感謝日
12月23日	天皇誕辰

季節慶典情報

　沖繩一年間有許多活動與祭典，從賞花、花火大會、熱力四射的那霸夏季慶典等應有盡有，喜歡追祭典活動的旅人們可別錯過囉！以下為各祭典活動的通常舉行日期，多數活動日期每年略有不同，出發前請先確認。

➡ 名護櫻花祭
名護さくら祭り
　以日本最早盛開的櫻花為號召，名護城公園一帶盛開的緋寒櫻，為沖繩冬季的代表景觀。
📅 1月27~1月28日　🏯 名護城公園

➡ 日本職棒春訓
　日本職棒有許多隊伍都選在溫暖的沖繩進行春訓，由於是接觸球員的好機會，每年也吸引大批球迷從日本本土前來追星。
📅 2月1日~3月1日
🏯 縣內各地棒球場

➡ Moon Beach沖繩全島陶器市集
ムーンビーチ沖繩全島やちむん市
　每年春季舉行的陶器市集，沖繩各地將近50座窯元都會參加，是沖繩規模最大的陶器市集。
📅 3月23~25日
🏯 Hotel Moon Beach內

➡ 沖繩國際電影節
沖繩国際映画祭
　除了日本電影外，也會邀請台灣、韓國等其他國家的作品參賽，是很受年輕人喜愛的電影節。
📅 4月16~17日　🏯 那霸市、北谷町
🌐 oimf.jp

➡ 琉球海炎祭
　日本最早的花火大會，所有煙火施放時均有音樂伴奏，是一場華麗的聲光饗宴。
📅 4月14日　🏯 宜野灣海濱公園
🌐 www.ryukyu-kaiensai.com

➡ 那霸龍舟祭
那霸ハーリー
　在沖繩划龍舟為祈求水上安全與豐收的祝祭儀式，除龍舟賽外，還會有音樂會及花火大會等活動。
📅 5月3~5日
🏯 那霸港新港埠頭

➡ Miyako Island Rock Festival
　宮古島最大的音樂祭典，來自日本各地的搖滾樂團齊聚一堂，亦不乏知名樂團。
📅 6月23日　🏯 宮古島
🌐 www.mirf.jp

➡ 海洋博公園夏日祭典
　沖繩夏天代表的祭典，先欣賞落日，再觀賞音樂會與花火大會。
📅 7月15日
🏯 海洋博公園翡翠海灘

➡ 那霸夏季慶典「一萬人EISA太鼓舞隊」
　上萬人在國際通齊跳傳統舞蹈「エイサー」(Eisa)，有來自沖繩內外的眾多舞蹈團體共同表演。
📅 8月第一個週日
🏯 國際通

➡ 沖繩全島Eisa祭
沖繩全島エイサーまつり
　在沖繩市舉辦的夏日祭典，祭典3天期間會吸引超過30萬人次參加，由各地團體配合三線、太鼓跳舞，是沖繩縣最盛大的「エイサー」祭典，祭典最後還有煙火可以欣賞。
📅 8月31~9月2日

🏯 沖繩市コザ運動公園陸上競技場
🌐 www.zentoeisa.com

➡ 首里城公園「中秋之宴」
　重現琉球王國時代招待中國冊封使的晚宴，有舞蹈表演，還有國王、王妃選拔大會。
📅 9月30~10月1日
🏯 首里城公園
🌐 oki-park.jp/shurijo
❗ 整修暫停中

➡ 那霸大綱挽祭
那霸大綱挽まつり
　傳承自琉球王國的傳統儀式，利用直徑1.56公尺的大草繩進行拔河比賽，以祈求和平、圓滿。
📅 10月第2個週一及前兩天
🏯 國道58號久茂地交叉口

➡ 首里城祭
　重現琉球國王與王妃出巡時的風光，彷彿歷史課本上的圖片出現在眼前一般。
📅 10月29日~11月3日
🏯 首里城公園、國際通
❗ 正殿整建完成前，祭典暫改名「首里城復興祭」

➡ 那霸馬拉松
　以祈禱和平為目的，繞行沖繩南部一周的國際馬拉松大賽，也有中文網站可以報名。
📅 12月4日
🏯 國道58號旭橋交叉口(起點)
🌐 www.naha-marathon.jp/zh_tw

沖繩歷史

沖繩從前是獨立的王國,與日本本土不僅語言不同,文化上更是有所差異,想了解沖繩當然不能不認識沖繩的歷史,以下就簡單説明沖繩的歷史。

群雄割據的三山時代

沖繩具體的歷史大致可以追溯到西元10世紀,當時的沖繩尚是群雄割據的時代,各地的部族首長

「按司」佔地為王,相互鬥爭。一直到14世紀,各按司的勢力範圍大致抵定,沖繩被劃分成北山、中山、南山,分別佔據今日的北部、中部、南部,史稱三山時代。

琉球王國

三山勢力角力超過一世紀,15世紀初,第一尚氏王朝的第二代國王尚巴志在經過20年的勢力爭奪後,於1429年一統江山,成為琉球王國最初的統一王朝。而琉球王國之所以可以維持400年的國勢,除了因第二尚氏王朝的第三代王尚真王在位期間奠定了王朝基礎外,14世紀到16世紀大約200年間,琉球王國與外國文化、貿易往來迅速發展,也是一大原因。

西元1879年成為日本的一個縣

從西元1372年開始,琉球一直是中國的藩屬,年年進貢,維持良好關係。西元1609年,薩摩藩(位置為現在的鹿兒島、宮崎西南部)盯上了這個以貿易獲取許多利潤的王國,大舉進攻,以武力降服琉球,此後300年,琉球王國被迫承認從屬於兩國,向中國及薩摩兩地朝貢。

西元1868年,日本經由明治維新成為近代國家,而基於廢藩置縣的改革,琉球王國於西元1872年先是被迫成為日本的藩屬,繼而於1879年成為日本的一個縣──沖繩縣。

美軍占領27年

西元1945年4月到6月,二次大戰的戰火蔓延到沖繩,燒起熊熊火燄,這場「鐵的暴風」把琉球化為焦土,也使將近1/3的人口喪生(約15萬人)。

因亞洲大都市都在周圍1,500公里以內,所以沖繩又有「太平洋的門戶」之稱。美軍看中沖繩的戰略位置,於1951年在與日本簽訂的舊金山和約中,要求日本政府把琉球列島的統治全權委託給美國,直到1972年才回歸日本政府。但是美軍仍在沖繩留有軍事基地及機構,圍有鐵籬,自成社區。

日本入境手續

所 有入境日本的外國人都需填寫入出境表格和行李申報單,如果自由行觀光客在出發前沒有拿到旅行社所發送的表格,請在飛機航班上主動向機組人員詢問索取,並盡可能在飛機上填寫完成,每一個空格都需填寫,以免耽誤出關時間。

入境審查手續

自2007年11月20日開始,為了預防恐怖事件發生,所有入境日本的外國旅客都必須經過按指紋與臉部照相過程才可入境。

↓

❶ 抵達後請準備好已經填寫完成的入境表格,於外國人的櫃檯依指示排隊。

↓

❷ 向櫃檯入境審查官提交護照、填寫好之入境表格。

↓

❸ 在海關人員的引導指示下讀取指紋。
請將兩隻手的食指放上指紋機,等候電腦讀取指紋資訊。

請參閱 ⑩ www.moj.go.jp/content/000001945.pdf

↓

❹ 準備臉部拍照,請將臉部正對著指紋機上的攝影鏡頭。

↓

❺ 接受入境審查官的詢問。

↓

❻ 入境審查官審核認可之後,
會在護照上貼上日本上陸許可,並釘上出國表格。
(此張表格於日本出境時審查官會取回)

↓

❼ 等候入境審查官歸還護照,完成入境手續。

不需接受按指紋與臉部照相手續的人

1.特別永住者。
2.未滿16歲者。
3.進行外交或政府公務活動之人員。
4.受到日本國家行政首長邀請之人員。
5.符合日本法務省規定之人員。

隨指標抵達證照檢查處後,請在標示為「外國人入境」的窗口前依序排隊,並準備:1.護照2.填寫好的出入境表格3.機票存根,在輪到你時交給窗口的入境審查官。檢查完資料後,審查官貼上入境許可,並請你在指紋登記系統留下紀錄,完成入國手續。

填寫入國紀錄

❶ 姓(填寫護照上的英文姓氏)
❷ 名(填寫護照上的英文名字)
❸ 出生日期(依序為日期、月份、西元年)
❹ 現居國家名
❺ 現居都市名
❻ 入境目的(勾選第一個選項「觀光」,若非觀光需持有簽證)
❼ 搭乘班機編號
❽ 預定停留期間
❾ 在日本的聯絡處(填入飯店名稱、電話號碼即可)
❿ 在日本有無被強制遣返和拒絕入境的經歷(勾選右方格:沒有)
⓫ 有無被判決有罪的紀錄(不限於日本) (勾選右方格:沒有)
⓬ 持有違禁藥物、槍砲、刀劍類、火藥類(勾選右方格:沒有)
⓭ 簽名
備註:新式入國記錄背面問題即為 ❿~⓬

(A面)

税関様式C第5360号

携帯品・別送品 申告書

下記及び裏面の事項について記入し、税関職員へ提出してください。

1. 搭乘機（船舶）名・出発地 BR2198 （出発地 2. Taipei ）
入国日 3. 2 0 1 4 年 1 0 月 2 1 日
フリガナ
氏 名 4. Wang Da Ming
〒
住 所 5. KEIO PLAZA HOTEL TOKYO
（滞在先）
tel （ 0 3 . 3 3 4 4 ）1 1 1 1
職 業 6. Student
生年月日 7. 1 9 8 0 年 0 1 月 0 1 日
旅券番号 8.
同伴家族 9. 20歳以上 名 6歳以上20歳未満 名 6歳未満 名

※ 以下の質問について、該当する□に"✓"でチェックしてください。

1. 下記に掲げるものを持っていますか？

	はい	いいえ
10. ① 日本への持込が禁止又は制限されている 物（B面を参照）		✓
11. ② 免税範囲（B面を参照）を超える購入品・ お土産品・贈答品など		✓
12. ③ 商業貨物・商品サンプル		✓
13. ④ 他人から預かった荷物		✓

＊上記のいずれかで「はい」を選択した方は、B面に入国時に携帯して持込むものを記入します。

2. 100万円相当額を超える現金又は有価証券などを持っていますか？

	はい	いいえ
14.		✓

＊「はい」を選択した方は、別途「支払手段等の携帯輸出入届出書」の提出が必要です。

3. 別送品 入国の際に携帯せず、郵送などの方法により別に送った荷物（引越荷物を含む。）がありますか？

	はい	いいえ
15.		✓

＊「はい」を選択した方は、入国時に携帯して持込むものをB面に記載したこの申告書を2部、税関に提出して、税関の確認を受けてください。

税関で確認を受けた申告書は、別送品を通関する際に免税範囲の確認に必要となりますので大切に保管してください。

《注意事項》

海外で購入したもの、預かってきたものなど、本邦に持込む携帯品については、法令に従い、必要な検査を受ける必要があります。申告漏れ、偽りの申告などの不正な行為がありますと、処罰されることがありますのでご注意ください。

ご協力ありがとうございました。

在行李旋轉台上找到行李後，還必須通過最後一關行李檢查，才能正式進入日本。如果有需要特別申報的物品的話，必須走紅色通道，如果沒有的話可由綠色通道通關。在這裡請準備：

① 行李申報單
② 護照

以上物件備齊交給海關人員查驗。

(B面)

A面より、記入してください。《申告は正確に！》
（ご不明な点がございましたら税関職員へお尋ねください。）

※ 入国時に携帯して持ち込むものについて、下記の表に記入してください。

（注）個人的使用に供する購入品等に限り、1品目毎の海外市価の合計額が1万円以下のものは記入不要です。また、別送した荷物の詳細についても記入不要です。

酒	類		本	＊税関記入欄
たばこ	紙巻		本	
	葉巻		本	
	その他		グラム	
香 水			オンス	
その他の品名	数 量	価 格		

＊税関記入欄

円

16. **日本への持込が禁止されているもの**
① 麻薬、向精神薬、大麻、あへん、覚せい剤、MDMAなど
② けん銃等の銃砲、これらの銃砲弾やけん銃部品
③ ダイナマイトなどの爆発物や火薬、化学兵器の原材料
④ 紙幣、貨幣、有価証券、クレジットカードなどの偽造品
⑤ わいせつ雑誌、わいせつDVD、児童ポルノなど
⑥ 偽ブランド品、海賊版などの知的財産侵害物品

17. **日本への持込が制限されているもの**
① 猟銃、空気銃及び日本刀などの刀剣類
② ワシントン条約により輸入が制限されている動植物及びその製品（ワニ・ヘビ・リクガメ・象牙・じゃ香・サボテンなど）
③ 事前に検疫確認が必要な生きた動植物、肉製品（ソーセージ・ジャーキー類を含む。）、野菜、果物、米など
＊事前に動植物検疫カウンターでの確認が必要です。

18. **免税範囲**
・酒類3本（760ml／本）
・外国製紙巻たばこ200本
＊20歳未満の方は酒類とたばこの免税範囲はありません。
・香水2オンス（1オンスは約28ml）
・海外市価の合計額が20万円の範囲に納まる品物（入国者の個人的使用に供するものに限る。）
＊6歳未満のお子様は、おもちゃなど子供本人が使用するもの以外は免税になりません。
＊海外市価とは、外国における通常の小売価格（購入価格）です。

填寫行李申報單

1. 搭乘航班編號
2. 出發地點
3. 入境日期
4. 姓名（註：填寫護照上英文姓名）
5. 日本的聯絡處（請填寫入住之飯店名稱、電話）
6. 職業
7. 出生年月日（註：填寫西元年號）
8. 護照號碼
9. 同行家屬（請勾選）
10. 是否攜帶以下申請單B面之禁止入境物品？（填寫右方格：沒有）
11. 是否攜帶超過B面免稅範圍的商品、土產或禮品？（填寫右方格：沒有）
12. 是否攜帶商業貨物、樣品？（填寫右方格：沒有）
13. 是否攜帶別人寄放物品？（填寫右方格：沒有）
14. 是否攜帶超過折合100萬日幣的現金或有價證券？（填寫右方格：沒有）
15. 除隨身行李之外是否有郵寄送達日本的物品？（填寫右方格：沒有）
註：以上10-15項如果填寫「是」則必須在B面的清單正確填寫物品名稱與數量
16. 日本禁止入境物品
(1) 麻藥、類精神藥、大麻、鴉片、興奮劑、搖頭丸等各級法定毒品。
(2) 手槍等槍枝與槍枝的彈藥及零件。
(3) 炸藥等爆炸物品、火藥、化學武器的原料。
(4) 紙幣、貨幣、有價證券及信用卡等的偽造物品。
(5) 色情書報雜誌、光碟及兒童色情物品。
(6) 仿冒名牌商品、盜版等損害智慧財產權的物品。
17. 日本限制入境物品
(1) 獵槍、空氣槍及日本刀等刀劍類。
(2) 根據華盛頓公約限制進口的動植物及其製品（鱷魚、蛇、龜、象牙、麝香及仙人掌等）。
(3) 需事前檢疫的動植物、肉產品（包括香腸、牛肉乾、豬肉乾等）、蔬菜、水果及稻米。
18. 入境日本免稅範圍
・酒類3瓶（1瓶760ml）
・外國香菸400支
・香水2盎司（1盎司約28ml）
・境外市價總額不超過20萬日幣的物品
（只限入境者的自用品）

2020年起退稅手續無紙大進化

2020年4月，新的退稅手續又有大進化，主要是將退稅紙本電子化，無紙環保更輕鬆，以往不論在哪買退稅商品，最後會拿到一疊厚厚的退稅單據，然後釘在你的護照上，回國時才由海關取走，而最新規範則將不會再有這些複雜單據，所有購物紀錄都會被以數據方式上傳，在辦理離境手續時，只要一刷護照，海關就可以從電腦上來確認你的免稅購物明細了。

❶因為是漸進式推行的退稅系統，也有可能遇到還尚未系統電子化的商家，仍維持傳統紙本方式退稅

退稅計算門檻

日本2019年10月再將消費稅一口氣提到10%後，等於買￥1,000就得多付￥100元稅金，唯有搞懂退稅，才能買得開心又划算。以往退稅制度將商品分為「一般品」、「消耗品」，同一天在同一間店、購買同一種類商品達￥5,000以上方可享受退稅。2018年7月以後，不分一般品、消耗品，只要同一天在同一間店裡，未稅前合併消費達￥5,000以上、￥50萬以下，就可以享受退稅。

退稅品不可在日本境內拆封使用

為防止退稅過後的物品在日本被打開，退稅品會裝入專用袋或箱子中，直到出境後才能打開。若是在日本就打開，出境時會被追加回稅金，需特別注意。但如果為了達退稅門檻，而與消費品合併並計算，就會被一起封裝，這時一般品

也不能在日本拆開使用。

消耗品(需封裝， 不可在日本使用)	食品、飲料、化妝品、藥品、菸酒等
一般品(不封裝， 可在日本使用)	百貨服飾、家電用品等

液體要放託運

原則上所有免稅商品都需要在出境時帶在身邊讓海關檢查，但如果買了酒、飲料等液態食品，或是化妝水、乳液等保養品不能帶入

機艙，必需要放入託運行李中時，可在結帳退稅時請店員分開包裝，但切記裝入行李箱時一樣不可打開包裝袋或箱子，以免稅金被追討。

認明退稅標章「Tax-Free」

可退稅的店家會張貼退稅標章，若不確定可口頭詢問是否有退稅服務。付款時務必出示護照一起辦理付款&退稅。

🌐www.japan.travel/tw/plan/

退稅流程

❶ 可退稅商店內選購商品。 ➡ ❷ 同一日同間商店購買a)消耗品＋b)一般品達￥5,000以上。 ➡ ❸ 結帳時表示欲享免稅，並出示護照。短期停留的觀光客才享有退稅資格。

❹ 結帳時，由店員刷護照條碼紀錄，免稅單不再印出，資料雲端電子化。 ➡ ❺ 回國出境，日本海關只需刷護照條碼，便能知道你有無免稅品消費紀錄。 ➡ ❻ 原則免稅品上應於出境時隨身攜帶以利海關檢查，若有液體則需託運。

日本行動上網

近年台灣赴日旅遊的旅客年年超過百萬人,日本榮登台灣海外旅遊最受歡迎的城市。在旅程中,依賴「超完美旅伴」智慧型手機的人數也逐年攀升,然而若無網路搭配,智慧型手機等於廢了一半,使用Google Map、交通App、社群App、甚至是臨時查詢店家資訊時都需要網路連線,以下將介紹幾種旅日的上網方式,讓旅人在漫遊日本時能更加順暢。

▶Japan Connectd-free Wi-Fi
🌐 www.ntt-bp.net/jcfw/tw.html

沖繩的免費Wi-Fi服務包括由沖繩縣提供的「Be. Okinawa Free Wi-Fi」、那霸市的「NAHA City Wi-Fi」,各觀光設施也有自家免費Wi-Fi可用,建議出國前先下載此APP,APP提供中、英、日、韓四種版本,只要註冊一組帳號密碼,就能利用它搜尋所在地附近的所有公共Wifi熱點,可省去分次註冊的麻煩。

▶游客邦日本輕旅機
🌐 www.unitetraveler.com
☎ 03-399-2378

游客邦推出專屬日本的wifi輕旅機,打出4G不限流量,可供2~3人同時使用,覆蓋率含日本全區,如是在都會區使用更是暢行無阻;除了日本機,同時也推出韓國樂遊機、Wi-Fun全球機,並於松山、桃園機場都可作取件服務。

▶Wi-Ho!全世界行動分享器
🌐 www.telecomsquare.tw/
☎ 02-2545-7777 (特樂通公司)

日本機型最齊全,涵蓋範圍&收訊最優,最多可同時14人分享上網。別家有的優點Wi-Ho全都有,除了可寄送機器外,桃園機場皆可取機&還機。

▶TRAVEL JAPAN Wi-Fi APP
🌐 japanfreewifi.com/zh-hant/

此APP不需登入,就會自動連結到服務的WIFI熱點,全日本有超過20萬個免費熱點,機場、咖啡、唐吉軻德、松本清等店家都可連上網,APP內還會有折價券、優惠訊息等,頗為實用。

▶FREE Wi-Fi PASSPORT

在日本全國約有40萬個熱點,在速食店、咖啡廳、各大車站、飯店等皆可使用。抵達日本後,手動將電信公司切換到SoftBank,撥打*8181 (中文語音)即可獲得一組密碼。打開wifi找到「.FREE_Wi-Fi_PASSPORT」,輸入帳號及冠上國碼的手機號碼與剛才得到的密碼,即可開始免費使用14天,14天期限過了後,再重覆上述動作即可再次使用。

▶STUDIO A x Docomo日本上網卡
🌐 www.studioa.com.tw

由STUDIO A與日本NTT docomo合作推出的上網網卡,在日本全國皆可使用。標榜LTE訊號4G每日不限速,可使用8天,每張卡售價台幣699。正常情況下插卡設定即可使用,免去開卡的繁複手續,更不用註冊,只是提供的卡片為nano卡,若手機的卡非nano,則需要另備轉卡槽才可使用。

日文速成班

總之，先說這句

不好意思
すみません。
su-mi-ma-sen.

❶不管問什麼，向人搭話時都先說這句比較禮貌。

我不會日文
日本語わかりません。
ni-hon-go wa-ka-ri-ma-sen.

我是台灣人
私は台湾人です。
wa-ta-shi wa Taiwan-jin de-su.

生活日文

早安
おはようございます。
o-ha-yo go-za-i-ma-su.

你好
こんにちは。
kon-ni-chi-wa.

晚安(晚上時與你好同樣意思)
こんばんは。
kon-ban-wa.

晚安(臨睡前)
おやすみなさい。
o-ya-su-mi na-sai.

再見
さよなら。
sa-yo-na-ra.

你好嗎?
お元気ですか。
o-gen-ki de-su-ka.

謝謝
ありがとうございます。
a-ri-ga-tou go-zai-ma-su.

對不起
ごめんなさい。
go-men na-sai.

是 / 好
はい。
hai.

不是
いいえ。
ii-e.

我知道了
わかりました。
wa-ka-ri-ma-shi-ta.

我不知道
わかりません。
wa-ka-ri-ma-sen.

身體不舒服
気分が悪い。
ki-bun ga wa-ru-i.

好像感冒了
風邪引いたみたい。
ka-ze hii-ta mi-tai.

肚子痛
お腹が痛いです。
o-na-ka ga i-tai de-su.

這裡痛
ここが痛いです。
ko-ko ga i-tai de-su.

衛星導航
カーナビ(car navigator)
ka-na-bi

車禍
交通事故
ko-tsu-ji-ko

92無鉛汽油
レギュラー(regular)
re-gyu-ra

98無鉛汽油
ハイオク
hai-o-ku

柴油
軽油(diesel)
ke-yu

加滿
満タン(まんたん)
man-tan

數字

0	1	2	3	4	5	6	7
れい / ゼロ	**いち**	**に**	**さん**	**よん / し**	**ご**	**ろく**	**なな / しち**
rei / ze-ro	i-chi	ni	san	yon / shi	go	ro-ku	nana / shi-chi

8	9	10	11	20	百	千	萬
はち	**きゅう / く**	**じゅう**	**じゅういち**	**にじゅう**	**ひゃく**	**せん**	**万(まん)**
ha-chi	kyu / ku	jyu	jyu-i-chi	ni-jyu	hya-ku	sen	man

想問路嗎？

我想要去～。
～に行きたいです。
～ni i-ki-tai de-su.

去～的月台乘車處是幾號？
～行きはどのホーム [乗り場]ですか？
～yu-ki wa do-no ho-mu [no-ri-ba] de-su-ka?

直接這麼說！

搭什麼線比較好？
何線でいいですか？
na-ni-sen de ii de-su ka.

請問在哪裡轉車？
どこで乗り換えますか？
do-ko de no-ri-ka-e ma-su-ka.

那一個出口比較近？
何番出口の方が近いですか？
nan-ban de-gu-chi no ho ga chi-kai de-su-ka.

過不了改札口
改札口を通れませんでした。
kai-sa-tsu-guchi wo too-re-ma-sen de-shi-ta.

車票不見了
切符をなくしてしまいました。
kippu wo na-ku-shi-te shi-mai-ma-shi-ta.

東西忘了拿
荷物を忘れてしまいました。
ni-mo-tsu wo wa-su-re-te si-mai-ma-shi-ta.

想退票
払い戻ししたいんです。

ha-rai mo-do-shi shi-tain de-su.

搭錯車
乗り間違えました。
no-ri ma-chi-ga-e-ma-shi-ta.

坐過站
乗り過ごしました。
no-ri su-go-shi-ma-shi-ta.

請寫下來
書いてください。
kai-te ku-da-sai.

想找車站裡的設施嗎？

最近的～在哪裡。
一番近い～はどこですか。
ichi-ban chi-kai～wa do-ko de-su-ka.

車站內設施	トイレ to-i-re	エスカレーター (escalator) e-su-ka-re-ta	でいりぐち de-i-ri-gu-chi	せいさんき sei-san-ki
観光案内所 **かんこうあんないしょ** kan-ko-an-nai-syo	電梯 エレベーター (elevator) e-re-be-ta	投幣置物櫃 **コインロッカー** (coin locker) ko-in-rokka	駅員室 **えきいんしつ** e-ki-in shi-tsu	公共電話 **こうしゅうでんわ** ko-syu-den-wa
廁所	電扶梯	出入口	精算機	

物日文

要買嗎？

給我這個
～を下さい。
～e wo ku-da-sai.

給我看這一個
～を見せて下さい。
～e wo mi-se-te ku-da-sai.

れ(ko-re)，是「這個」的意
，買東西只要指著物品說
れ，店員就會明白你要哪
個了。

直接這麼說！

多少錢？
いくらですか。
i-ku-ra de-su-ka.

可以試穿嗎？
試着してもいいですか。
si-chya-ku si-te-mo ii de-su-ka.

請修改尺寸
丈を直して下さい。
jyo wo na-o-si-te ku-da-sai.

不用了
いいんです。
iin de-su.
只是看看而已

見るだけです。
mi-ru da-ke de-su.

(尺寸)有更大(更小)的嗎？
もっと大きいの [小さいの] はありませんか。
motto oo-kii no [chii-sai no] wa a-ri-ma-sen-ka.

請問有其他顏色嗎？
他の色はありませんか。
ho-ka no i-ro wa a-ri-ma-sen-ka.

保存期限有多久？
賞味期限はいつまでですか。
syo-mi-ki-gen wa i-tsu ma-de de-su-ka.

餐廳日文

想點餐嗎？

推薦的料理是什麼？
おすすめはなんですか。
o-su-su-me wa nan-de-su-ka.

我要點～
～をお願いします。
～wo o-ne-gai shi-ma-su.

常見美食

沖繩麵
沖縄そば(おきなわそば)
o-ki-na-wa so-ba

排骨麵
ソーキそば
so~ki so-ba

拉麵
ラーメン
ra~men

味噌拉麵
味噌ラーメン(みそラーメン)
mi-so ra~men

醬油拉麵
醤油ラーメン(しょうゆラーメン)
syo~yu ra~men

鹽味拉麵
塩ラーメン(しおラーメン)
shi-o ra~men

壽司
寿司(すし)
su-shi

甜點
スイーツ(sweets)
sui~tsu

海葡萄
海ぶどう(うみぶどう)
u-mi-bu-do~

東坡肉
ラフテー
ra-fu-te~

蔬菜炒豆腐蛋
チャンプルー
chyan-pu-ru~

豬腳
てびち
te-bi-chi

肉排(多指牛排)
ステーキ(steak)
su-te-ki

可樂餅
コロッケ
ko-rokke

墨西哥夾餅(塔可)
タコス
ta-ko-su

墨西哥肉醬飯(塔可飯)
タコライス
ta-ko-rai-su

烤雞肉串
焼き鳥(やきとり)
ya-ki-to-ri

漢堡
ハンバーガー(hamburger)
han-ba-ga-

蜜紅豆冰
ぜんざい
zen-zai

蛋包飯
オムライス
o-mu-rai-su

咖哩飯
カレーライス
ka-re rai-su

牛肉燴飯
ハヤシライス
ha-ya-shi rai-su

義大利麵
パスタ(pasta)
pa-su-ta

咖啡
コーヒー(coffee)
ko-hi

紅茶
紅茶(こうちゃ)
ko-chya

果汁
ジュース(juice)
jyu-su

開水
お水(おみず)
o-mi-zu

熱開水
お湯(おゆ)
o-yu

直接這麼說！

請給我菜單
メニューを下さい。
menu wo ku-da-sai.

請問有中文(英文)的菜單嗎？
中国語(英語)のメニューはありませんか。
cyu-go-ku-go(ei-go) no menu wa
a-ri-ma-sen-ka.

請問這是什麼？
これはなんですか。
ko-re wa nan-de-su-ka.

請不要放冰塊
氷は入れないで下さい。
koo-ri wa i-re-nai-de
ku-da-sai.

點的餐還沒來
料理がまだ来ません。
ryo-ri ga ma-da ki-ma-sen.

麻煩請結帳
お会計お願いします。
o-kai-ke o-ne-gai shi-ma-su.

住宿日文

住宿類型

飯店
ホテル(hotel)
ho-te-ru

商務旅館
ビジネスホテル
(business hotel)
bi-ji-ne-su ho-te-ru

日式旅館
旅館(りょかん)
ryo-kan

民宿
ペンション・民宿・ロッジ
(pension・民宿・lodge)
pen-syon min-syu-ku lojji
❶這3個字都是民宿，但ペンション較洋式，ロッジ是小木屋，民宿則多半為日式。

青年旅館
ユースホステル
(youth hostel)
yu-su ho-su-te-ru

騎士之家
ライダーハウス
(rider house)
rai-da hau-su

房間種類

標準單人房
シングルルーム
(single room)
sin-gu-ru ru-mu
❶一張標準單人床

小雙人房
セミダブルルーム
(semi-double room)
se-mi-da-bu-ru ru-mu
❶一張加大單人床(或說一張縮小雙人床)，寬約120~140公分。可1人或2人住。

雙人房
ツインルーム
(twin room)
tsu-in ru-mu
❶兩張單人床

標準雙人房
ダブルルーム
(double room)
da-bu-ru ru-mu
❶一張標準雙人床

三人房
トリプルルーム
(triple room)
to-ri-bu-ru ru-mu
❶一般是3張標準單人床

西式房間
洋室(ようしつ)
yo-shi-tsu

日式房間
和室(わしつ)
wa-shitsu
❶用日式墊被的榻榻米房間，無床。

和洋結合式房間
和洋室(わようしつ)
wa-you-shitsu
❶一側為床，一側為鋪設日式墊被的榻榻米。

喫煙室
喫煙室(きつえんしつ)
ki-tsu-en shi-tsu

禁煙室
禁煙室(きんえんしつ)
kin-en shi-tsu

其他常見字

住宿plan
宿泊プラン
syu-ku-ha-ku pu-ran

取消
キャンセル(cancel)
kyan-se-ru

報到
チェックイン(check-in)
chekku-in

退房
チェックアウト(check-out)
chekku-au-to

浴室
バス(bath)
ba-su
❶有浴缸的浴室

淋浴間
シャワー(shower)
sya-wa

早餐
朝食(ちょうしょく)
chyo-u-syo-ku

晚餐
夕食(ゆうしょく)
yu-u-syo-ku

櫃台
フロント(front)
fu-ron-to

客滿
満室(まんしつ)
man-shi-tsu

有空房
空室あり
kuu-shi-tsu a-ri

在櫃台可能的會話

我要check-in / check-out。
チェックイン / チェックアウトをお願いします。
chekku-in / chekku-au-to wo o-ne-gai-shi-ma-su.

我叫~，有預約住宿。
予約してあります。 ~です。
yo-ya-ku shi-te a-ri-ma-su. ~de-su.

我沒有預約，想請問有空房嗎？
予約してないのですが、空室がありませんか。
yo-ya-ku shi-te-nai-no-de-su-ga, ku-shi-tsu ga a-ri-ma-sen-ka.

一人 / 兩人 /三人 / 四人。
ひとり/ ふたり/ さんにん / よんにん
hi-to-ri / fu-ta-ri / san-nin / yon-nin

可以使用信用卡付帳嗎？
クレジットカードで支払ってもいいですか。
ku-re-jitto-ka-do de shi-ha-ratte-mo ii-de-su-ka.

wagamama no.063

沖繩攻略 完全制霸

2023~2024

國家圖書館出版品預行編目資料

沖繩攻略完全制霸2023~2024 /墨刻編輯部 作 -- 初版. -- 臺北市:墨刻出版股份有限公司出版:英屬蓋曼群島商家庭傳媒股份有限公司城邦分公司發行, 2023.2
280面；14.8×21公分. -- (wagamama；63)
ISBN 978-986-289-829-1(平裝)

1. 自助旅行 2. 日本沖繩縣

731.7889   111022398

作者 墨刻編輯部
攝影 墨刻編輯部
特約編輯 周麗淑
封面設計 許羅婭云
美術設計 許靜萍(特約)‧駱如蘭(特約)‧洪玉玲(特約)‧
董嘉惠(特約)‧羅婕云
地圖繪製墨刻編輯部‧Nina(特約)

出版公司
墨刻出版股份有限公司
地址:115台北市南港區昆陽街16號7樓
電話:886-2-2500-7008/傳真:886-2-2500-7796/
E-mail: mook_service@hmg.com.tw

發行公司
英屬蓋曼群島商家庭傳媒股份有限公司城邦分公司
城邦讀書花園:www.cite.com.tw
劃撥:19863813/戶名:書虫股份有限公司
香港發行城邦(香港)出版集團有限公司
地址:香港九龍土瓜灣土瓜灣道86號順聯工業大廈6樓A室
電話:852-2508-6231/傳真:852-2578-9337
E-mail: hkcite@biznetvigator.com
城邦(馬新)出版集團 Cite (M) Sdn Bhd
地址:41,Jalan Radin Anum, Bandar Baru Sri Petaling,
57000 Kuala Lumpur, Malaysia.
電話:(603)90563833/傳真:(603)90576622/
E-mail: services@cite.my

製版‧印刷凱林彩印股份有限公司
城邦書號KS2063 初版2023年2月 五刷2024年7月
ISBN978-986-289-829-1‧978-986-289-830-7(EPUB)
定價420元

MOOK官網www.mook.com.tw
Facebook粉絲團
www.facebook.com/travelmook
MOOK墨刻出版 www.mook.com.tw

執行長何飛鵬
PCH集團生活旅遊事業總經理暨墨刻出版社長李淑霞

總編輯汪雨菁
資深主編呂宛霖
採訪編輯趙思語‧李冠瑩‧蔡嘉榛
叢書編輯唐德容‧林昱霖‧蔡嘉榛
資深美術設計羅婕云
資深美術設計主任李英娟
影音企劃執行邱茗晨

資深業務經理詹顏嘉
業務經理劉玫玟
業務專員程麒
行銷企畫經理呂妙君
行銷企畫主任許立心
行政專員呂瑜珊

印務部經理王竟為